인터넷 개인 무역

소자본 창업 쉽게 배우기

PC 한 대로 누구나 할 수 있는
해외 직구와 역직구

인터넷 개인무역

박평호 지음

소자본 창업 쉽게 배우기

한스미디어

머리말

최고의 창업,
개인 무역으로 평생직장을 잡아라

'경매'를 뜻하는 '옥션'이라는 단어가 우리에게 익숙해진 것은 1990년대 후반, 거대한 닷컴 붐 속에 등장한 인터넷 쇼핑몰 '옥션(auction.com)' 때문일 것입니다.
물건은 으레 시장이나 백화점 등에서 직접 눈으로 본 후 사는 것으로 여겼던 오래된 상식은 '옥션'과 '이베이' 그리고 이제는 세계적인 유통 공룡이 된 '아마존' 등에 의해 여지없이 깨졌습니다. 집 안에서 편안하게 마우스 클릭 몇 번이면 다음 날 집 안으로 물건이 배송되고, 마음에 들지 않으면 바로 반품하면 그만인 세상. 바야흐로 우리는 이런 시대에 살고 있고 이러한 흐름은 더욱더 진화될 것입니다. 이미 '아마존'은 무인 로봇인 '드론'을 이용한 배송 시스템까지 도입하고 있으니까요. 사람이 아니라 로봇이 물건을 배송하는 시절이 코앞에 다가온 것입니다.

필자가 《처음 시작하는 개인창업&법인창업 쉽게 배우기》, 《애 키우는 엄마들을 위한 소자본 창업 쉽게 배우기》에 이어 세 번째 책으로 《인터넷 개인 무역 소자본 창업 쉽게 배우기》를 출간한 것은 이러한 시대적 상황의 변화 때문입니다. 전통적인 개념의 유통 시스템이 붕괴되고 그 자리를 '아마존'이나 '이케아'와 같은 새로운 유통 모델이 대체하는 시대에는, 기업은 물론 개인에게도 무한한 기회가 주어질 것입니다.
외국의 온라인 쇼핑몰에서 물건을 직접 구매하는 '외국 직구'가 유행하는 까닭도 바로 여기에 있습니다. 외국 여행을 갈 때면 면세점에서 물건을 한가득 싣고 오던 풍

경도 얼마 지나지 않아 빛바랜 사진으로만 남을 것입니다. 무역의 장벽이 사라지는 시대, 기업이 아닌 개인도 얼마든지 쉽고 빠르게 상품을 거래하는 시대, 좋은 아이디어와 발품만 준비되면 무한한 부가가치를 창출한 수 있는 시대가 바로 지금입니다. 필요한 것은 개인용 PC와 디지털카메라 정도일 뿐, 값비싼 임대료의 점포나 꼬박꼬박 월급을 줘야 하는 종업원도 필요 없습니다. 정년도 없고 은퇴도 없습니다. 노력과 성실함만 있다면 말 그대로 '평생직장'의 꿈을 실현할 수 있습니다.

이 책은 인터넷으로 개인 무역 창업을 시작하는 이들을 위한 '거의 모든 정보'를 담았습니다. 개인 수출입 무역을 시작할 때 필요한 준비 과정을 꼼꼼하게 정리했고, 팔릴 만한 수입 상품을 고르는 법과 이를 국내에서 판매하는 방법을 담았습니다. 또한 외국의 오픈마켓에서 판매하는 방법과 가장 많은 클레임이 생기는 상품 배송에 관한 모든 정보를 수록했습니다. 마지막으로는 경험과 자금이 쌓인 후 대량의 수출입 무역은 어떻게 할 수 있을지와 세관 및 관세 등의 문제를 정리했습니다. 장담하건대 개인 무역 창업을 마음먹고 있는 분이라면 이 한 권의 책이 큰 힘이 될 것입니다.

다시 한번 말하지만, 수출입 무역은 개인이 할 수 있는 최고의 창업 중 하나입니다. 소요되는 자본은 적고 기대할 수 있는 수익은 무한대에 수렴하며 위험은 최소화할 수 있으니 말입니다. 반드시 도전해서 뜻하는 바를 이루시기 바랍니다.
여러분의 건승을 기원합니다.

박평호

CONTENTS

머리말 **최고의 창업, 개인 무역으로 평생직장을 잡아라** • 4

Chapter 1 왜 개인 수출입 무역 창업인가

01 무역업을 평생 직업으로 만들기 • 16
02 개인 무역업의 시작 조건 • 18
03 개인 무역업은 투잡 직종 • 19
04 특별한 매입처와 판매처가 없어도 가능한 무역업 • 20
05 왜 개인 무역업·소호 무역업이 대안인가? • 21
06 개인 무역업 창업자의 준비물, PC 한 대 • 23
07 개인 무역업 창업자의 보조 준비물 • 24
08 오픈마켓 1인 무역업의 장점 • 29
09 개인 무역업자의 외국 물품 수입 기초 • 30
10 외국 물품 직구의 비밀 • 31
11 개인 무역업자, 수출에 도전하기 • 33
12 개인 무역업자, 틈새 상품 발굴하기 • 34
13 무역업과 무역 대리업의 차이 • 37
14 개인 무역업자에서 소호 무역·무역회사로 업그레이드하기 • 38
15 개인 무역업, 오퍼상, 무역회사의 창업 자격 • 42
16 수출입업자를 위한 외환통장 개설 • 43

17 개인 무역업의 사업적 장점 1 • 44
18 개인 무역업의 사업적 장점 2 • 46
19 무역업의 핵심 • 47
20 소액 수입대행업 • 48
21 무역 초보자들을 위한 재미있는 무역 이야기 1 • 49
22 무역 초보자들을 위한 재미있는 무역 이야기 2 • 50
23 무역 초보자들을 위한 재미있는 무역 이야기 3 • 51
24 무역 사업으로 번 돈은 모두 매입으로 • 52
25 오만은 금물 • 53
26 언어 장벽, 어떻게 넘어야 할까? • 54
27 무역 서신 번역은 전문 번역사에게 • 56
28 멋진 제품 사진이 판매량에 영향을 준다 • 57
29 멋진 제품 사진을 찍을 수 있는 최소 장비 • 58
30 개인 무역업을 하려면 알아야 할 수입업체의 종류와 병행 수입 • 59

Chapter 2 개인 무역업체 창업 방법과 기본 절차의 이해

01 실전! 1인 수출입업체 창업하기 • 62
02 수출입 무역업체의 창업 준비 • 63
03 사업자등록 신청서 작성하기 • 66
04 사업체 없이 창업하는 보따리장사 • 69
05 배송받은 외국 물품의 국내 수입통관 절차 • 73
06 외국 상품 수입, 직구, 반입할 때 내는 세금 • 74
07 수입 물품의 비과세 조건 • 80
08 수입통관 불가(통불) 물품들 • 81

Chapter 3 지역별 돈 되는 수입 상품 발굴하기

01 수입 상품 국가별 공급처 발굴 방법 • 84
02 중국 최대 도매시장 이우에서 수입 물품 발굴 • 86
03 알리바바에서 수입 물품 발굴하기 • 90
04 중국에서 제조하여 수입한 뒤 외국 오픈마켓에서 판매하기 • 93
05 일본에서 수입품 구매처 발굴하기 • 94
06 미국, 남미에서 수입품 구매처 발굴하기 • 96
07 유럽에서 수입품 구매처 발굴하기 • 98
08 인터넷에서 인기 상품 찾아내 수입하기 • 100

Chapter 4 수입 상품 국내에서 판매하기

01 외국에서 수입 상품 발굴하기 • 104
02 외국 쇼핑몰에서 국내의 트렌드 상품 찾기 • 106
03 국내 소비자들이 관심을 쏟는 외국 직구 상품들 • 109
04 외국 직구 상품 분석 및 정리 • 110
05 수입 상품을 국내에서 판매·유통하는 전략 • 112
06 수입 상품 오프라인 판매 전략 1 • 113
07 수입 상품 오프라인 판매 전략 2 • 115
08 수입 상품 온라인 판매 전략 1 • 117
09 수입 상품 온라인 판매 전략 2 • 120
10 수입 상품 온라인 판매 전략 3 • 121
11 수입 상품 온라인 판매 전략 4 • 123
12 수입 상품 온라인 판매 전략 5 • 125
13 오픈마켓에서의 판매가 기본 책정 방법 • 126
14 수입 상품을 홈쇼핑 TV에서 판매하기 • 127

15 홈쇼핑 TV에서의 입점 및 절차 • 128
16 홈쇼핑 TV의 판매가 기본 책정 방법 • 129
17 배송 상품 포장 • 131
18 개인 정보 취급 관리하기 • 133
19 판매 목표(Sales Targets) 설정하기 • 134
20 판매 상품의 철수 시기 • 136
21 수입 상품에 이상이 있을 때 구상권 청구하기 • 138

Chapter 5 해외 오픈마켓에서 판매하기

01 직구업자라면 역직구에 주력하라 • 142
02 역직구의 장점 • 143
03 외국 국가별 잘 팔릴 만한 국내 상품 발굴하기 • 144
04 역직구(수출) 상품 구성하기 • 146
05 외국 오픈마켓 아이디를 만들 때 심사숙고해야 할 사항 • 148
06 외국 오픈마켓의 최강자, 미국 이베이 • 149
07 이베이에서 판매한 대금 정산받기 • 150
08 이베이 셀러로 출점하기 1 • 151
09 이베이 셀러로 출점하기 2 • 157
10 페이팔에 국내 은행 계좌 연결하기 • 165
11 페이팔 예치금 활용 방법 1 • 167
12 페이팔 예치금 활용 방법 2 • 168
13 이베이 셀러의 특징, 셀링리밋 • 170
14 이베이 셀러의 도우미, 요금 계산기 사용하기 • 171
15 이베이의 판매 물품 미리 보기 • 172
16 이베이의 판매 금지 및 판매 제한 품목 • 174
17 이베이 셀러 사진 정책 • 175

18 이베이 셀러 판매 관리하기 • 177
19 이베이 셀러 판매 수수료율 • 178
20 아마존에서의 직구와 판매 • 179
21 아마존 셀러 입점 기본기 • 180
22 아마존 판매 대금 정산 시스템 구축하기 • 181
23 아마존 가입과 셀러로 입점하기 • 182
24 아마존 설정 페이지에서 금융 카드 정보 입력하기 • 185
25 유럽 아마존에서 판매하기 • 186
26 아마존 판매 수수료 • 187
27 일본의 오픈마켓과 인터넷 쇼핑몰 • 188
28 일본의 주요 인터넷 쇼핑몰 순위 • 189
29 일본의 오픈마켓 시장 40% 장악한 라쿠텐 • 191
30 라쿠텐으로 일본 쇼핑몰 시장 공부하기 • 194
31 한·중·일 셀러들이 경쟁하는 오픈마켓 • 195
32 큐텐 재팬에서는 어떤 제품이 잘 팔릴까? • 198
33 일본 오픈마켓에서 상품 판매하기 1 • 200
34 일본 오픈마켓에서 상품 판매하기 2 • 203
35 큐텐 재팬의 판매 대금 정산 방법 • 205
36 중국의 대표 쇼핑몰 타오바오 • 206
37 타오바오에서의 직구와 상품 판매 • 207
38 타오바오 가입 시 구글 번역기 사용하기 • 209
39 타오바오 가입 및 상품 직구하기 • 210
40 타오바오에서의 상점 개설과 판매 수수료 • 212
41 타오바오에서 판매 대금 정산 시스템 구축하기 • 213
42 국내에서 외국 판매를 위한 자체 인터넷 쇼핑몰 만들기 • 216
43 외국 현지 법인 설립하기 • 217
44 수출 상품 국내 사입처에서 발굴하기 • 219
45 외국 시장 개척 사업처 전략 • 221

Chapter 6 고정고객을 만드는 오픈마켓 판매 관리법

01 배송 물품 파손 시 구매자와 판매자의 대처 방법 • 224
02 고객을 팬으로 만들기 • 226
03 고객의 재구매율 높이기 • 228

Chapter 7 상품 배송의 모든 것

01 국내 배송과 외국 배송의 중요성 • 234
02 국내 배송의 시작, 국내 배송업체 선택 • 236
03 외국 배송의 시작, 외국특송업체 선택 • 237
04 외국특송료와 소요 시간 미리 알기 • 241
05 외국특송 시 제품 품목별 무게 미리 파악하기 • 244
06 국제 등기우편으로 소포 배송하기 • 245
07 우체국이 만든 특별 외국 배송 우편 • 246
08 국제우편 요금 미리 조회하기 • 247
09 외국 배송 송장 작성 방법 1 • 249
10 외국 배송 송장 작성 방법 2 • 250
11 페덱스코리아 항공 송장 작성 예제 • 255
12 외국 배송 주소 영문으로 작성하는 방법 • 256
13 외국으로 배송 시 국가별 통관 유의사항 • 257
14 우체국 EMS에서 국가별 통관 유의사항 • 261
15 외국 직구족을 위한 안전한 주소지 • 263
16 수출업 오픈마켓 셀러의 가격 책정 • 264

Chapter 8 대량 수출입 무역은 어떻게 할까

- **01** 외국 바이어 발굴 방식 1 • 266
- **02** 외국 바이어 발굴 방식 2 • 268
- **03** 외국 바이어 발굴 방식 3 • 270
- **04** 수출입 매매 거래제안서 1 • 272
- **05** 수출입 매매 거래제안서 2 • 274
- **06** 대량 무역 시작하기 1 • 275
- **07** 대량 무역 시작하기 2 • 277
- **08** 수출 대금의 결제 방식 • 279
- **09** 수출입 매매계약서와 주문서(P/O) 양식 • 282
- **10** 수출 대금 지급보증서인 신용장 개설 방법 • 288
- **11** 신용장 발행, 수출 대금의 결제 흐름도 • 291
- **12** 수입업자를 위한 신용장 개설 방법 • 292
- **13** 수출 물품 선적 후 즉시 수출 대금 받기 • 297
- **14** 수출 대금 수령 후 부가세와 관세 환급받기 • 298
- **15** 수출품 생산비용이 부족할 경우 • 299

Chapter 9 수출입 신고와 통관, 세금 이야기

- **01** 수출입 통관 검사 종류 • 302
- **02** 외국으로 배송되는 물품의 통관 절차 • 304
- **03** 수출신고서 작성 • 305
- **04** 수입품 및 외국 직구 물품 통관 절차 • 308
- **05** 수입신고서 작성하기 • 309
- **06** 수입신고서 구비 서류 • 311
- **07** 수입품의 관세, 부가세 산정 방법 • 312

08 수입 품목별 관세율 미리 확인하기 • 314
09 개별소비세 물품 수입 시 납부 의무 추가 발생 • 316
10 관세 납부 방법 • 317
11 세금 관계 고려하기 • 318
12 통화 차이 고려하기 • 320
13 지출은 줄이고 이득은 많이 남기기 • 321
14 수출 상품 선적 시 필요한 부대 서류 • 323
15 수출품 운송 사고에 대비한 보험 • 328
16 개인 무역업자가 항상 주의할 점 • 329

SECTION 01

무역업을 평생 직업으로 만들기 – 1인 개인 무역업 스타트업

'평생직장'이란 개념이 사라지고 '평생 직업'이란 개념이 등장한 시대입니다. 대체 어떤 직업이 평생 직업이라고 할 수 있을까요?

우리가 찾는 평생 직업은 먼 곳에 있지 않고 아주 가까운 곳에 있습니다. 바로 여러분 곁에서 흔히 볼 수 있는 수많은 직종의 하나인 셀러(Seller: 판매자)입니다.

아래 그림을 보면 눈에는 보이지 않지만 유통 단계별로 수많은 셀러가 일하고 있습니다. 생산자가 공급자에게 물건을 팔 때도, 공급자가 도매상에(혹은 도매상이 소매상에) 물건을 팔 때도 셀러가 있습니다.

그런데 어느 날 자세히 살펴보니 각 유통 단계에는 알게 모르게 삐딱선을 탄 셀러가 숨어 있었습니다. 그들은 생산자에서 공급자로, 공급자에서 도매상으로 물건을 판매하는 것이 아니라 외국에 판매했습니다. 그들이 바로 무역 업종에서 종사하는 셀러, 즉 '수출업자'들입니다.

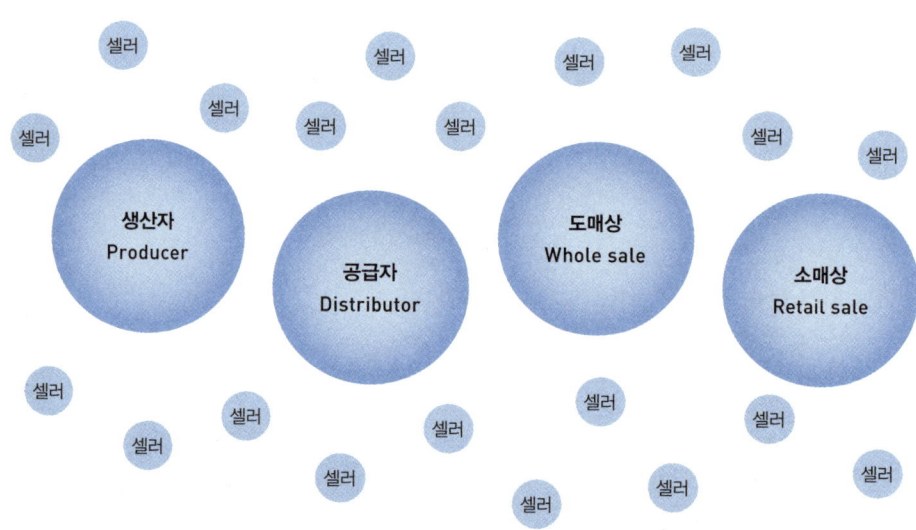

앞의 그림에서 알 수 있듯 셀러는 어느 유통 단계에나 있습니다. 또한 사회 곳곳에 있습니다. 이혼한 연예인이 어느 날 TV에 나와 눈물을 흘립니다. 그 연예인은 사실 시청자에게 '눈물'을 파는 셀러입니다.

파는 것이 물건이든 눈물이든 '뭔가를 팔 수 있는 사람'만이 살아남는 시대가 되었습니다. 그리고 많이 파는 사람일수록 더 성공하는 시대가 되었습니다. 치킨집을 해도 많이 팔아야 먹고살 수 있는 시대인 것입니다.

무역 업종의 셀러는 전 세계 사람들을 대상으로 상품을 팔기 위해 뛰는 사람들입니다. 그래서 무역상은 셀러 중 가장 으뜸이며 평생직장입니다. 또한 무자본으로도 시작할 수 있고 투잡 형식으로도 꾸려갈 수 있습니다. 1인 무역업자도 열심히 하면 연봉 1억 원을 벌 수 있습니다.

투잡을 원한다면, 현재 무일푼으로 더는 투자할 능력이 없다면, 도와주는 사람이 없어 맨몸으로 뭔가를 이루고 싶다면, 연봉 1억 원을 벌고 싶다면, 지금 당장 무역업에 도전하는 것이 어떨까요?

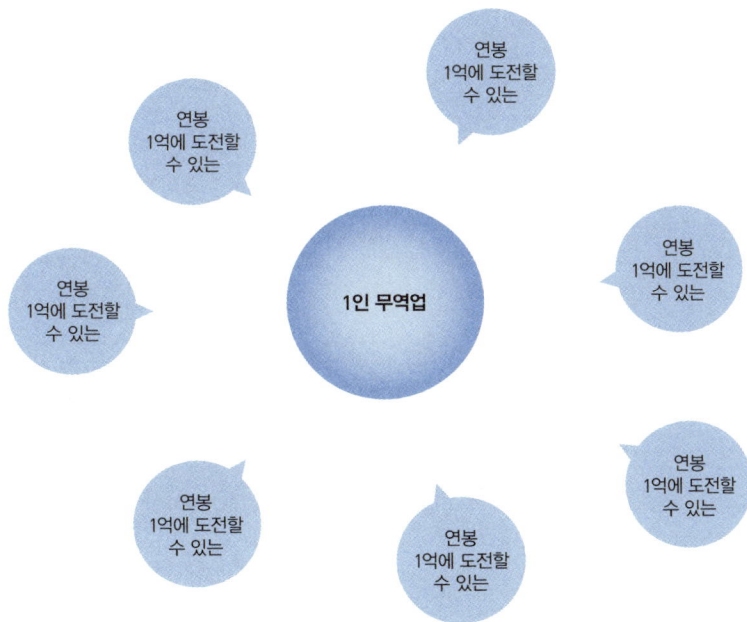

개인 무역업의 시작 조건
– 국제 감각이 있으면 누구나 할 수 있다

개인 무역업은 누구나 할 수 있습니다. 필요한 것은 인기 상품을 발굴해내는 국제 감각입니다.

✱ 국제 감각

소액 무역이든 대형 무역이든 무역업에는 국제 감각이 필요합니다. 국제 감각이란 별다른 게 아닙니다. 국외 여행에서 느낀 사소한 경험으로도 국제 감각을 기를 수 있습니다. 지구는 사람이 사는 세상입니다. 나라마다 조금씩 다른 특유의 특성을 먼저 포착할 줄 알고, 사람 심리를 읽는 능력이 있다면 누구나 개인 수출입 무역업을 할 수 있습니다.

✱ 기초적인 무역 실무 능력

개인 수출입 무역업자가 되려면 최소한의 무역 실무 능력이 필요합니다. 물론 이 책은 그러한 점을 알려주기 위해 쓴 책이므로, 이 책의 내용을 모두 소화하고 나면 기초 무역 실무 능력이 생길 것이라 믿습니다.

✱ 최신 트렌드 입수력

가장 중요한 것은 팔리는 제품을 발굴하는 능력입니다. 타국에서 현재 가장 인기 있는 제품이라면 국내에서도 인기를 얻을 확률이 높습니다. 마찬가지로 국내에서 인기 있는 제품은 타국에서도 인기 있을 확률이 높습니다. 그런 제품들을 남들보다 빨리 발굴하고, 자신만의 판매 상품으로 조합해낼 수 있는 능력이 있다면 개인 수출입 무역업자로서 성공 가도를 달릴 수 있습니다. 이런 감각을 구비하고 있는 사람은 무역업을 평생직업으로 삼아도 됩니다.

03 SECTION 개인 무역업은 투잡 직종 – 직장생활과 무역업을 병행할 수 있다

개인 무역업은 직장생활을 하면서도 투잡으로 할 수 있다는 장점이 있습니다. 직장에 소속된 상태라면 처음에는 투잡 형태의 소액 무역에 도전하기 바랍니다.

투잡 형태로 소액 개인 무역업을 가장 쉽게 시작하는 방법은 외국 직구와 역직구 오픈마켓이 있습니다.

✖ 외국 직구(수입 판매)

① 국내 시장에서 판매 유망한 물품을 외국 쇼핑몰, 외국 오픈마켓에서 발굴한 뒤 구매하는 것이 외국 직구입니다.
② 외국 직구 시 필요한 것은 신용카드나 체크카드입니다.
③ 외국 상품이 국내로 배송되었을 때 소정의 절차에 따라 수입신고를 하고 관세를 납부합니다.
④ 배송받은 물품을 자가 사용하거나 국내 시장에서 판매합니다.

✖ 역직구 오픈마켓(수출 판매)

① 국내에서 외국 판매 가능성이 높은 제품을 발굴한 뒤 소액으로 사입(매입)합니다. 초기에는 몇만 원에서 몇십만 원 단위로 사입해도 충분합니다.
② 상품 사진을 찍어 판매 준비를 합니다.
③ 외국 오픈마켓 쇼핑몰에 상품 사진을 올려 판매합니다. 외국 고객에게 주문이 들어오면 국제특송으로 배송하고 판매 대금을 회수합니다.

초기에는 소액 판매와 소액 수입 위주로 시작합니다. 점차 자신의 무역 식견을 높인 뒤 전문 무역상이나 전문 유통업자로 업그레이드합니다. 판매량이 많아지면 해외 생산공장을 발굴한 뒤 자신이 디자인한 제품을 생산·수입하고 국내나 외국 시장에 판매합니다.

04 SECTION 특별한 매입처와 판매처가 없어도 가능한 무역업

개인 수출입 무역업은 특별한 매입처나 판매처 없이도 할 수 있는 업종입니다. 외국 직구와 역직구 오픈마켓은 수많은 매입처와 판매처 중 하나일 뿐입니다.

✖ 개인 수입업은 특별한 매입처 없이도 가능

개인 수입업은 아마존이나 이베이, 타오바오 등의 외국 오픈마켓에서 국내에서 인기 있을 것 같은 상품을 찾아낸 뒤 그것을 구매해 국내 시장에 판매하는 것입니다. 따라서 특별한 수입처가 있지 않습니다. 남들보다 빠르게 트렌드를 읽는 능력과 정보 검색 능력만 있으면 누구나 할 수 있습니다.

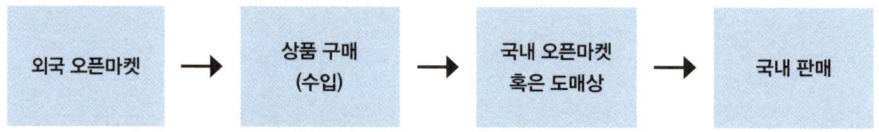

✖ 개인 수출업 역시 특별한 공급처 없이도 가능

소액 단위의 수출인 개인 수출업은 외국 고객의 주문이 발생하면 국내의 도매상이나 공장에서 물건을 사입해 수출하는 전략입니다. 초기에는 수출하려는 상품의 반응을 모르므로 소량씩 판매해본 뒤 반응이 좋으면 대량 수출로 방향을 전환합니다. 중요한 것은 외국 고객의 주문이 오면 2~3일 안에 발송할 수 있도록 사업 체제를 구축하는 것입니다.

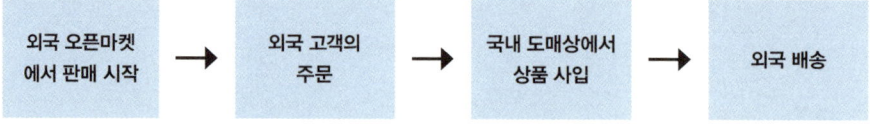

왜 개인 무역업·소호 무역업이 대안인가?
– PC 한 대로 누구나 창업할 수 있다

과연 개인이 무역회사를 창업한 뒤 부업으로 영업할 수 있을까요? 물론입니다.
아마존 등으로 영업하므로 PC 한 대만 있으면 누구나 창업할 수 있습니다.

✱ PC 한 대로 외국 물품 수입하기

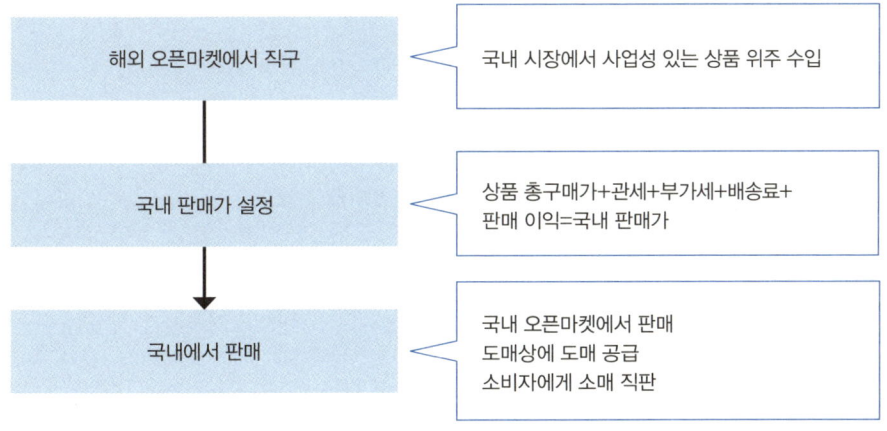

 이베이, 아마존, 라쿠텐, 타오바오 등의 외국 오픈마켓에서 직구로 상품을 구매한 뒤 국내 시장에 유통합니다. 이 쇼핑몰들은 외국 현지 판매 사기에 대한 안전장치가 있으므로 개인 무역업 창업 후의 초기 구매처로 유리합니다.

❋ PC 한 대로 국내 물품 외국으로 수출하기

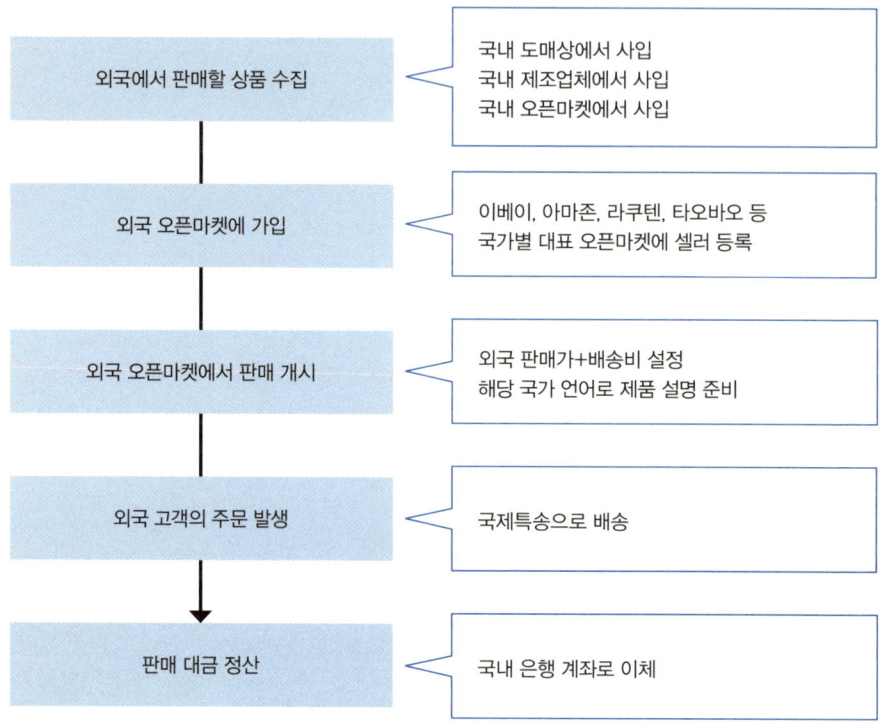

개인 무역업 창업자의 준비물, PC 한 대

개인 무역업은 PC와 인터넷만 있으면 누구나 할 수 있습니다. 학력, 스펙, 어학 능력, 초기자본이 필요하지 않습니다. 오로지 개인 무역업으로 돈을 벌겠다는 자신감만 있으면 충분합니다.

개인 무역업에서 PC는 갖가지 업무를 수행하는 판매 도구입니다.

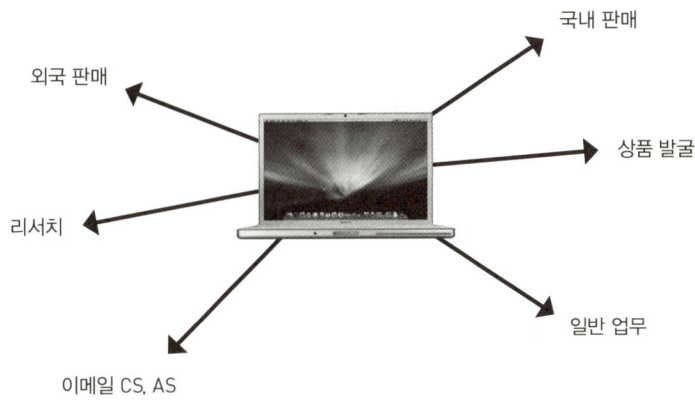

✹ 개인 무역업자가 PC로 처리하는 업무

일반 업무	판매 및 재고, 고객 관리를 하고, 오픈마켓에 올릴 상품 사진을 편집합니다.
상품 발굴	수출 혹은 수입 대상이 되는 상품을 발굴합니다.
외국 판매	국내 물품을 외국 인터넷 오픈마켓에서 판매할 수 있습니다(역직구).
국내 판매	외국에서 직구한 물품을 국내 인터넷 오픈마켓에서 판매할 수 있습니다.
리서치	국가별 시장 동향, 인기 상품 조사를 합니다.
이메일	고객의 문의에 응답하고 AS 서비스를 처리합니다.

07 SECTION

개인 무역업 창업자의 보조 준비물
– 디지털카메라, 프린터, 오픈마켓 계정 등

PC가 준비되면 이제 개인 무역업의 첫걸음을 옮길 수 있습니다. 물론 아래에 소개한 몇 가지를 더 구비하면 좀 더 번듯한 회사 체제가 구축됩니다.

✖ 디지털카메라

상품 사진을 최대한 전문가처럼 찍어 올리면 판매율이 높아집니다.

국내외 오픈마켓에 상품 사진을 업로드할 때 필요합니다. 기본적으로 500만 화소 이상이면 충분합니다. 외국 오픈마켓은 물론 국내 오픈마켓도 사진 저작권 규제가 매우 심합니다. 타인이 올린 상품 사진을 훔쳐 사용할 수 없으니 상품 사진은 반드시 자신이 찍어 올려야 합니다.

✖ 프린터

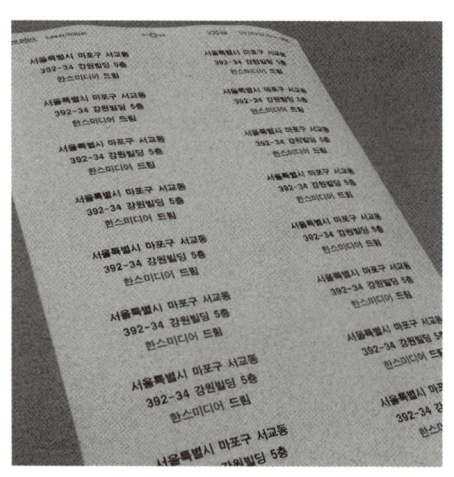

프린터로 주소 라벨을 인쇄해 상품을 발송합니다.

주소 라벨 출력에 사용합니다. 우편물 주소를 손글씨 대신 라벨로 출력하면 회사가 더 번듯해 보입니다. 즉 주소 라벨을 프린터로 인쇄하는 일은 고객들에게 번듯한 회사라고 인정받는 지름길입니다.

✽ 외국 유명 오픈마켓 계정(외국 판매용 계정)

국내 제품을 마우스 클릭으로 미국이나 유럽의 인터넷에서 판매하려면 이베이, 아마존 등 미유럽의 유명 오픈마켓 계정이 필요합니다. 국내 상품을 일본 인터넷에서 판매하려면 일본의 대표 오픈마켓인 '라쿠텐'이나 일본 한류 대표 오픈마켓인 '큐텐' 계정이 필요합니다. 만일 중국 인터넷에서 판매하려면 중국의 대표 오픈마켓인 '타오바오' 계정이 필요합니다.

1 : 미국, 유럽, 남미 시장의 인기 오픈마켓

아마존　　　　　　　　　　이베이

2 : 일본, 아시아 시장 인기 오픈마켓

라쿠텐　　　　　　　　　　큐텐

3 : 중국, 화교권 인기 오픈마켓

타오바오

✽ 외국 전자결제대행(전자지갑) 계정

국내 셀러들이 이베이나 타오바오 같은 외국 쇼핑몰에서 영업하려면 판매 대금을 회수할 수 있는 국내 은행 계좌를 연결해야 합니다. 국내 은행 계좌가 바로 연결되지 않으므로 국제적으로 사용하는 전자지갑 계정을 만든 뒤 그 계정에 국내 은행 계좌를 연결해 판매 대금을 회수합니다.

1 : 페이팔 계정

페이팔은 미국에서 가장 많이 사용하는 결제대행업체입니다. 페이팔은 주로 이베이 이용자들이 전자지갑 용도로 사용합니다. 미국이나 유럽 이베이에서 판매한 대금은 페이팔 계정으로 들어옵니다. 페이팔 계정으로 들어온 돈은 국내 은행 계좌로 이체할 수 있습니다.

페이팔 → 이베이 판매 대금을 회수하는 계정

2 : 페이오니어 계정(미국 은행 가상계좌)

페이오니어는 아마존닷컴이 서비스되지 않는 다른 국가 셀러들이 아마존에서 판매한 대금을 회수하기 위해 만드는 미국 은행 가상계좌입니다.

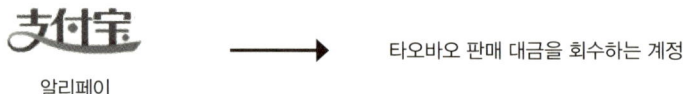

페이오니어 → 아마존 판매 대금을 회수하는 계정

3 : 알리페이(즈푸바오) 계정

중국 최대 오픈마켓이자 아시아 최대 인터넷 쇼핑몰인 중국 타오바오 쇼핑몰에서 사용하는 전자결제대행업체입니다. 타오바오에서 판매한 상품 대금을 중국 은행에서 국내 은행 계좌로 이체하려면 필요합니다.

알리페이 → 타오바오 판매 대금을 회수하는 계정

✹ 국내 오픈마켓 계정(국내 판매용 계정)

외국에서 직구하거나 수입한 물품을 국내 인터넷에서 판매하려면 지마켓, 11번가, 옥션 등의 국내 오픈마켓 계정이 필요합니다. 만일 모바일 쇼핑몰에서 판매하려면 쿠팡, 티몬, 위메프, 카카오스타일 등의 계정이 필요합니다.

1 : 국내 오픈마켓 쇼핑몰

국내에서 인터넷으로 접속하는 대형 오픈마켓 쇼핑몰입니다.

지마켓   11번가   옥션

2 : 국내 소셜커머스

국내에서 스마트폰이나 인터넷으로 접속하는 반값 할인 전문 쇼핑몰입니다.

쿠팡   위메프   티몬

3 : 국내 모바일 쇼핑몰

국내에서 스마트폰으로 접속하는 쇼핑몰 중 최근 큰 인기를 끌고 있는 쇼핑몰로는 카카오톡에서 운영하는 카카오스타일이 있습니다.

카카오톡   카카오스타일

✻ 국제 운전면허증

1인 무역업자나 소호 무역업자라면 외국에 직접 가서 물품을 구매할 경우를 대비해 국제 운전면허증을 준비하는 것이 좋습니다. 국제 운전면허증은 외국 현지에서 렌터카를 빌릴 때 사용합니다. 국내 운전면허증 소유자는 국제 운전면허증을 추가 시험 없이 바로 발급받을 수 있습니다.

✻ 명함

1인 무역업자가 외국 현지 도매상이나 바이어 미팅에서 사용하게 될 명함을 말합

니다. 명함 앞장은 한글, 뒷장은 영문으로 만듭니다. 성명, 사무실 주소, 이메일 주소, 전화번호(국제 전화번호), 휴대전화 번호 등을 기재합니다. 때에 따라 입금 전용 국내 은행 계좌번호를 표기할 수도 있습니다.

✖ 외국에서 사용할 수 있는 신용카드 혹은 체크카드

외국에서 사용할 수 있는 신용카드나 체크카드가 필요합니다. 국내 신용카드 중에서 마스터카드나 비자카드 로고가 있는 신용카드와 체크카드는 외국에서도 사용할 수 있습니다. 그러나 실제 외국 결제 시에는 승인이 막혀 있을 때도 있습니다. 그럴 땐 카드 상담원과 통화해 외국 결제가 승인되도록 설정을 변경해놓아야 합니다.

외국 결제 승인이 가능해지면 외국 쇼핑몰에서 물품을 직구로 구매하거나 현지 도매상의 도매 물품을 구매할 때 대금을 결제할 수 있습니다.

국제 운전면허증은 운전면허시험장이나 지정된 경찰서에서 10분이면 발급받을 수 있습니다. 준비물은 본인의 운전면허증, 증명사진 혹은 여권 사진 한 장, 수수료(1만 원 미만)입니다. 국제 운전면허증이 있으면 약 100여 국가에서 별도의 면허증을 취득하지 않고도 운전할 수 있습니다.

08 오픈마켓 1인 무역업의 장점

SECTION

개인 무역업은 소자본 창업이 가능하고, AS를 이메일로 처리할 수 있다는 장점이 있습니다.

✖ 소자본 창업

개인 수입(직구)이나 개인 수출(역직구) 사업은 창업 시 자본이 크게 필요하지 않다는 장점이 있습니다. 물건이 팔리면 재고를 도입하므로 단돈 100만 원이나 용돈으로도 창업할 수 있습니다. 소자본 창업이 가능할 뿐만 아니라 재고 관리에도 유리하다는 것이 개인 무역업의 장점입니다.

✖ 고객서비스(CS: Customer Service)센터 관리에 유리

국내 오픈마켓에서 영업을 하면 고객서비스(CS)를 위해 전화나 카카오톡을 많이 사용합니다. 대기업이 아니라는 것을 아는 고객들이 문자 문의를 많이 사용하기 때문입니다. 물론 사업 규모가 커지면 별도의 CS 인력을 고용하는 것이 좋습니다. 외국 오픈마켓의 판매자는 보통 이메일을 통해 고객을 응대하므로 국내 시장과 비교하면 고객서비스 관리가 매우 편리합니다.

✖ 사무실이나 집에서 배송하면 판매 끝

개인 무역업의 최대 장점은 사무실이나 집에서 물품을 배송하면 판매가 종료된다는 점입니다. 배송해야 할 물건은 배송업체가 직접 와서 가져갑니다. 또한 국내 오픈마켓 판매분이 익일 배송이 원칙이라면 외국 오픈마켓 판매분은 국내와 달리 배송 기간에 여유가 있습니다. 외국의 소비자들은 수출입을 통해 물건이 배송된다는 것을 알기 때문에 보통 7~10일 정도 여유를 가지고 기다립니다. 예를 들어 우체국 EMS를 통해 미국으로 국제특송할 경우 평균 3~6일 정도 소요되므로 주문을 받은 뒤 2~3일 뒤쯤 미국으로 발송해도 무방합니다.

09 개인 무역업자의 외국 물품 수입 기초

외국에서 수입하는 방법은 직접 수입하는 방법과 외국 쇼핑몰에서 직구하는 방법이 있습니다. 먼저 외국 쇼핑몰에서 직구하는 방법, 즉 해외 직구의 방법을 알아봅니다.

✖ 외국 인터넷 쇼핑몰 직구 진행 순서

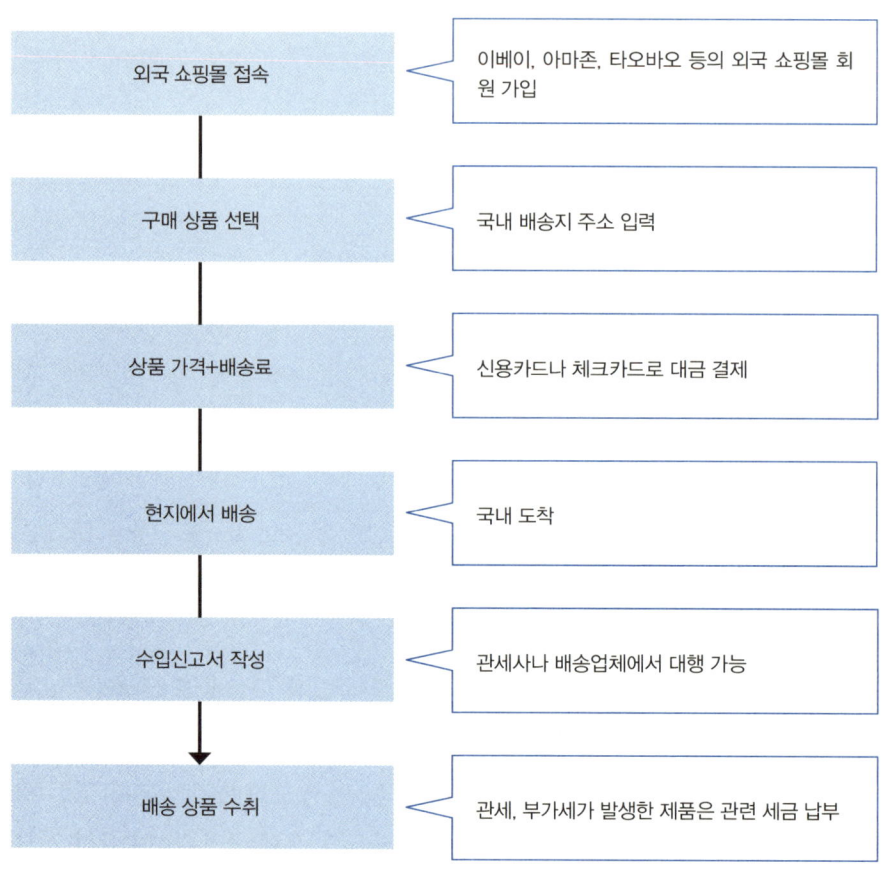

- 외국 쇼핑몰 접속 ← 이베이, 아마존, 타오바오 등의 외국 쇼핑몰 회원 가입
- 구매 상품 선택 ← 국내 배송지 주소 입력
- 상품 가격+배송료 ← 신용카드나 체크카드로 대금 결제
- 현지에서 배송 ← 국내 도착
- 수입신고서 작성 ← 관세사나 배송업체에서 대행 가능
- 배송 상품 수취 ← 관세, 부가세가 발생한 제품은 관련 세금 납부

외국 물품 직구의 비밀
– 관세 없이 직구하려면 상품 가격을 보라

나라별로 소액 수입 시 관세를 내지 않아도 되는 기준이 있습니다. 국내는 약 15~20만 원 이하의 소액 상품을 직구하거나 수입할 때 관세가 면제됩니다.

✖ 일반통관 상품

자가 사용(자기가 사용할 목적)으로 직구하는 상품 대부분은 일반통관 대상 상품입니다. 일반통관 대상 상품 중 총대금(제품가+현지 배송비+현지 세금+관세청 지정 선편 요금)이 15만 원 이하의 물품이면 세관 심사를 받을 때 관세 면제 대상이 됩니다. 총대금이 15만 원을 초과하면 18~23% 정도의 관세와 부가세가 가산됩니다. 따라서 일반 상품을 외국 직구로 수입할 때 관세를 면제받으려면 제품 가격에 가상으로 현지 배송비, 현지 세금, 국제 선편 요금을 합산해 15만 원 이하의 제품을 직구하는 것이 좋습니다.

✖ 일반통관 대상 수입 상품의 관세 면제 기준 금액

제품가 + 현지 배송비 + 현지 세금 + 국제 선편 요금 = 15만 원 이하 관세 면제

이베이닷컴에서 직구로 결제한 생활잡화가 구매가 10만 원, 현지 배송비 1만 원, 현지 세금 1만 원으로 무게가 5킬로그램이라면 국제 선편 요금 2만 1,700원이 적용되기 때문에 총금액은 14만 1,700원입니다. 15만 원 이하 일반 상품이기 때문에 통관 시 관세 면제로 수입할 수 있습니다. 만일 제품 무게가 10킬로그램이라면 국제 선편 요금 3만 400원이 적용되기 때문에 수입에 사용한 총금액은 15만 400원이 되어 관세 면제 금액 15만 원을 초과합니다. 이 경우 수입품에 관세와 부가세가 가산됩니다.

 국제 선편 요금은 관세청이 배송비 산출에 사용하는 국제간의 기준이 되는 선편 요금입니다. 국제 선편 요금은 물품의 무게에 따라 달라집니다.

✻ 목록통관 상품

우리나라와 FTA 협정을 맺은 국가의 무역상이나 인터넷 쇼핑몰에서 구매한 의류, 신발 등이 목록통관 상품에 해당합니다. 목록통관 상품의 관세는 총대금(제품가+현지 배송비+현지 세금)이 200달러(약 20만 원) 이하일 때 면제됩니다. 총대금이 200달러를 초과하면 약 8~23%에 해당하는 관세와 부가세가 가산됩니다.

즉 목록통관 대상 상품을 직구할 때는 15만 원 내외의 제품이 좋으며 이들 제품은 현지 배송비와 현지 세금을 합쳐도 200달러 기준을 초과하지 않으므로 국내 세관 통과 시 관세를 면제받을 수 있습니다.

✻ 목록통관 대상 수입 상품의 관세 면제 기준 금액

직구로 미국 쇼핑몰에서 의류를 구매한 경우 의류 가격이 15만 원, 현지 배송비가 1만 원, 현지 세금이 1만 원이라면 총구매액은 17만 원이 되어 관세 면제로 수입할 수 있습니다.

만일 의류 가격이 19만 원, 현지 배송비가 2만 원, 현지 세금이 1만 원이라면 총구매액은 22만 원이 되므로 관세 면제 금액 200달러를 초과합니다. 이때는 세관에서 관세를 가산하므로 관세를 납부해야 배송받을 수 있습니다. 관세는 세관에서 확정 고지하면 15일 안에 납부해야 하고, 부가세 10%는 부가세 분기별 납부일에 맞추어 납부합니다.

 관세가 발생한 물품은 구매자가 관세를 납부할 때까지 배송이 중단된 채 세관 보세창고에서 묶이므로 계좌 이체 등으로 신속하게 납부하기 바랍니다. 참고로 직구한 물품에 관세가 부과되면 포워딩 업체(국제특송으로 들어온 물품의 국내 배송을 담당한 업체)에서 관세 금액을 고지한 뒤 납부 시까지 배송을 중단합니다.

개인 무역업자, 수출에 도전하기
– 온라인 직수출(역직구 오픈마켓)

우리나라 제품을 외국의 이베이나 아마존 등에서 판매하는 것이 직구의 반대인 역직구입니다. 수입한 제품을 다른 외국 쇼핑몰에서 판매할 수도 있습니다.

✽ 온라인 직수출 진행 절차

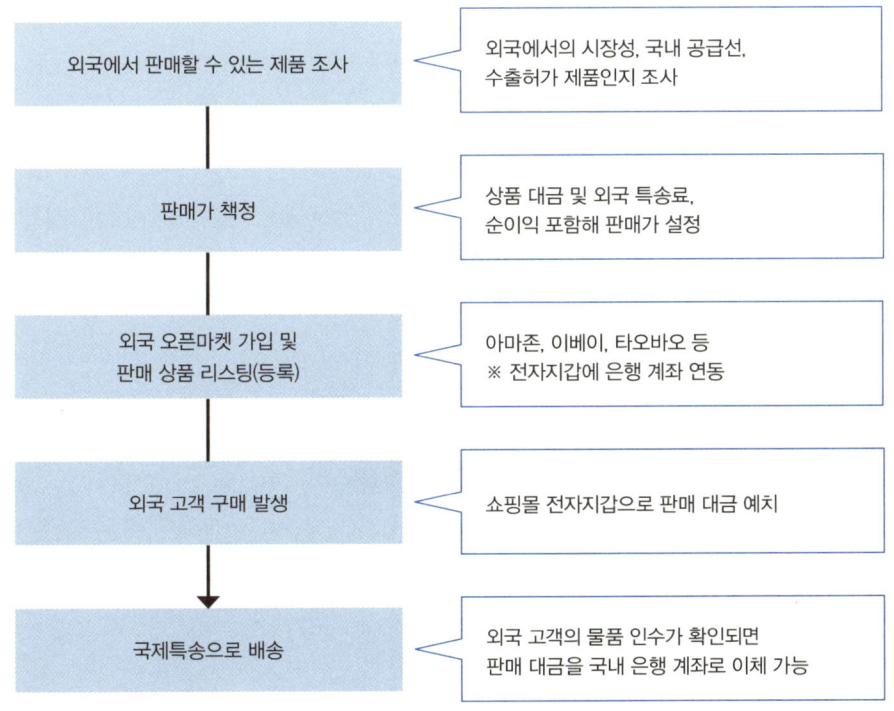

- 외국에서 판매할 수 있는 제품 조사 ◁ 외국에서의 시장성, 국내 공급선, 수출허가 제품인지 조사
- 판매가 책정 ◁ 상품 대금 및 외국 특송료, 순이익 포함해 판매가 설정
- 외국 오픈마켓 가입 및 판매 상품 리스팅(등록) ◁ 아마존, 이베이, 타오바오 등 ※ 전자지갑에 은행 계좌 연동
- 외국 고객 구매 발생 ◁ 쇼핑몰 전자지갑으로 판매 대금 예치
- 국제특송으로 배송 ◁ 외국 고객의 물품 인수가 확인되면 판매 대금을 국내 은행 계좌로 이체 가능

12 SECTION 개인 무역업자, 틈새 상품 발굴하기

대기업이 모두 장악한 무역업에서 개인 수출입업자가 비집고 들어갈 틈새시장이 있을까요? 틈새시장 발굴은 오로지 자신의 능력에 달려 있습니다. 무역업에는 얼마든지 틈새시장이 있습니다.

✖ 틈새시장 찾기

국내에서 자본금 1,000만 원으로 창업한 안경테 수출 전문업체가 몇 년 만에 프랑스 파리에 여러 개의 안경집을 낸 사례가 있습니다. 안경 전문 홈페이지를 만든 뒤 외국 바이어를 찾아 성공한 사례입니다. 저렴한 가격에 공급할 수 있었으므로 단 몇 년 만에 유명 업체가 되었습니다. 선진국에 저렴한 가격으로 공급할 수 있는 국산 제품은 얼마든지 있습니다. 예컨대 워커 종류를 외국의 밀리터리 마니아 사이트에 상품으로 올려놓고 반응을 기다리는 것도 생각해볼 만합니다.

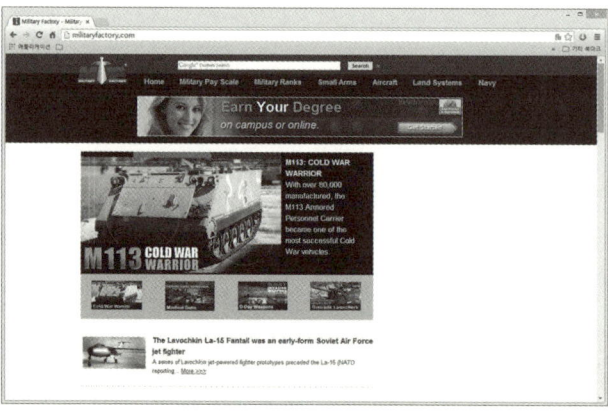

외국 밀리터리 사이트의 예: militaryfactory.com

국산 의류, 신발, 완구 외국 판매 혹은 수출
1. 봉제인형, 완구
2. 수제화, 워커
3. 문구사무잡화
4. PC 주변기기
5. 패션 액세서리
6. 패션의류
7. 패션내의 등

한국 전통 제품 외국 판매 혹은 수출
1. 맞춤 한복(고급)
2. 간이 한복(고급)
3. 인형, 액세서리
4. 한지, 포장지류
5. 전통 과자
6. 전통 가구, 장식장
7. 한국어 교재 등

양질의 국산 제품을 선진국에 저렴한 가격으로 판매
1. 생활잡화
2. 주방잡화
3. 전자제품
4. 전기부품
5. 기계부품
6. 아이디어 상품
7. 중고 자동차 등

양질의 국산 식료품 외국 판매 혹은 수출
1. 과자류
2. 라면류
3. 장류·양념류
4. 건어물류
5. 농수산식품
6. 건강보조식품
7. 조미료 등

한류 상품 외국 판매 혹은 수출
1. 브로마이드
2. 패션의류
3. 패션가방
4. 패션양말
5. 숙박상품
6. 여행가이드 상품
7. 중고 CD 음반 등

개인 수출·수입업 틈새시장

명품 수입 판매 혹은 수입 대리
1. 명품 시계
2. 명품 전자기기
3. 명품 음향기기
4. 지갑, 패션잡화
5. 명품 의류
6. 명품 아동용품
7. 유명 중고차 등

아웃도어용품, 의류 등 수입 판매
1. 등산, 캠핑용품
2. 스포츠용품
3. 헬스, 운동기구
4. 낚시용품
5. 골프용품
6. 패션의류용품
7. X게임 스포츠용품

중저가 잡화, 식료품의 수입 판매
1. 사무잡화
2. 주방잡화
3. PC 주변기기
4. 신발
5. 앤틱가구
6. 식료품, 견과류
7. 액세서리 등

구하기 어려운 기계류 수입대행
1. 오토바이 액세서리
2. 자동차 액세서리
3. 농기계
4. 산업용기계
5. 요트, 선박부품
6. 다용도 기구류
7. 공구용품 등

마니아들을 위한 제품의 수입 판매
1. RC 장난감기기
2. 정밀 장난감
3. 고급 봉제인형
4. 첨단전자기기
5. 과학, 학습 교재
6. 아이디어 상품
7. 와인, 주류 등

외국 사이트에서 우리나라 신용카드로 결제할 수 있을까?

외국 쇼핑몰이나 웹사이트에서 우리나라 신용카드의 승인 여부는 웹사이트마다 다릅니다. 만일 신용카드 결제가 불가능하다면 해당 사이트에서 사용하는 외국 신용카드나 페이팔을 통해 결제해야 합니다.
외국에서 신용카드 결제가 안 되는 이유는 다음과 같이 여러 가지가 있습니다.

배송지와 신용카드 주소가 다른 경우
배송지와 신용카드에 등록된 주소가 다르다면, 쇼핑몰로 접속한 뒤 자신의 개인 정보에 등록된 배송지 주소를 신용카드에 등록된 주소로 바꿔서 입력합니다. 또한 주소를 작성할 때 오타가 있었는지 확인합니다. 오타가 있다면 신용카드 주소대로 정확하게 수정합니다. 이렇게 하면 신용카드 결제가 가능합니다.

아예 한국 신용카드를 거부하는 경우
다른 카드(외국에서의 결제가 가능한 신용카드나 체크카드)를 만든 뒤 자신의 계정에 재등록하기 바랍니다. 카드에 따라 결제가 안 될 수 있으므로 가능한 한 유명 은행의 카드를 개설한 뒤 쇼핑몰 계정에 등록하기 바랍니다. 간혹 한국 신용카드를 거부하는 쇼핑몰이 있지만, 한국이 싫어서가 아니라 카드회사가 유명하지 않기 때문입니다. 국내 유명 은행에서 개설한 신용카드는 외국 어느 곳에서든 통용됩니다.

배송지가 한국 주소이기 때문에 거부하는 경우
쇼핑몰에 따라 한국인 블랙컨슈머(부당 이익을 취하기 위해 고의로 악성 민원을 제기하는 소비자) 때문에 한국인의 접속을 막는 경우가 있습니다. 이럴 땐 어쩔 수 없이 해당 쇼핑몰을 사용할 수 없습니다.

SECTION 13 무역업과 무역 대리업의 차이

무역업과 무역 대리업의 미세한 차이점을 알아봅니다.

✖ 무역업

자신이 무역 수출입의 주체입니다.

① 자기 돈으로 외국 물품을 수입해온 뒤 국내 시장에 판매.
② 국내 상품을 자기 돈으로 구매해 외국에 수출.
③ 자기 회사에서 제조한 물품을 회사 사장이나 회사 내 무역부서가 외국에 수출.
④ 회사의 무역부서가 회사에서 사용할 자재를 외국에서 수입하는 행위.
⑤ 외국 유명 소비재를 다량 수입해 국내에 판매하는 행위.
⑥ 흔히 수출업자(셀러), 수입업자(바이어), 무역부서, 무역회사라고 부름.
⑦ 직구·역직구족은 자기 돈으로 물품을 구매·판매하고 수출입의 주체이므로 무역업에 속함.

✖ 무역 대리업(무역대행, 수출입대행)

무역 지식이 없는 수출업자와 수입업자를 발굴해 양측의 거래 관계를 만들고 수출입 업무를 계약서에 따라 대리하는 것을 말합니다.

① 무역대행이 종료되면 수출업자에게 수출 대금의 3~5%를 수수료로 취함.
② 물건을 사고파는 사람을 연결하는 것이므로 자기 돈이 들지 않음.
③ 수출입 서류를 꾸밀 때 당사자가 아닌 대리인이 됨.
④ 흔히 오퍼상(Offering Agent: 에이전트)이라고 부름.

 무역업을 하는 사람은 무역 대리업을 병행할 수 있고 무역 대리업을 하는 사람은 무역업을 병행할 수 있습니다.

SECTION 14 개인 무역업자에서 소호 무역·무역회사로 업그레이드하기

직구나 역직구로 월 500만 원 매출을 간신히 올리는 1인 무역업자도 소호업자 내지는 오퍼상으로 업그레이드될 수 있습니다.

✳ 1인 개인 무역업자 (무역업, 월수입 대중없음)

1인 개인 무역은 가정에 사무실을 차려놓고 부업으로 하거나 투잡으로 할 수 있습니다. 월 매출은 100만 원에 불과할 수도 있지만 상품 아이템이 좋고 오픈마켓 판매에 성공하면 연봉 1억 원의 수익도 올릴 수 있습니다. 투잡을 하다가 수입이 점점 많아지면 본래 다니던 직장을 포기하고 소호 무역업자나 오퍼상으로 업그레이드하기도 합니다.

개인 무역업자가 안정적인 수익률을 계속 유지하려면 직구·역직구에 치중해서는 안 됩니다. 자신이 디자인한 액세서리나 의류를 인건비가 저렴한 국가에서 제조한 뒤 국내나 외국으로 유통하는 전략을 세워야 합니다.

개인 무역업자의 경우 수입 대금이 커지면 결제 방법에서 문제가 발생합니다. 카드 한도보다 결제 금액이 커지면 현금으로 결제하는데, 현금 결제 금액이 커지면 외환관리 및 무역 사기 등의 문제점이 야기될 수 있습니다. 따라서 수입 결제 금액이 커지면 신용장 발행 등의 정식 수출입 코스를 밟으며 무역업을 하는 것이 좋습니다.

✳ 소호 무역 (무역업, 월수입 300만 원 이상)

월수입 300만 원 전후를 기준으로 소호 무역업자라고 말합니다. 나름대로 창고형 사무실을 갖추고 진행하는 무역상입니다. 1인 개인 무역업자도 월수입 300만 원 전후가 되면 소호 무역업자라고 할 수 있습니다.

소호 무역에서 창고형 사무실은 근무 공간이자 물건을 쌓아놓는 창고, 또 상품 사진을 촬영하는 스튜디오 공간입니다. 한두 명의 직원을 둘 수 있고, 연 매출 20~30억 원이 발생하는 시점에는 서너 명의 직원을 더 고용합니다. 초기에는 중국에서 보따리로 물건을 떼어와 국내 시장에 판매하기도 하지만 선수가 되면 중국에서 생산 발주한 상품을 국내로 수입한 뒤 일본 오픈마켓에 판매하기도 합니다.

소호 무역업자는 전체적으로 볼 때 1인 무역업자의 확대형입니다. 매출이 어느 정도 꾸준히 발생하고 무역업에 나름대로 노하우가 생기는 시점에 사무실과 창고 체계를 갖추면 소호 무역업자가 됩니다.

✖ 오퍼상(무역대행업, 월수입 500만 원 이상)

오퍼상은 수출 전문 에이전트라고 말합니다. 조금 번듯한 사무실을 차려놓고 혼자서 운영하거나 한두 명의 직원을 고용해 운영합니다. 타국의 수출자를 대신해 해당 국가에서 수입자를 발굴해 서로 거래 관계로 만든 뒤 수출입 업무를 대리하고 수수료를 받는 것이 주 업무입니다. 예를 들면 국내에 상주한 오퍼상은 외국 판매업자의 정보를 데이터베이스화한 뒤 외국 물품을 국내에서 구매할 수입업자를 발굴합니다. 1억 원어치 정도의 수입 물량을 연간 10여 건 정도 성사시키면 무역대행 수수료만으로도 먹고살 수 있습니다. 무역대행 수수료는 수출 대금의 3~5% 내외이며 일반적으로 수출업체에서 받습니다. 성사시킨 수출 물량이 많으면 수수료율이 1% 내외로 떨어지기도 합니다.

오퍼상은 자신이 잘 아는 분야를 전문으로 하기도 하지만 구매자가 다른 품목을 요구하면 그에 맞는 품목을 발굴하기도 합니다. 중개 무역만 전문으로 하거나 수입 또는 수출만 전문으로 하기도 하고, 어느 한 국가를 대상으로 무역업을 하기도 합니다.

✖ 중견 무역회사

화학, 건설자재, 철강 등 어떤 특수한 분야의 무역을 전문으로 하면서 그 분야의 수출자와 수입자를 발굴·연결하는 일을 하는 곳이 중견 무역회사입니다. 하지만 수출입 자유화 이후로 개인과 제조업체도 무역업을 할 수 있게 되면서 국내에는 사실상 중견 무역회사가 없습니다. 이 때문에 오퍼상 중에서 특정 분야의 전문지식이 있는 업자들이 중견 무역회사 일을 합니다. 어떻게 보면 중견 제조업체에 소속된 무역부서를 중견 무역회사라고 할 수 있습니다.

✱ 중견 회사 무역부서(외국 지사장 연봉 9,000만 원 이상)

본사의 지원을 바탕으로 본사에서 제조한 물품을 수출하고 수출품 제조에 필요한 자재를 발굴·수입하는 역할을 합니다. 교역 능력이 확장되면 회사와 관련 없는 가구나 아웃도어 같은 소비재 수입도 병행하여 아예 수입업체를 세워버리기도 합니다.

만일 본사의 무역부서에서 업무 성실성을 인정받으면 본사의 지시로 외국 발령을 나간 뒤 외국 지사장으로 근무하기도 합니다. 우리나라의 중견 기업 외국 지사장 연봉은 9,000만 원 정도이고 대기업 외국 지사장은 30% 정도 더 받습니다.

✱ 종합무역상사(무역회사, 무역대행, 무역업)

현대, 삼성, LG 등의 대기업 무역회사를 말합니다. 자사의 전자제품, 자동차, 상품 등을 수출하고 수출품 제조에 들어가는 부자재를 수입하는 것 외에 사회에서 필요한 모든 제품의 수출입에 관여하므로 종합무역상사라고도 합니다. 종합무역상사의 레이더에 포착되지 않은 작은 규모의 틈새시장을 파고든 뒤 히트 상품을 발굴해 무역하는 것이 개인 무역업자, 오퍼상, 소호 무역업자들이 살아갈 방법입니다.

무역 분야의 기본 용어 세 가지
– 셀러, 바이어, 에이전트(오퍼상)

앞으로 이 책을 읽을 때 자주 등장하는 세 가지 용어를 정리합니다.

셀러(Seller, 수출업자, 수출상, 판매자)
다른 나라로 물품을 판매하는 사람을 뜻합니다. 즉 자국에 있는 상품을 다른 나라 상인에게 수출하는 수출업자입니다. 수출상, 판매자라고도 말합니다. 무역 문서를 작성할 때는 'Seller'라고 표기합니다. 오픈마켓에서 상품을 판매하는 사람들도 셀러라고 부릅니다.

바이어(Buyer, 수입업자, 수입상, 구매자)
다른 나라의 물품을 사오는 사람을 뜻합니다. 즉 다른 나라에서 물품을 수입하는 수입업자입니다. 수입상, 구매자라고도 말합니다. 무역 문서를 작성할 때는 'Buyer'라고 표기합니다.

에이전트(Agent, 무역 대리인)
무역 실무를 모르는 수출업자와 수입업자를 대신해 수출입 업무를 대리하는 직업입니다. 세부적으로는 두 종류의 에이전트가 있습니다.

① 판매 전문 에이전트(Offering Agent, 오퍼상): 흔히 말하는 오퍼상입니다. 타국의 상품 정보를 수집해놓은 뒤 국내에서 구매할 사람을 발굴합니다. 거래 계약을 성사시킨 뒤에는 무역 업무를 대리해 처리하고 타국 수출자에게서 수수료를 받습니다. 한국수입업협회(www.koima.or.kr)에 회원으로 가입해야 공식적으로 인정받습니다.

② 구매 전문 에이전트(Buying Office): 타국 수입상이 원하는 물품을 국내에서 찾고 발굴한 뒤 거래를 연결합니다. 국내에서 선적까지의 모든 수출 업무를 대리하고 수수료를 받습니다.

개인 무역업, 오퍼상, 무역회사의 창업 자격

무역업은 학력이나 특별 자격 요건이 필요하지 않습니다. 무역은 말 그대로 나라와 나라 사이에서 각 국민의 필요에 따라 물건을 교역하는 상업 행위이기 때문입니다. 장사에는 학력도 자격증도 필요하지 않습니다.

✱ 수출과 수입, 무역회사 창업은 누구나 가능

수출업과 수입업, 무역회사 창업에는 별도의 자격증이나 학력 제한이 없습니다. 기존의 제조업체나 도매업체, 소매상을 운영하는 사장들도 별도의 자격 없이 바로 수출이나 수입을 할 수 있습니다.

✱ 무역업을 할 수 없는 사람

사업 초기에 국내와 외국의 유명 오픈마켓에서 상품을 판매하려면 해당 오픈마켓에 판매자(셀러)로 입점해야 합니다. 판매자로 입점할 때 필요한 것이 자신의 신용카드(Credit Card) 정보입니다. 따라서 신용카드가 없는 신용불량자는 무역업을 할 수 없습니다.

✱ 중·고등학교 학생도 무역업 가능

신용카드를 개설할 자격이 되지 않는 중·고등학교 학생은 은행에서 외국에서의 결제가 가능한 체크카드(Debit Card)를 만들면 직구 및 역직구 같은 소액 수입과 소액 수출을 할 수 있습니다. 만일 현재 소유하고 있는 체크카드에 비자(Visa)나 마스터(Master) 로고가 있다면 외국 결제가 가능하므로 이베이에서 상품을 직구할 수 있고 이베이 판매상으로 등록해 물건을 판매할 수 있습니다.

외국 쇼핑몰에서 체크카드로 직구한 뒤 바로 취소했을 때 신용카드보다 취소 절차가 복잡해 환불에 오랜 시간이 소요됩니다. 따라서 외국 쇼핑몰에서 직구할 때는 체크카드가 아닌 신용카드 사용을 권장합니다.

수출입업자를 위한 외환통장 개설

사업자등록을 낸 개인·법인 사업자가 수출입을 하려면 외환통장을 개설해야 합니다. 개인 직구업자도 일정 이상 매출이 발생하면 사업자등록을 낸 뒤 외환통장을 개설합니다.

외환통장이란 외국과 무역을 한 뒤 돈을 주고받을 때 사용하는 외환 입출금용 전용 통장입니다. 외국 거래처와 수출입 대금을 직접 송금할 때 사용합니다. 사업자등록증이 있는 사업자라면 누구나 외환통장을 개설할 수 있습니다.

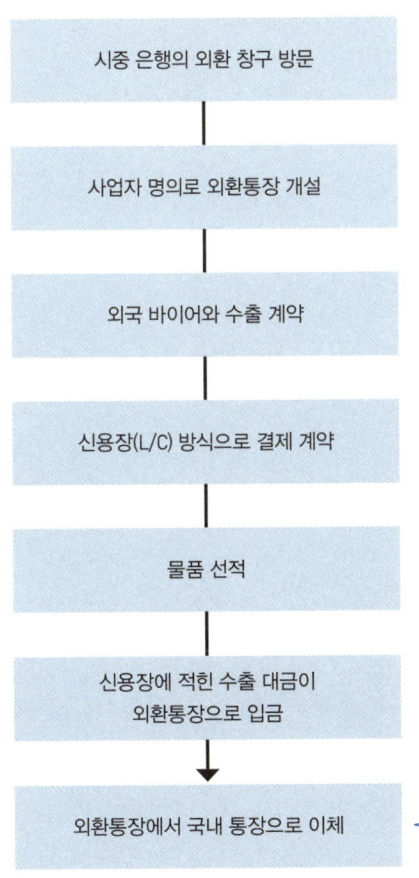

※ 직구·역직구 업자는 쇼핑몰을 통해 결제하기 때문이 굳이 외환통장을 개설할 필요가 없습니다. 외환통장은 외국 거래처와 수출입 대금을 직접 주고받을 때 사용합니다.

당일 환율에 맞게 자동 환전되어 이체

CHAPTER 1 왜 개인 수출입 무역 창업인가 **43**

SECTION 17

개인 무역업의 사업적 장점 1
– 외상 거래가 없는 현금박치기

장사에 자신 있고 능력 있는 사람이라면 국내 시장보다는 수출에 치중하는 것이 좋습니다. 국내와 달리 수출은 외상 거래가 없기 때문입니다.

독자 여러분은 무역의 가장 큰 장점을 무엇이라고 생각하시나요? 다른 직업에 비해 외국 여행의 기회가 많다는 것? 물론 그것도 장점이 될 수 있습니다. 하지만 무역업의 가장 큰 장점은 모든 거래가 현찰로 이루어진다는 것입니다.

✖ 상품 공급자(생산자) 측면에서 볼 때 내수 시장의 문제점

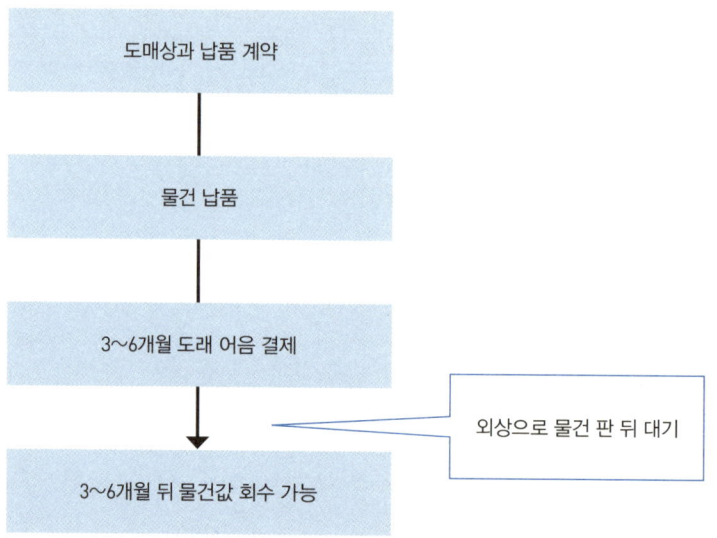

무역은 타국에 있는 사람과 거래하는 것이므로 보통 현금보다는 신용장으로 거래합니다. 신용장은 물건을 선적했을 때 현금화가 되는 문서입니다. 만일 내수 시장에서 물건을 판다면 도매시장에 납품한 뒤 어음을 받습니다. 이 어음은 3개월짜리일 수도 있고, 6개월짜리일 수도 있습니다. 즉 물건을 도매상에 넘긴 뒤 돈을 회수하는 시기는

3개월 혹은 6개월 뒤라는 뜻입니다. 그러나 무역은 그렇지 않습니다. 어음 거래가 없는 신용장 거래입니다. 신용장은 수출할 물품을 선적하면 통상 15일 이내에 현금으로 바꿀 수 있습니다. 따라서 무역은 말 그대로 물건을 배에 실어 보내면 그 즉시 현찰로 대금을 받을 수 있는 것이 가장 큰 매력입니다.

✖ 상품 공급자 측면에서 볼 때 무역 거래의 장점

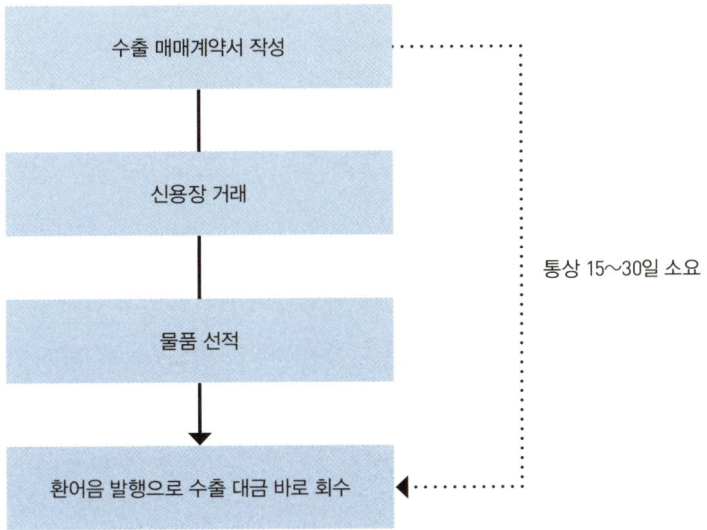

개인 무역업의 사업적 장점 2
– 독점 수입·독점 수출권 계약에 유리

어떤 물건을 수출하거나 수입할 때 고객의 호응이 아주 좋으면 독점 수입권이나 독점 수출권을 계약할 수도 있습니다.

독점권을 차지하거나 주려면 기본적으로 연간 판매할 수 있는 수량 등과 어느 범위를 독점할 것인지를 설정합니다. 제조업체 입장에서는 독점권을 주지 않는 것이 좋지만 수출·수입업자로서는 독점권을 받는 것이 유리합니다. 단 계약서 상 연간 소화 물량이 정해져 있어 그만큼 소화하지 못하면 손실이 발생합니다.

✹ 독점 수입권 계약

외국에서 수입한 어떤 제품이 잘 팔렸다면 공급업체에 독점 수입권을 요청합니다. 독점 수입권은 브랜드 사용 독점권, 수입 독점권, 판매 독점권, 판매 범위 독점권(오프라인 판매 독점이나 인터넷 판매 독점) 등이 있습니다. 공급업체와의 계약에 따라 독점 판매권 범위와 권리가 보장됩니다. 계약 당사자들이 계약서에 따른 독점 범위를 어기면 계약 불이행에 의한 소송이나 계약 폐기를 할 수 있습니다.

독점 수입권은 공급업체보다는 제조업체(본사)를 대상으로 요청하는 것이 좋은데 제조업체가 자국에서 따로 독점권을 줄 때도 있기 때문입니다.

✹ 독점 수출권 계약

국내에서 발굴한 제품이 외국 판매에 크게 성공한 경우 국내 제조업체(본사)와 독점 수출권 계약을 할 수도 있습니다. 제조업체 입장에서는 독점권을 주는 것을 탐탁지 않게 여기지만, 어느 국가에서 연간 얼마큼 판매하고 그 시장을 지키겠다고 계약하면 독점 수출권을 받을 수도 있습니다.

단 계약 쌍방이 서로 자신에게 유리하도록 계약서를 작성하려 하므로 계약 조건이 불리하면(연간 소화할 물량이 지나치게 많으면) 계약서 작성을 포기해야 합니다.

19 SECTION 무역업의 핵심 – 잘 팔리는 물건을 찾아라

무역업이란 사람들이 필요로 하는 잘 팔리는 제품을 찾는 작업입니다. 팔리지 않는 물건을 수입하면 바로 도산하므로 잘 팔리는 물건을 발굴하기 바랍니다.

어느 날 외국 여행을 갔습니다. 그런데 거리에서 본 어떤 상품이 국내에서는 볼 수 없는 매우 매력적인 상품이었습니다. 이 상품을 국내에 들어와서 팔면 어느 정도 팔릴 것 같다는 생각이 뇌리에 스쳤습니다. 이런 경우 수입을 결정하기 전에 어떤 점을 심사숙고해야 하는지 알아봅시다.

✖ 가격 경쟁력 조사

외국에서 상품을 수입하면 관세와 부가세를 납부해야 합니다. 세금을 납부한 뒤 자신의 이익과 사무실 유지비까지 남기려다 보니 수입 원가보다 판매 가격이 많이 상승합니다. 가격이 상승해도 국내에서 판매될 것인가를 조사합니다. 가격 경쟁력, 제품 경쟁력, 브랜드 경쟁력이 있는지 조사합니다.

✖ 현지 공급선과 국내 판매망 조사

물품 공급을 하는 업체나 해당 물품을 제조하는 외국 현지의 업체를 조사합니다. 업체 신용도를 살펴보고 수입가 조절이 가능한지도 조사합니다. 반대로 물품을 수입한 뒤 국내에서 유통할 수 있는 유통망이 있는지도 조사합니다. 도매망으로 유통하거나 인터넷 오픈마켓에서 직접 판매할 수도 있습니다.

✖ 물품 수입 확정

물품 수입을 확정한 뒤에는 물품을 수입할 방식을 조사합니다. 수입 방법은 직구, 신용장 개설 방법이 있습니다. 또한 수입 대금을 결제할 수 있는지 자신의 결제 능력을 조사합니다. 수입 대금 결제 방법은 신용장, 현금, 신용카드 등에서 선택합니다.

소액 수입대행업

고객이 개인적으로 수입하고 싶은 제품을 수입대행한 뒤 수수료를 취하는 방식입니다.

소액 수입대행업은 국내 오픈마켓에 수입대행을 한다고 광고한 뒤 시작합니다. 주로 이베이나 아마존 등에서 경매 입찰, 구매대행을 하는데 주문, 수입, 통관, 보관하고 포장하여 발송합니다. 수입대행 수수료는 다음과 같이 잠정적으로 설정합니다.

✖ 소액 수입대행업 수수료율(고객에게 비공개)

상품 총액	수입대행 수수료 (상품 총액 기준)	관세, 부가세
1,000달러 미만	17%	의뢰자가 납부하거나 수입대행업자가 납부한 후 상품 총액에 포함.
1,000~2,000달러	15%	
2,000달러 이상	12%	

※ 상품 총액=외국 쇼핑몰에서의 구매가+현지 배송료+현지 세금+국제특송료

수입대행업은 국내에서 인기 있는 수입 상품을 발굴한 뒤 그 상품을 수입대행한다고 광고하면서 시작합니다.

① 국내 오픈마켓의 셀러로 등록합니다.
② 수입대행으로 판매할 상품 사진, 제품 설명, 잠정 수수료를 포함한 판매 가격을 오픈마켓에 리스팅합니다.
③ 해당 상품이 수입대행 상품임을 밝힙니다.
④ 외국 배송품이므로 배송까지 통상 15일이 걸린다고 밝힙니다.
⑤ 관세, 부가세가 가산된다고 밝히거나 관세, 부가세 포함 가격이라고 밝힙니다.
⑥ 고객 주문이 오면 대신 수입한 뒤 고객에게 배송합니다.

21 SECTION
무역 초보자들을 위한 재미있는 무역 이야기 1
– 가짜 계약서도 정도가 있다

수출업자와 수입업자가 서로 합의하고 거래 물품의 가격을 낮추어 가짜 계약서를 작성할 때도 있습니다. 관세를 적게 내기 위해서입니다.

국내의 A라는 의류 제조업체 사장은 미국의 B라는 수입상과 1년간 거래한 단골로 LA에서 만나 식사도 두어 번 했습니다. 어느 날 B는 A에게 연락해 자신이 수입하는 의류의 관세를 적게 내고 싶으니 계약서의 물품 대금을 낮추어 기재하자고 요구합니다. 예를 들어 한 장에 10달러짜리 셔츠를 1만 장 수출하면 총액은 10만 달러입니다. B는 10만 달러에 해당하는 관세를 다 내는 것이 아까우니 셔츠를 8달러로 계약하자고 요구한 것입니다. 그러면 계약서에는 10만 달러가 아닌 8만 달러가 적힙니다.

이런 제안이 오자 A는 약간 겁이 납니다. 잔여 대금 2만 달러를 받을 수 있을까 하는 의구심이 든 것입니다. A가 물품을 선적한 후 B가 만약 계약서에 명기된 8만 달러만 입금하고 거래를 끊으면 2만 달러의 손실이 발생합니다. A가 그 점에 대해 걱정하자 B는 염려하지 말라고 말합니다. 상업송장(인보이스)에 명기된 상품 대금 8만 달러는 A의 외환통장에 입금하고 나머지 2만 달러는 환치기를 하여 A의 개인 통장에 입금하겠다고 구두로 약속합니다. B가 설득하자 A는 어쩔 수 없이 가짜 계약서에 따라 수출했습니다. B는 약속대로 8만 달러는 정식으로 입금해주고 나머지 2만 달러는 환치기 등의 수법을 통해 A에게 입금해주었습니다.

이런 식으로 무역 대금을 약간 낮추어 계약하는 것은 미국, 영국, 중국, 일본 어느 나라에서든 마찬가지로 벌어지는 일입니다. 몇 번 거래하다 보면 그쪽 나라의 수입업자들도 관세를 적게 내고 싶어하므로 상업송장 금액을 실제보다 10~20% 낮게 적자고 요구하는 경우가 태반입니다. 이럴 때 서로 편리를 봐주는 것이 무역업계의 현실입니다. 단 상업송장 금액을 10~20%보다 더 낮게 적자고 요구하면, 예를 들어 50% 이상 낮게 적자고 요구하면 십중팔구 사기이므로 피하는 것이 좋습니다. 다음 사례는 엉겁결에 그렇게 했다가 사기를 당한 경우입니다.

SECTION 22

무역 초보자들을 위한 재미있는 무역 이야기 2 - 외국 교포와 거래할 때 특히 조심하라

가짜 계약서가 횡행하는 무역업계에는 더 노골적인 계약서도 등장합니다. 노골적으로 가격을 낮춘 계약서라면 십중팔구 사기이므로 조심해야 합니다.

사장 A는 여러 국가에 의류 수출을 하다 보니 외국 교포들과도 거래를 많이 합니다. A의 주력 시장이 미국이다 보니 특히 재미교포와 거래를 많이 했습니다. 재미교포 수입업자와는 언어가 잘 통하므로 A 입장에서는 거래하기 편한 점도 있었습니다.

A가 재미교포 C와 1년 정도 거래했는데, C도 관세를 적게 내기 위해 물품 대금을 20% 정도 낮추어 거래 명세서를 꾸미자고 요구합니다. 즉 한 장에 10달러짜리 셔츠를 8달러로 꾸미자고 한 것입니다. 그렇게 해서 다섯 번 정도 거래했는데 C가 약속을 잘 지켰습니다. 20%에 해당하는 금액은 약속된 날짜가 되면 환치기로 입금해준 것입니다. 그러니 A는 C를 신뢰하게 되었습니다. 그러던 어느 날 C가 한 장에 10달러 옷을 80%나 낮은 2달러로 꾸미자고 요구해옵니다. A는 C를 믿고 있었으므로 의심하지 않고 따랐습니다. 그런데 이때 C가 뒤통수를 쳤습니다. 물건을 선적해놓고 보니까 상업송장에 기재된 2달러짜리 티셔츠 1만 장에 해당하는 2만 달러만 대금으로 보내오고 나머지 8만 달러는 보내오지 않은 것입니다. A는 깜짝 놀라 잔여 대금 8만 달러를 보내달라고 C에게 전화했습니다. 전화를 받은 C는 상업송장 서류에는 분명 '1만 장 ×2달러=2만 달러'로 기록되어 있고 자신은 2만 달러를 정상 입금했다면서 오리발을 내밉니다.

화가 난 A는 잔여금 8만 달러를 받으려고 미국행 비행기에 올라탔습니다. 하지만 재미교포 C의 사무실은 폐쇄되어 없었고 C는 어딘가로 도망친 상태였습니다. 또한 C가 수입한 10달러짜리 셔츠 1만 장은 50% 가격으로 덤핑시장에 넘어간 뒤였습니다. C는 10달러짜리 셔츠 1만 장을 2만 달러에 수입한 뒤 5만 달러에 덤핑치고 사라졌으므로 3만 달러를 꿀꺽 삼키고 도망친 것입니다. A는 상업송장에 명기된 2만 달러는 분명히 입금받았으므로 C를 고소할 방법이 없었습니다.

SECTION 23

무역 초보자들을 위한 재미있는 무역 이야기 3
– 중국 상인의 잔머리는 한국 상인과 막상막하

우리나라는 수출품 제조에 들어간 부가세를 환급하는 정책이 있습니다. 이를 아는 중국 수입상들은 환급받는 부가세만큼 값을 깎아달라고 요구합니다.

　수출업자는 물품이나 원자재를 구매할 때 부가세를 내야 합니다. 예를 들어 1,000만 원어치 물품을 구매했으면 부가세 10%를 더해 1,100만 원이 듭니다. 여기에 자신의 이득 100만 원을 합쳐 1,200만 원에 수출했다고 가정해봅시다. 이 경우 수출업자는 수출한 사실을 증명하면 세무서에서 부가세 100만 원을 돌려받을 수 있습니다. 그 소식을 들은 중국인 수입업자가 한국인 수출업자에게 이렇게 이야기합니다.

　"이봐, 너희들은 물건 수출한 뒤 부가세 10%를 환급받는다면서? 그거 배 아파서 못살겠다. 내가 그 물건을 수입했으니까 환급받게 될 부가세를 나에게도 나눠줘라. 아니면 환급받게 될 금액만큼 물건값을 깎아줘라."

　한국인 수출상으로서는 부가세를 줄 필요가 없는데 중국인 수입업자는 그 돈이 탐나서 그 돈을 안 주면 수입도 안 하겠다고 강짜를 부립니다.

　결국 한국인 수출상은 이렇게 말합니다.

　"알았어. 부가세를 환급받으면 그중 40%를 너에게 사례금으로 줄게. 그러니까 내 물건 수입해라."

　결국 이야기가 이렇게 되어 중국 상인에게 수출할 때는 환급받은 부가세 중 일부를 나누어주는 수출상도 생기고 말았습니다. 환급받게 될 부가세를 조금 떼어줘서라도 수출하려는 한국 상인과 그것을 안 주면 수입하지 않겠다고 강짜를 부리는 중국 상인의 잔머리는 막상막하인 것 같습니다.

SECTION 24
무역 사업으로 번 돈은 모두 매입으로

만일 어떤 상품을 수입했는데 잘 팔린다면, 이때 수입업자는 벌어들인 수익을 다른 용도로 전용하지 않고 여러 가지 상품 매입에 모두 쏟아넣으려는 자세가 필요합니다.

국내 시장에서는 볼 수 없는 명품 아웃도어 장비를 수입했는데 뜻밖에 쏠쏠히 팔리고 있습니다. 이럴 때는 무역으로 번 돈을 모두 투입해 물건을 확보하되 한 상품에 몰빵하기보다 여러 상품으로 자금을 분산해 확보합니다. 판매 상품 개수, 품목 수가 많을수록 이윤이 높아지므로 여분의 돈을 모두 투입해 물건 확보 전략을 펼칩니다.

아예 소문나기 전에 한바탕 팔아치우는 전략을 세우는 것도 생각해볼 만합니다. 제조업체와 직접 상담하여 공식 수입업체가 되는 것도 좋은 생각입니다. 국내에 안 알려진 외국 제품을 국내에서 많이 팔아준다면 주도권은 제조업체가 아닌 당신이 쥐고 있는 것입니다. 그러므로 진솔하고 사업가적인 자세로 도입 가격 협상을 유리하게 이끌기 바랍니다.

이번에 수입한 물건 열 점을 일주일 만에 완판해서 100만 원의 순이익을 남겼어요. 이젠 고기를 사 먹을까요?

그동안 번 돈을 모두 투입해 잘 팔리는 그 물건을 또 확보하되 하나의 상품에 몰빵하는 것은 주의하기 바랍니다. 하나의 상품에 몰빵했다가 팔리지 않아 재고로 남으면 도산할 수 있습니다. 하나의 상품에 몰빵하려면 판매량 추이나 경쟁 상품 여부를 면밀히 분석해야 합니다. 보통 잘 팔린 상품에 절반 이상 투자하고 그 외는 두세 가지 새로운 품목 확보로 품목 수를 늘려갑니다.

SECTION 25

오만은 금물
– 재고가 쌓이지 않도록 방어한다

사업이 잘되면 한꺼번에 1억 원어치를 수입하기도 하는데 그것이 곧 악성 재고가 될 수도 있다는 점을 명심하기 바랍니다.

제가 아는 사장이 한 분 계십니다. 자신의 회사 창고에 10억 원어치의 재고가 쌓여 있는 분입니다. 10억대의 재고뿐만 아니라 몇억 대의 현찰과 몇십 억대의 부동산도 가진 서울의 알짜부자입니다.

경기가 나빠지자 이 분도 어느새 걱정 반 근심 반이 되었습니다. 그러면서 하는 말은 자신에게는 10억 원어치의 재고가 있으니 무너지지 않는다는 것입니다. 그 재고가 완판되려면 5년이 걸릴지 10년이 걸릴지 아무도 장담하지 못하는데도 당장은 회사가 무너지지 않을 것이라고 자위합니다.

이 분은 이미 벌어놓은 돈이 있으므로 10억 원어치의 재고가 팔릴 때까지 견딜 수 있습니다. 그러나 수출이나 수입업을 처음 시작하는 초보 무역업자들은 손안에 쥐고 있는 돈이 없습니다. 물건이 들어오면 바로 판매되는 기계 톱니 같은 순환 구조를 만들어야 합니다. 구매할 때는 반드시 판매 추이와 시장 상황, 경쟁 상품 출현을 염두에 두고 구매 관리를 해야 합니다. 시장성이 확실하지 않은 제품은 아무리 가격이 싸도 구매하지 않는 것이 좋습니다.

소규모 소매점도 마찬가지지만 초보 무역업자는 재고가 발생하지 않도록 구매 계획을 꼼꼼하게 설계하는 자세가 필요합니다. 싼값에 어떤 상품이 대량으로 나왔다고 해서 덥석 물지 마십시오. 싼값에 방출된 상품은 다 그만한 이유가 있는 '폭탄 돌리기'나 마찬가지입니다. 잘못 물다간 모두 재고가 되어 업체의 자금 흐름을 휘청이게 할 수 있습니다. 다시 한번 강조하지만, 구매할 때는 재고가 발생하지 않도록 구매 계획을 철저히 세웁시다.

언어 장벽, 어떻게 넘어야 할까?

외국어에 자신이 없어서 개인 무역업을 주저하는 사람도 있습니다.
그러나 셀러에게 언어 장벽이란 있을 수 없습니다.

언어에 자신이 없다면 번역 사이트를 이용해 1차로 기계 번역을 한 뒤 내용을 파악합니다. 번역 사이트는 양질의 번역이 불가능하지만 구조가 간단한 단문은 충분히 번역해줍니다. 만일 복문이거나 긴 문장인 경우, 또는 계약서같이 중요한 조항이 많은 이메일이나 팩스 전문은 전문 번역사나 프리랜서 번역사에게 의뢰하여 번역합니다.

구글 번역 사이트(다국어→다국어)

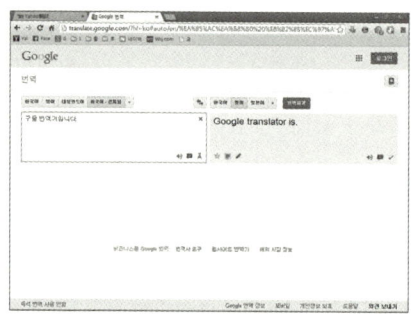

짧은 문장은 충분히 잘 번역됩니다. 긴 문장, 복문, 의미가 깊은 문장은 제대로 번역되지 않습니다.

구글 번역 사이트: www.translate.google.com

빙(Bing) 번역 사이트(다국어→다국어)

단문은 충분히 잘 번역됩니다. 역시 긴 문장, 복문, 의미가 깊은 문장은 제대로 번역되지 않습니다.

빙 번역 사이트: www.bing.com/translator

✖ 네이버 번역 사이트(일본어·중국어 → 한국어)

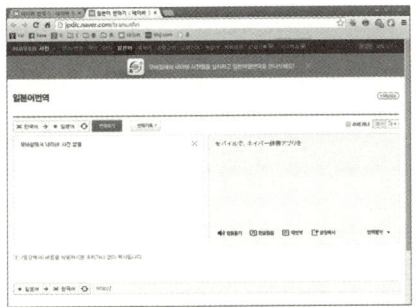

네이버에서 제공하는 일본어 전문 번역 사이트입니다. 일본어는 물론 중국어 번역도 가능합니다.

네이버 번역 사이트: www.jpdic.naver.com

✖ 야후 번역 사이트(일본어·중국어·영어 → 한국어)

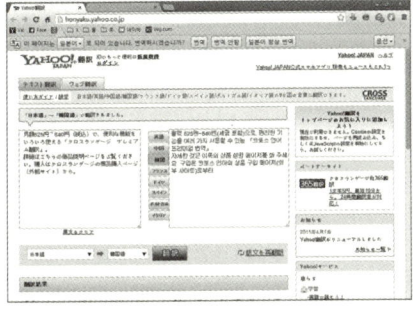

일본 야후에서 제공하는 한국어, 일본어, 영어 번역 사이트입니다. 주로 일본어를 한국어로 번역하거나 한국어를 일본어로 번역할 때 유용합니다. 한국어를 중국어, 영어로 번역할 수 있고 중국어, 영어를 한국어로 번역할 수도 있습니다.

야후 번역 사이트: www.honyaku.yahoo.co.jp

무역 서신 번역은 전문 번역사에게

중요한 수출입 계약서는 도장이나 사인을 하기 전 계약 조문을 면밀히 확인해야 합니다. 이 경우 영어를 잘하는 지인에게 소정의 사례비를 주고 번역시키는 것도 생각해볼 만합니다.

만일 가까운 사람 중 영어를 잘하는 사람이 없다면 프리랜서 번역사를 고용하는 것도 좋은 방법입니다. 맡길 것은 맡기자는 전략입니다. 프리랜서 번역사는 경매 방식으로도 고용할 수 있으므로 적은 비용으로 각국 외국어 문서의 번역이 가능합니다.

번역사 프리랜서 사이트에서 경쟁입찰 방식 의뢰

요즘 인기 있는 번역 사이트는 프리랜서 번역사에게 경쟁입찰 방식으로 번역을 의뢰하는 사이트입니다. 번역사들이 경쟁입찰하므로 번역 가격을 낮출 수 있습니다. 단 여러 번역사에게 자신이 의뢰한 자료가 공개된다는 단점이 있습니다.

전문 번역회사에 의뢰

전문 번역회사에 번역을 의뢰하면 기밀유지 면에서 유리하지만 의뢰비가 비싸다는 단점이 있습니다.

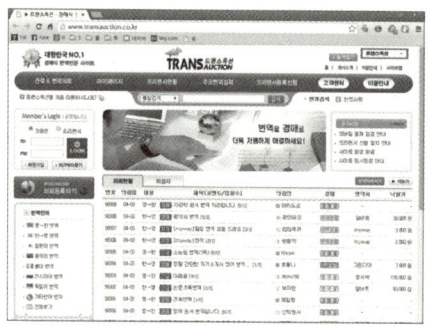

경쟁입찰 방식 번역 사이트: www.transauction.co.kr

전문 번역회사: www.ksw.co.kr

멋진 제품 사진이 판매량에 영향을 준다

외국의 이베이나 아마존, 국내의 지마켓이나 11번가 같은 오픈마켓에서 상품을 판매하려면 제품 사진을 올려야 합니다. 이러한 제품 사진은 누가 촬영하고, 왜 찍는 것일까요?

✖ 텍스트보다 더 중요한 사진

미국 이베이나 국내 네이버 중고장터는 사용자가 많으므로 텍스트만 올려도 운이 좋으면 물품을 판매할 수 있습니다. 그러나 텍스트보다는 사진을 올리는 게 판매에 도움이 됩니다. 텍스트로 아무리 잘 설명해도 구매자가 읽지 않는 한 구매의욕을 불러일으킬 수 없습니다. 사진은 시각적으로 유혹하기 때문에 잘 찍은 사진이라면 구매자를 한번에 유혹할 수 있습니다.

✖ 제품 사진도 경쟁력

네이버 중고장터에 올라온 제품 사진을 보면 책상이나 장판 위에 물건을 올려놓고 찍는 경우가 많습니다. 미국 이베이 역시 초기에는 그런 허술한 사진이 많았습니다. 그러나 최근 들어 업자들 사이에서 경쟁이 벌어지면서 제품 사진의 품질이 많이 좋아지고 있습니다. 보기 좋은 떡이 먹기 좋다는 말이 있듯이 제품 사진이 멋있을수록 판매율도 높아집니다.

✖ 프로가 찍은 듯한 멋진 사진이 대세

점차 경쟁력 있는 업자들이 늘어가면서 이베이 등에 올라온 제품 사진의 품질 역시 프로급으로 상승하고 있습니다. 프로급의 제품 사진은 외주를 주어 촬영한 경우가 많지만 개인 무역업자는 책상 위에서도 그 정도 품질의 사진을 구현할 수 있습니다. 좋은 배경과 최소 여섯 개 정도의 형광등이라면 프로급 제품 사진을 누구나 찍을 수 있습니다. 제품 사진에서 프로급의 실력을 보여주면 영세하지 않은 셀러이자 신뢰할 수 있는 셀러임을 보여줄 수 있습니다.

멋진 제품 사진을 찍을 수 있는 최소 장비

오픈마켓에 올리는 제품 사진을 멋지게 찍으려면 어떤 장비가 필요할까요? 실내 촬영을 할 때는 조명과 배경지에 신경 쓰고 카메라는 보급형 DSLR 카메라로도 충분합니다.

✱ 촬영장, 촬영대, 촬영 배경지

처음으로 제품 사진을 찍는다면 무리해서 조명기구를 갖출 필요가 없습니다. 소품 촬영은 형광등 여섯 개 정도를 켜놓고 찍어도 무방하며 의류 촬영은 형광등 12개 정도면 충분합니다.

소품 ※신발, 액세서리, 휴대기기	촬영대로 책상 사용 가능 촬영 배경지로 도화지 사용 가능
중간 크기 상품 ※의류, 전자제품 등	촬영장의 크기는 작은 방~중간 방 크기의 공간 촬영 배경지는 롤 배경지 사용 또는 무늬 없는 일반 블라인드를 배경지로 사용
야외 촬영	여성의류는 피팅모델을 고용한 뒤 야외나 도심지, 카페 등에서 촬영하는 것이 의류 판매량을 높임

✱ 실내 촬영용 조명의 종류

실내 촬영용 조명은 개수가 많을수록 좋은 사진이 나옵니다. 하지만 개수가 많으면 그만큼 구매비와 전기세가 많이 나갑니다.

형광등	최소 6~10개 의류나 소형 제품 사진 촬영 가능 사진의 선명도가 떨어짐	구매비용 저가 전기 소비량 적음 스탠드 이동이 불편함
할로겐등	할로겐 촬영 조명 최소 2~4개 의류나 소형 제품 사진 촬영에 최적 사진의 선명도가 매우 좋음	구매비용 중간~고가 전기 소비량 많음 열이 많이 남 스탠드 이동이 편리함
스트로보	촬영용 스트로보 최소 1~2세트 의류나 소형 제품 사진 촬영	구매비용 고가 동작 안 할 때는 캄캄하므로 보조조명 시설 필요

30 SECTION

개인 무역업을 하려면 알아야 할 수입업체의 종류와 병행 수입

개인 무역업을 하다 보면 병행 수입도 해야 하므로 수입업체의 종류를 정확히 알아야 합니다.

정식 수입업체

외국의 회사와 공식 계약한 독점적 지위의 수입업체가 공식 수입업체입니다. 공식 수입업체는 여러 개일 수도 있습니다. 각기 해당 공식 수입업체에서 AS가 가능합니다.

병행 수입업체

공식 수입업체가 독과점하면서 가격을 높이자 정부에서 사업자 간 가격 경쟁을 일으키기 위해 병행 수입을 허가하고 있습니다. 이 때문에 정식 수입업체가 있어도 일반 사업자들이 외국에서 소량씩 수입해 판매할 수 있습니다. 병행 수입업체는 정식 수입업체에 비해 싼 가격으로 공급할 수 있지만 정식 업체가 갖춘 양질의 AS 서비스를 구축할 여력이 없다는 단점이 있습니다.

외국 직구

일반인이 자신이 소비할 목적으로 외국 사이트에서 직접 수입한 것을 말합니다. 개인 수출입 사업을 하려면 외국 직구 방식과 병행 수입 방식의 사업이 혼합된 사업 체계를 구축하는 것이 좋습니다.

병행 수입은 불법인가요, 합법인가요?

몇몇 예외를 제외하면 상품 대부분은 병행 수입한 뒤 국내 시장에 판매할 수 있습니다. 단 짝퉁을 수입해 판매하다가 정식 수입업체의 사업에 지장을 주면 정식 수입업체가 고소할 확률이 높습니다. 짝퉁 수입이나 제조는 병행 수입이 아니라 상표권 위반이기 때문입니다.

CHAPTER 2

개인 무역업체 창업 방법과 기본 절차의 이해

실전! 1인 수출입업체 창업하기

무역업은 국민 누구나 할 수 있습니다. 단 오픈마켓의 판매자로 입점하고 도매상과의 매출·매입 세금 관계를 명확히 하려면 사업자등록증이 필요하므로 사업자등록을 신청하는 것이 좋습니다.

✖ 무역업 창업할 때의 사업자등록: 업태명

세무서에서 사업자등록증을 작성할 때의 업태는 일반적으로 도·소매업이나 제조업을 추천합니다. 도매업 혹은 소매업보다 도·소매업이 좋은 이유는 수입한 물건을 도매와 소매, 모두 판매할 수 있기 때문입니다.

만일 공장 시설을 가지고 있다면 업태를 제조업으로 작성합니다. 예컨대 액세서리를 만드는 작은 가내공장이나 의류를 만드는 작은 봉제공장을 세울 생각이라면 제조업이 좋습니다. 국내는 무역업이 완전 자유화되어 어떤 사업장이든 수출업과 수입업을 병행할 수 있습니다.

✖ 무역업 창업할 때의 사업자등록: 업종명

업태를 도·소매업이나 제조업으로 했으면 이제 업종명을 선택해야 합니다. 업종명은 주로 다루는 상품이 무엇이냐에 따라 달라집니다. 일단 무역업 업종을 선택한 뒤 주로 취급할 품목이 의류이면 의류업종을, 잡화나 액세서리이면 잡화업종을 추가하는데 이 경우는 사무실이 있는 경우입니다. 사무실이 없다면 업종명을 단순히 전자상거래업, 무역업으로 합니다.

업태명이나 업종명은 사업 중 항시 바꿀 수 있을 뿐 아니라 새 업종을 추가할 수도 있으므로 동시에 여러 가지 사업을 병행할 수 있습니다. 업종 중에서도 세금이 조금 더 적게 나오는 업종이 있는데 이 경우 해당 업종을 선택해도 무방합니다.

> 무역업으로 사업자등록을 할 때 주택 같은 거주지를 사무실 주소로 정하면 관할 세무서에 따라 사무실이 없다는 이유로 창업이 불허될 수 있습니다. 사무실을 구할 여유가 없으면 전자상거래업으로 창업하고 무역업을 병행하기 바랍니다. 추후 사무실을 마련한 뒤 사업자등록증에 무역업을 추가합니다.

SECTION 02 수출입 무역업체의 창업 준비 – 개인 회사와 법인 회사의 차이

수출입 무역업을 창업하려면 개인 혹은 법인 회사 중 하나로 사업자등록을 해서 창업해야 합니다.

앞에서 말했듯 무역업은 전업이나 부업 혹은 투잡으로도 할 수 있습니다. 전업이든 투잡이든 일단 국내 오픈마켓의 판매자로 입점하려면 사업자등록증이 필요하므로 개인 회사 혹은 법인 회사로 사업자등록을 내야 합니다.

✱ 개인 사업 일반과세자

개인 사업자는 일반과세자 및 간이과세자 중에서 택하여 창업할 수 있습니다. 개인 사업자란 일반적인 점포나 소규모 공장, 소규모 유통회사, 소규모 전자상거래업체 등을 창업할 때 선택합니다. 이중 개인 사업 일반과세자는 세금계산서를 정식 발행할 수 있으므로 거래처 확보에 유리합니다.

1인 무역업은 수입한 물품을 국내에 유통해 판매하기도 하지만 국내에서 수출할 물건을 구매해 외국에 판매하는 예도 있습니다. 이때 공장에서 직접 구입하여 외국에 판매하려면 세금계산서를 발행할 자격이 있어야 하며, 수출품 구매 시 납부한 부가세 10%를 수출 후 환급받아야 하므로 개인 사업 일반과세자로 창업할 것을 권장합니다.

일반과세자	연간 매출액 4,800만 원 이상
세금계산서	매출 세금계산서 의무 발행(폭넓은 사업 가능) 매입 세금계산서의 세액을 부가세 납부 시 100% 공제

* 종합소득세 세액=과세표준(매출액−사업 소득−소득공제)×누진세율
* 부가세 세액=매출 세액(매출액의 10%)−매입 세액(매입액의 10%)

✱ 개인 사업 간이과세자

개인 사업 간이과세자는 아주 영세한 업체(구멍가게, 세탁소 등)를 창업할 때 선택

합니다. 일반 사업자와 비교할 때 부가세 납부 금액이 적어 유리해 보이지만 법적으로 세금계산서를 발행할 수 없어 세금계산서를 요구하는 업체와 큰 거래를 하지 못합니다.

연 매출 4,800만 원 미만으로 추정되는 소매업, 음식점, 숙박업, 고물상, 전기, 수도, 간이제조업, 농·임·어업, 부동산 임대업, 서비스업 사업을 개시할 때 생각해볼 만합니다. 간이과세자라고 해도 연 매출 4,800만 원을 초과하면 자동으로 일반과세자로 전환됩니다. 간이과세자는 추후 은행 대출을 받으려고 할 때 금융권에서 사업 경력으로 인정하지 않기 때문에 억울한 일이 발생할 수 있습니다.

간이과세자	연 수입(연 매출) 4,800만 원 이하
세금계산서	세금계산서 발행 불가 ※ 세금계산서를 요구하는 업체와 거래 불가능 　매입 세금계산서의 세액을 부가세 납부 시 10~40%만 공제

* 종합소득세 세액=과세표준(매출액-사업 소득-소득공제)×누진세율
* 부가세 세액=(매출액×업종별 부가가치율×10%)-공제세액(매입 세액의 15~40%)

❉ 법인 사업자(중소기업, 주식회사 등)

흔히 말하는 중소기업이나 큰 회사가 법인 사업체입니다. 소규모 법인 사업자도 주식을 가지고 있는 사업체이지만 상장 요건을 갖추고 있지 않기 때문에 주식시장에 상장을 못 했을 뿐입니다.

법인 사업체는 창업자가 여러 사람의 투자를 받아 창업합니다. 이때 투자를 받은 만큼 주식을 나누어줍니다. 때에 따라 투자자 없이 자기 돈으로만 창업하기도 하는데 이때 그 회사의 주식은 사업주가 모두 소유합니다. 후에 회사 가치가 높아지면 투자자를 모집해 자신이 보유한 주식을 판매하여 투자금을 모으고 그 돈을 사업 확장이나 개인 용도로 사용할 수 있습니다.

사장이 자신의 주식을 판매하면 주식을 소유한 비율만큼 회사의 지분 비율이 나누어집니다. 그 후 회사가 커져 상장 요건을 갖추면 주식시장에 상장할 수 있는데 이때는 기존의 주식 소유 비율을 유지한 상태로 주식시장에 상장됩니다. 주식시장에

상장되면 주식을 소유한 기존 투자자들이 일반 투자자들을 대상으로 그 회사의 주식을 사고팔수 있습니다. 주식값이 오르면 미리 투자했던 사람들이 가지고 있는 주식을 팔아 돈을 버는 것입니다.

개인 회사는 중간에 법인 회사로 재창업하는 것에 법적인 문제가 없지만 법인 회사는 중간에 개인 회사로 돌릴 수 없습니다. 법인 회사를 개인 회사로 돌리려면 폐업신고를 한 뒤 개인 회사로 재창업해야 합니다.

규모가 큰 무역업체를 창업하려면 법인 회사 창업을 생각해볼 만하지만, 대다수 무역상은 소자본 업체이므로 개인 사업의 일반과세자로 창업해도 무방합니다. 만일 창업 초기부터 노트북 1만 개를 수입해 국내에 뿌릴 계획이 있고 자본력도 상당하다면 당연히 법인 회사로 창업할 것을 권장합니다.

✖ 법인 회사의 납부 세율

법인 종류	연 매출	법인세율
영리법인	2억 원 이하	10%
	200억 원 이하	20% (2,000만 원+2억 원 초과 금액의 20%)
	200억 원 초과	22% (39.8억 원+200억 원 초과 금액의 20%)

* 부가세 별도
* 그 외 주식배당 세금 별도

사업자등록 신청서 작성하기

사업자등록은 관할 세무서나 국세청 인터넷 홈페이지인 홈텍스(www.hometax.go.kr)에서 할 수 있습니다. 인터넷에서 하든 세무서에서 하든 신청서의 내용은 똑같습니다.

�֎ 사업자등록 절차

1인 개인 무역업을 하려면 수입한 물품을 국내 오픈마켓에서 판매해야 하므로 다음과 같이 사업자등록 신청을 합니다.

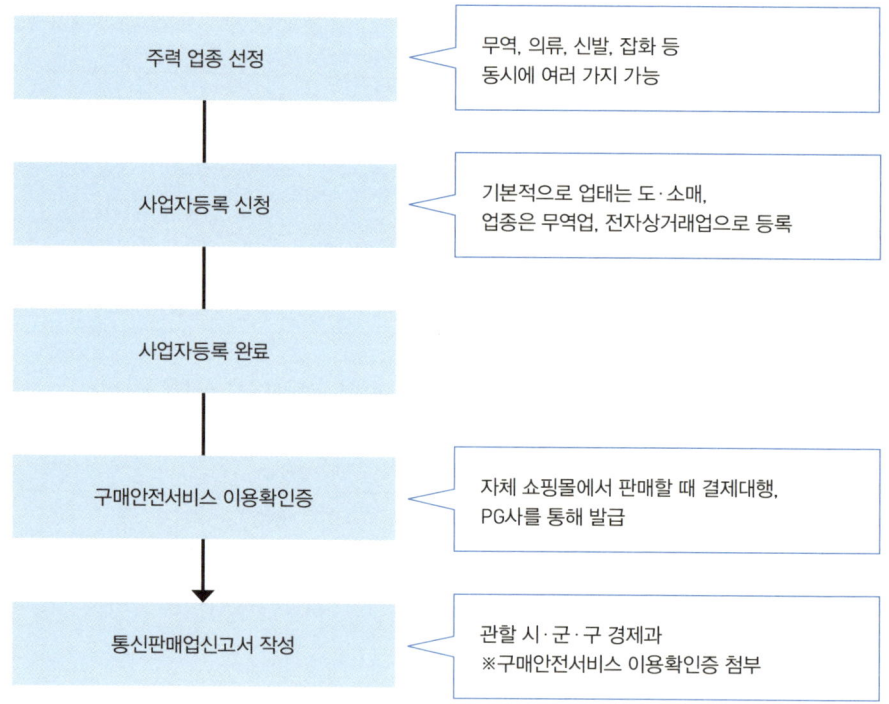

 전자상거래업은 자택을 주소로 하고 무점포로 창업할 수 있습니다.

❋ 홈텍스에서 사업자등록 신청 방법

사업자등록은 관할 세무서에서 작성하거나 국세청 인터넷 홈페이지인 홈텍스에서 할 수 있습니다. 홈텍스에서 사업자등록을 신청하려면 먼저 공인인증서가 필요하며, 공인인증서는 은행에서 신청하여 발급받습니다. 사업자등록을 할 때, 점포가 필요한 사업은 점포 계약서 사본을 제출하고 점포가 필요 없는 사업은 주거지를 사업장으로 등록합니다.

다음은 홈텍스에서 사업자등록을 신청할 때 작성하는 서류입니다. 서류 양식은 세무서에 방문해 작성하는 것과 동일합니다.

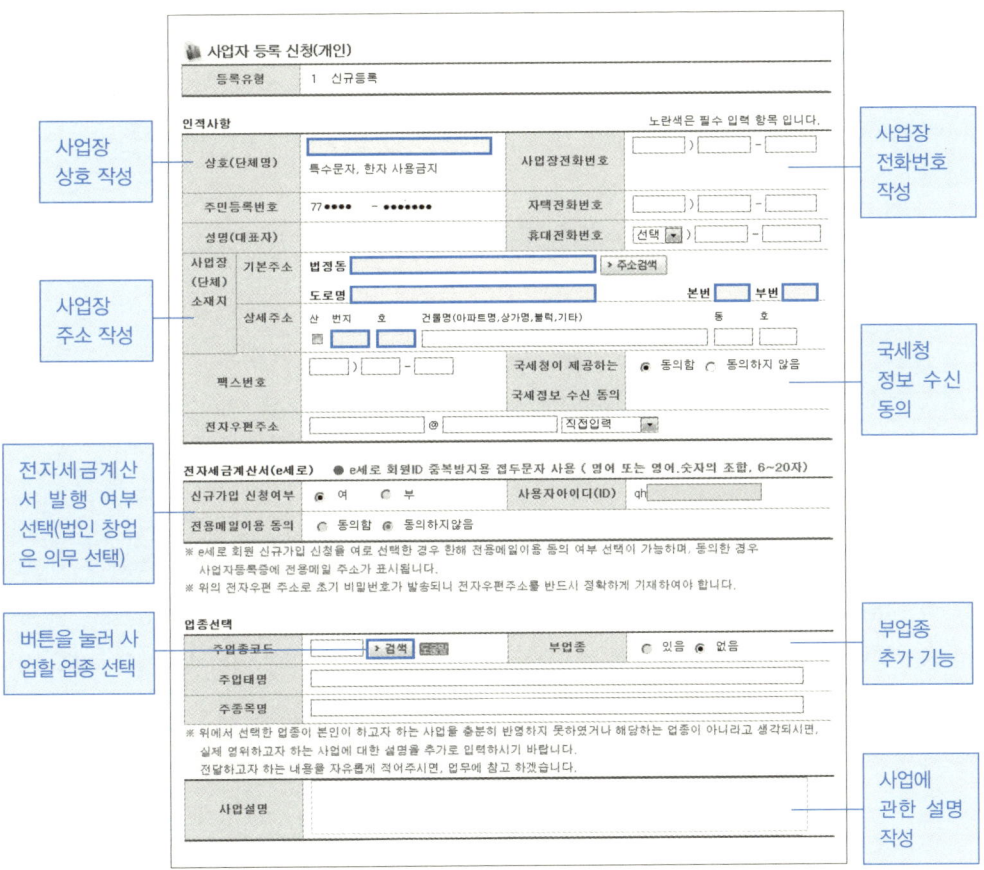

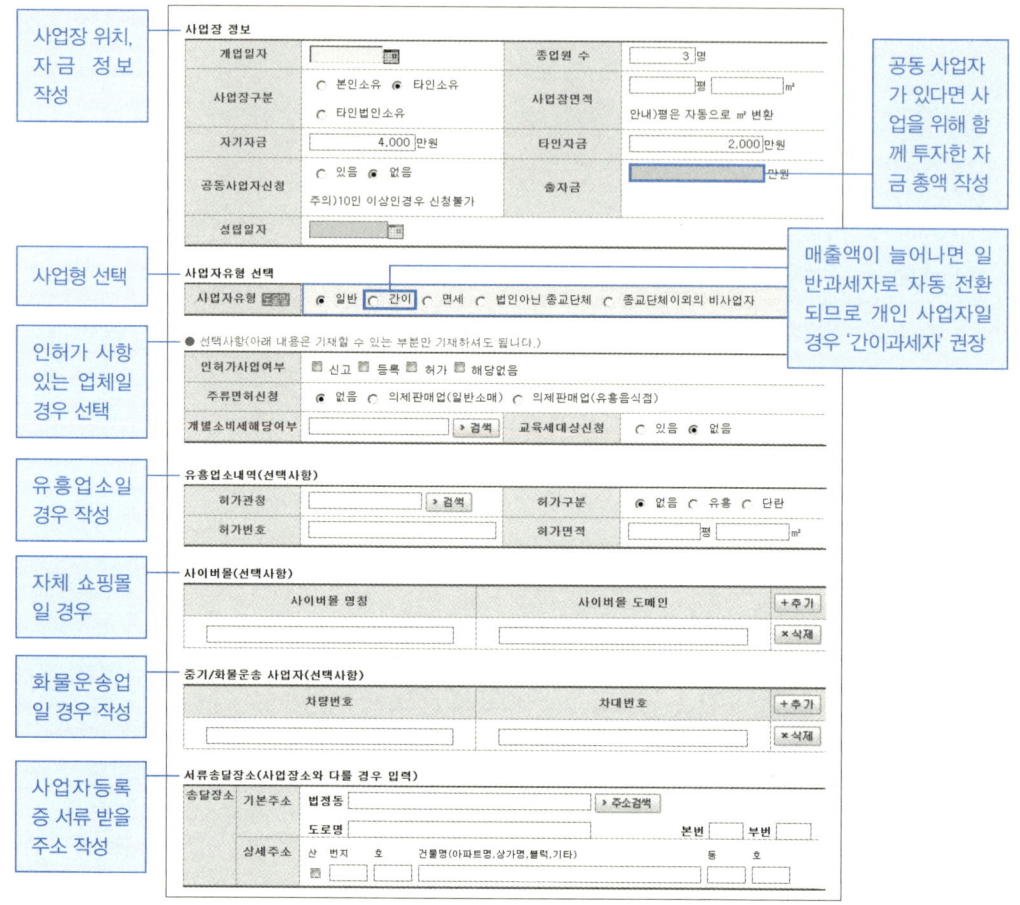

    홈텍스에서 위와 같이 사업자등록을 한 뒤 사무실이 있는 경우 사무실 계약서 사진 파일을 전송합니다. 이후 관할 세무서에서 전화 연락이 오면 사업자등록이 정식 완료됩니다. 통신판매업신고서 작성은 사업자등록 시 하거나 인터넷 오픈마켓에서 물건을 판매할 시점에 관할 시·군·구 경제과를 방문해 작성합니다.

04 사업체 없이 창업하는 보따리장사

보따리장수란 외국으로 왕래하면서 가방 등으로 수입 물품을 반입하거나 수출 물품을 가지고 나가는 장사꾼을 말합니다.

보따리장수는 기본적으로 국내에서 물건을 구매한 뒤 일본 같은 외국으로 들고 나간 뒤 그곳에서 판매합니다. 국내로 돌아올 때는 해당 국가의 제품을 구매해 가져오는 방식으로 사업합니다. 외국에 단골 거래처가 생기면 물건을 받아가는 사람이 공항에서 대기하므로 말 그대로 물건만 건네주거나 받아오는 일만 하기도 합니다. 참고로 중국 쪽 전문 보따리장수는 '따이공', 일본 쪽 전문 보따리장수는 '하꼬비'라고 부릅니다.

✱ 보따리장사 구조

배나 비행기로 나가고 들어올 때 판매할 물품을 직접 운반합니다.

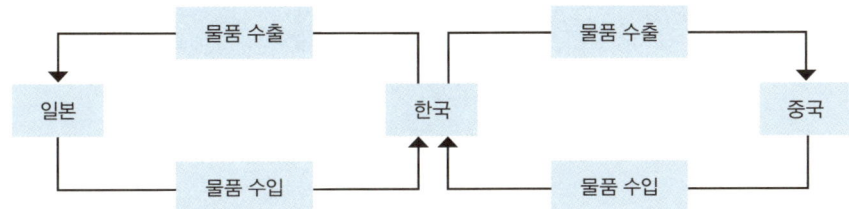

요즘의 보따리장수는 개인이 직접 뛰는 것이 아니라 거래처를 발굴한 뒤 거래처가 발굴한 운반책을 통해 물품을 반입하고 보내는 경우가 많습니다. 또는 하꼬비나 따이공을 중간 도매상으로 두고 물품을 구하고 보내는 경우도 많습니다.

✱ 보따리장수의 인기 취급 품목

본인이 직접 보따리장사를 하려면 인기 품목 위주로 하는 것이 좋습니다. 마진율은 40~50%로 잡아야 비행깃값과 숙박비가 빠집니다. 한·중·일 보따리장수 사이에서 인기 있는 품목은 다음과 같습니다.

보따리장수 인기 수입 품목	
의류	국내 백화점 등에서 인기 제품을 파악해 일본, 중국에서 구매 → 국내 오픈마켓이나 수입 상가에 판매
카메라	국내에서 인기 제품 파악해 일본에서 구매 → 국내 오픈마켓이나 수입 상가에 판매
신발	국내에서 인기 제품 파악해 일본, 중국에서 구매 → 국내 오픈마켓이나 수입 상가에 판매

보따리장수 인기 수출 품목	
전기밥통	국내산 전기밥통은 중국에서 인기 만점
식품	김, 과자, 막걸리 등은 일본의 한국 상가에 판매 가능
경공업제품	의류, 가죽 등의 원단, 경공업제품들
화장품	일본, 중국, 홍콩 등 어느 시장에서도 판매 가능

국가별 인기 있는 국산 제품	
일본	한국 식품, 한국 특산물, 가방, 의류, 화장품 등
중국	의류, 신사복, 숙녀복, 캐주얼, 스타킹, 안경테, 화장품 등

보따리장수로 국내 반입 가능한 규모	
관세 납부할 경우 ※ 정상 수입통관 절차 밟음	비행기 이용 시 약 20kg 이하 선박 이용 시 약 40kg 이하
관세 피할 경우	자가 사용 목적 400달러 이하일 경우 관세 면제 400달러 이상일 경우 관세 가산

❈ 보따리장수의 종류

보따리장사를 하는 방법은 다음과 같은 세 가지가 있습니다.

직접 발굴	구매, 운반, 판매까지 직접 몸으로 뛰는 보따리장수 초보 단계. 현지에 거래처가 없을 때 흔히 하는 방법으로 현지 거래처 발굴에 필요한 체류비가 들어가므로 수익률이 극히 낮음.
구매·운반대행	외국에서 들어온 보따리장수가 원하는 물품을 국내에서 수집하고 운반대행.
바이어 거래	고급 단계의 보따리장수. 현지 고정 거래처의 전화 주문을 받은 뒤 물건을 수집. 공항이나 항구에서 운반책에게 물품 운반을 맡김. 운반책은 외국 공항(항구)에 도착한 뒤 기다리고 있는 외국 거래처 직원에게 상품을 넘기고 국내 시장에 판매할 상품을 받아서 돌아옴. 수집, 운반, 판매가 전문적으로 나뉘어 있으므로 외국 체류 비용을 절약할 수 있음.

❈ 초보 보따리장수 주의사항: 관세

본인이 직접 여객선이나 비행기로 오가면서 보따리장수를 하려면 관세에 주의해야 합니다. 관세를 내면 판매할 때 물품 판매가가 23% 정도 높아집니다. 그러므로 보따리장수를 하려면 관세를 내지 않는 방법, 최대한 적게 내는 방법, 정상적으로 관세를 내는 방법 등으로 전략을 짭니다.

관세를 내지 않는 유일한 방법은 외국에서 구매한 상품의 총액이 400달러 이하일 경우에만 적용되는데 이것도 자가 사용 목적일 경우에만 관세가 면제됩니다. 만일 일반 판매 목적일 경우에는 400달러 이하라도 무조건 관세가 부가됩니다.

외국 여행 귀국자 1인당 외국 구입품 무관세 범위	과세 대상(면세점 구입 물품+외국에서 구매한 물품) -향수 60ml 이하, 담배 200개비 이하 -주류 한 병(1L, 400달러 이하) -합계 400달러 이하의 물품(농산물 등 일부 제외)
같은 품목이 여러 개이고 무관세 초과 범위일 경우	가방 여러 곳에 분산시키면 때에 따라 통관할 수 있지만 통관 불가 처리되면 총액에 대한 관세와 부가세를 지급해야 함(대략 총구매가의 23%)

✤ 공항, 항구에서의 휴대품 통관 절차

국내의 세관 휴대품 검사 직원들은 항상 정복 차림이고 세관 배지와 신분증을 휴대하고 있습니다. 입국한 이용자들을 위해 휴대품 통관에 불편함이 없도록 항상 공정하고 친절, 신속한 세관서비스를 제공하고 있습니다.

국내 입국 시 세관 절차는 다음과 같습니다. 일단 외국 구매액이 총액 400달러 이하라면 면세 통로를 이용할 수 있습니다. 만일 총액 400달러 이상을 외국에서 구매했거나, 반입 금지된 물품을 외국에서 구매해 들어왔다면 수입신고 대상 물품이 있으므로 세관검사 통로를 이용해 정식 세관검사를 받은 뒤 관세를 납부해야 합니다.

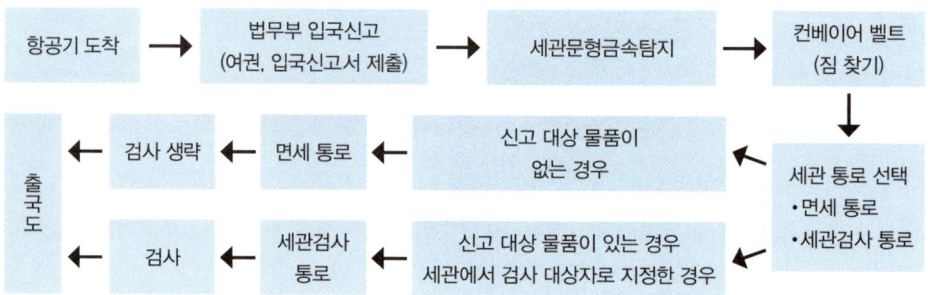

SECTION 05 배송받은 외국 물품의 국내 수입통관 절차

직구 등으로 외국 상품을 배송받았을 때 그 물품은 자신에게 바로 배송되지 않고 세관을 거칩니다. 관세가 발생하는 물품이라면 이후 관세를 내야 배송받을 수 있습니다.

✤ 수입통관 절차

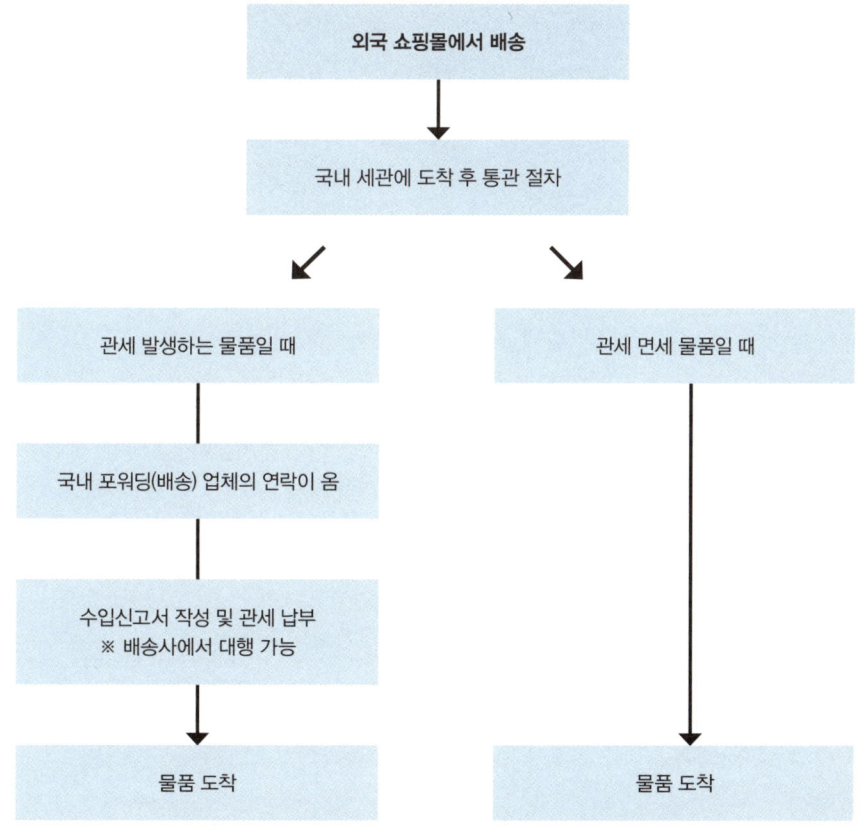

 일반적인 수출입업체는 거래 물량이 많으므로 대부분 관세사에 의뢰하여 수출입신고를 대행시킵니다. 관세 납부는 계좌 이체로 합니다.

외국 상품 수입, 직구, 반입할 때 내는 세금 - 관세

국가에서 국가로 물품이 이동할 때 내는 '통과세'를 흔히 '관세'라고 합니다. 조세 확보와 국내 상품 보호 목적 등 다목적으로 걷는 세금입니다.

관세는 일반적으로 수입품 모두에 붙습니다. 기본적으로 외국에서 수입하거나 직구한 물품은 국내에서 통관할 때 '관세+부가세'를 내야 하며 관세가 면제된 상품은 '물건값+배송비'의 10%인 부가세만 납부합니다.

✤ 관세의 과세 목적

관세는 국가 재정을 확보하고 무분별한 수입을 막기 위해 책정된 세금입니다. 관세는 물품에 따라 8~13% 내외이고 여기에 부가세도 포함되므로 상품가의 23% 내외를 관세와 부가세로 납부합니다. 관세 중의 하나인 보호관세는 국내 산업을 보호할 목적으로 부과하는 세금이므로 고율의 관세가 부과됩니다.

✤ 관세의 과세표준

관세는 종가세, 종량세, 혼합과세 등으로 과세합니다.

종가세	수입 상품의 가격을 기준으로 세율을 정하는 일반적인 방식
종량세	수입 상품의 수량을 기준으로 부과하는 방식
혼합과세	종가세와 종량세가 혼합된 방식

✤ 부가세

구입가, 관세, 배송비를 합한 금액의 10%를 부가가치세(부가세)로 납부합니다. 부가세는 관세와 함께 납부하지 않고 분기별 부가세 납부 마감일에 맞추어 납부합니다.

✖ 외국 상품 무관세: 목록통관 허용 물품

개인이 사용할 목적으로 반입하거나 외국 배송으로 받은 외국 상품 중 목록통관 허용 물품은 '물품 가격+배송비' 합계가 200달러 이하일 경우 관세를 면제하여 통관시키는 물품입니다. 아래는 FTA가 협정된 미국에서 수입할 경우이며, FTA 협정을 맺은 다른 국가에서 수입한 물품도 비슷한 기준이 적용됩니다.

품목 및 HS 코드	목록통관 대상 물품	일반통관 대상 물품
구매 한도	목록통관 허용 품목에 한해 물품 가액 200달러 이하 (물건값+미국 내 배송비+텍스) ※ 특송업체에 지급한 운송비는 제외	목록통관 허용 품목이 아닌 상품 구매 시 (물품 가액+선편 요금=한화 15만 원 이하 / 초과 시 관부가세 부과)
의류 61류, 62류, 63류	성인·영유아 의류, 바지, 반바지, 수영복, 스키복, 티셔츠, 남방, 양말, 타이즈, 스타킹, 패딩, 코트, 외투, 카디건, 속옷, 넥타이, 스카프, 숄, 머플러, 베일, 장갑(100% 면 벙어리장갑), 벨트(가죽이 아닌 제품), 손수건, 모포, 텐트, 커튼, 리넨, 베드리넨, 주방리넨	가죽류, 모피가 포함된 의류 및 섬유, 모자, 가방, 등산 장비, 스포츠 구명복, 우비, 선글라스와 안경, 가죽 장갑, 스포츠용 장갑, 방한 장갑, 벨트(가죽, 모피 소재 포함), 양탄자류와 방직용 섬유제, 바닥깔개, 인형 옷, 애완동물 옷
화장지, 주방 용기류 48류	일반 화장지, 티슈, 냅킨, 쟁반, 엽서, 봉투, 신문, 상자(박스), 종이컵, 종이 타올, 종이 접시, 편지지, 노트류	공기·대접 및 접시류, 주방 조리기구, 물휴지, 일회용 기저귀, 생리대 등
신발 64류	운동화, 스니커즈, 부츠(가죽 포함), 구두(가죽 포함), 샌들, 슬리퍼, 스키 부츠, 스노보드 부츠, 신발 안창	특수 목적용 신발(방염화, 안전화 등)
가구, 조명기기 94류	가구(책장, 테이블, 침대, 화장대, 의자 등), 침구(매트리스, 이불, 쿠션, 베개), 유아용 보행기, 유아용 카시트, 실내 조명기구, 램프	전기방석, 유모차 및 유아캐리어와 그 부속품, 전기스탠드, 휴대용 랜턴
서적, 인쇄물 49류	인쇄 서적, 소책자, 유사 인쇄물, 신문, 잡지, 정기간행물, 그림책, 그림엽서, 달력, 인쇄된 서화 및 사진, 사용하지 않은 우표, 악보, 지도, 도안	음란 서적, 1만 달러의 지급 수단(유가증권, 수표 등)
음악 CD, 영화 CD 85류	음악 CD, 영화 CD, DVD	게임팩, 레코드판

* 모자와 액세서리는 해당하지 않음. 목록통관 상품 구매 시 일반통관 품목이 단 한 가지라도 있으면 다른 상품도 일반통관 대상으로 취급되므로 주의할 것.

※ 출처: 관세청 2014년 공식 자료—인천공항세관 특송통관1과(특송 물품, 032-722-4296)
　　　　　　　　　　　　　　—인천공항세관 특송통관2과(특송 물품, 032-722-4838)

관세를 면제받는 목록통관 대상 상품을 직구할 때 관세 면제 기준인 200달러는 총액 기준인가요, 상품 가격 기준인가요? 혹은 다른 기준이 있나요?

목록통관 대상 상품 면제 기준인 200달러는 배송받은 물품 기준이 아니라 하루 동안 배송받은 물품 총액 기준입니다. 만일 외국 아마존에서 신발 한 점, 이베이에서 의류 한 점을 구매했는데 그 두 상품이 우연히 같은 날 한국 세관에 도착한 경우, 두 물품의 합계가 200달러를 넘어가면 둘 다 일괄적으로 관세 부과 대상이 됩니다. 따라서 이럴 때에는 각기 다른 날짜로 분리해서 배송받아야 합니다. 즉 하루 200달러 이상 배송받으면 관세 징수 대상이 되고, 하루에 여러 건을 배송받아도 총합이 200달러 이하이면 관세 면세 대상입니다.

일반통관 대상 물품 중 동일한 제품 세 개를 외국 아마존에서 직구했어요. 두 개는 제가 사용해야 하므로 제 주소로, 하나는 친구가 사용하기 때문에 친구 앞으로 배송되게 했어요. 국제 선편 요금은 각각 4만 원이 적용되었어요. 내 앞으로 배송되는 것은 물건값, 현지 배송비, 현지 세금 합계가 20만 원이에요. 국제 선편 요금이 4만 원이므로 총 24만 원이잖아요? 친구 앞으로 배송받은 물품은 물건값, 현지 배송비, 현지 세금 합계는 10만 원이고 국제 선편 요금은 2만 4,000원, 총합은 12만 4,000원이에요. 이때 관세는 어떻게 되나요?

일반통관 대상 물품이므로 가격(물건값, 현지 배송비, 현지 세금, 국제 선편 요금)이 15만 원을 넘지 않으면 관세 면제 대상입니다. 친구 앞으로 도착하는 것은 관세 면제 대상이고 본인 앞으로 도착한 것은 15만 원을 넘으므로 관세 대상입니다.

그러면 일반통관 대상 물품 15만 원 이하는 당연히 비과세니까 15만 원 이하의 상품은 아무거나 수입해도 괜찮나요? 흔하면서도 쉽게 수입하는 15만 원 이하 물품 중 비과세가 아닌 것도 있나요?

한약재, 건강기능식품, 불법복제 의심 제품(CD, DVD 등), 야생동물 관련 용품, 농축수산 검역 대상 물품, 식품류, 화장품(태반이나 스테로이드제 함유, 혹은 성분을 알 수 없는 화장품) 등은 15만 원 이하 소량을 우편으로 받거나 비행기로 직접 가져오더라도 관세 부과 대상이거나 통관되지 않을 수 있습니다. 일반통관 대상 물품이라고 해도 품명이나 규격, 수량, 가격을 정확하게 기재하지 않았다면 일반통관 대상에서 취소되고 관세 대상이 됩니다.

목록통관 대상 물품인 신발을 미국 아마존에서 210달러에 구매해 특송으로 받았어요. 관세를 내지 않기 위해 배송장의 신발 가격을 190달러로 허위 작성했어요. 이 경우 관세청이 눈치챌 수 있을까요?

눈치챌 수도 있고 눈치 못 챌 수도 있습니다. 예컨대 목록통관 대상 물품의 가격을 허위로 기재한 뒤 운 좋게 수입통관되었다고 가정해봅시다. 만일 관세청에서 나중에 허위 신고한 가격이라면서 문제 삼은 뒤 제품 가격의 증빙을 요구했다면 여러분은 신용카드로 구입한 것이므로 신용카드 결제액으로 증빙해야 할 것입니다. 신용카드 결제 내역은 실제 결제한 내용이므로 배송장의 가격을 허위로 표시한 것이 증빙됩니다. 십중팔구 1년 뒤쯤 과태료가 나오므로 주의하기 바랍니다. 관세에 대한 과태료는 통상 물품값에 해당하는 금액이거나 또는 해당 제품 적정 관세의 다섯 배에 해당하는 금액이 책정됩니다.

목록통관 허용 물품 중 150달러짜리 물품을 같은 날 다섯 개 구매했어요. 모두 같은 날 주문했으므로 같은 날 통관될 것이라고 보입니다. 수입한 물품의 총 합산이 200달러를 넘으면 관세가 붙는다는데 피할 방법은 없나요?

같은 날 통관되는 물품이 모두 합산해서 200달러가 넘으면 관세 면제 혜택이 사라집니다. 이를 피하려면 며칠 혹은 일주일 간격으로 200달러를 초과하지 않는 선에서 따로따로 구매하는 방법이 있습니다. 만일 같은 날 주문했다면 친구나 친척 이름으로 나누어 구매하는 방법도 있습니다. 결제에 사용한 신용카드 기록은 관세청에서도 모르므로 배송지, 구매자 이름을 다르게 하고 다섯 곳으로 분리해 배송시키면 문제가 발생하지 않습니다.

굳이 이렇게 복잡하게 할 필요가 있나요?

개인적으로 수입한 뒤 다시 판매하려면 관세를 최대한 적게 낼 수 있도록 묘책을 짜야 합니다. 관세를 내지 않고 수입할 방법이 있다면 그만큼 판매가를 낮추어 판매할 수 있거나 혹은 이익이 더 생깁니다. 물론 다섯 개의 물품을 모두 자기 주소로 받고 합법적으로 관세를 내는 것이 가장 옳습니다. 200달러 이상의 물품을 수입해 판매한다면 당연히 정식으로 관세를 내고, 관세를 낸 만큼 국내 판매 가격도 높여야 합니다.

수입 물량은 상관없나요? 개인이 운동화 100개나 1만 개를 대량 수입해도 법적인 제제가 없나요?

개인이 100개를 수입하든 1만 개를 수입하든, 국가에서는 법적인 조치가 없습니다. 수입한 물량만큼 관세와 부가세를 정직하게 납부하면 하등의 문제가 발생하지 않습니다. 관세청은 국내 수입이 허락되지 않은 불법제품이나 상표권 위반 제품의 국내 반입을 막고, 수입품의 수량에 따라 관세를 정확히 매기는 업무만을 담당합니다.

수입 물품의 비과세 조건

목록통관 허용 물품에 해당하는 동시에 총액이 200달러 이하일 경우에는 비과세 대상입니다. 단 우리나라와 FTA를 체결한 국가에서 제조하고 수입한 물품에만 해당합니다.

✖ 미국에서 수입한 200달러 이하 비과세 수입품

반드시 원산지 표기가 미국산(Made in Usa)일 경우, 그리고 미국에서 특송 받은 제품일 경우에만 비과세 수입을 할 수 있습니다. 예를 들어 미국에서 특송 받았으나 원산지가 중국산(Made in China)인 경우 200달러 이하 비과세 대상에서 제외됩니다.

2014년 현재 FTA 체결 국가	
북미	미국
남미	칠레, 페루
EU	영국, 아일랜드, 벨기에, 프랑스, 독일, 이탈리아, 룩셈부르크, 네덜란드, 덴마크, 그리스, 포르투갈, 스페인, 오스트리아, 핀란드, 스웨덴 등
EFTA	스위스, 노르웨이, 아이슬란드, 리히텐슈타인
터키	터키
아세안	베트남, 브루나이, 캄보디아, 인도네시아, 라오스, 말레이시아, 미얀마, 필리핀, 싱가포르, 타이 등의 동남아시아 국가연합
인도	인도
발효 예정 국가	호주, 콜롬비아, 캐나다
협상 진행 국가	인도네시아, 베트남, 뉴질랜드, 중국, 멕시코, 걸프협력회의국가 외

✖ 목록통관 대상 물품 중 관세 대상인 경우

국제특송비 포함 20만 원 이하일 경우에는 비과세 대상이며 20만 원 이상일 때는 '물건값+특송비'에 대한 관세와 부가세를 23% 내외로 납부해야 합니다.

08
SECTION

수입통관 불가(통불) 물품들

수입(직구 포함), 혹은 직접 휴대하여 들어올 때 통관이 불가한 물품 목록입니다. 이 경우 반송도 안 될뿐더러 금전적인 손실이 발생하므로 통관불가 물품은 직구, 수입, 휴대 반입을 하지 않도록 주의 바랍니다.

수입통관이 불가능한 품목

다음 물품은 국내에서 특별한 허가필증이 없는 한 수입통관이 불가능한 품목입니다. 외국의 통관 불가 제품들도 이와 비슷하므로 이베이나 아마존에서 판매할 때 이들 품목에 해당하면 판매를 중지해야 합니다.

- 가공 농산물
- 아스피린 종류의 의약품, 마취제나 알약으로 된 불법 약품, 의료용 의자 등, 일부 인체 성분이 들어간 의약품 등
- 포르노(CD, DVD, 음란 잡지 등)
- 화폐, 수표, 현금 등, 1만 달러 이상의 수표, 채권 등
- 위조수표, 위조채권 등
- 음식물, 주류
- 가공육류, 육포 등
- 금괴, 은괴 등
- 가연성, 폭발성 위험 물품
- 동물
- 알코올 함량이 높은 가연성 향수, 스프레이류
- 총기, 총기부품, 도검, 폭탄, 군수 물자
  - 준총기류, 예를 들면 서바이벌 게임용 준총기류
- ACNE 화장품, 무허가 성분 화장품 종류
  - 수입 시 면밀히 확인 요망

- 물티슈, 일회용 기저귀, 생리대, 인형 옷, 강아지 옷
- 전기스탠드, 형광등 기구, 휴대용 전등, 랜턴, 전기장판, 전기방석 등
    - 수입 시 전기용품 안전 승인, 전자파 승인 등의 국내 인증 작업 필요
- 아동용 침대, 유아용 의자, 보행기 등
- 일부 영양제, 건강보조제, 의약품
    - 성분이 모호하거나 미달 약품
    - 국내에서 약용 허가가 나지 않은 성분의 약품
    - 영양제, 건강보조제는 통관 불가 품목이 많으므로 수입 시 확인 요망
- 반려동물용 일부 사료, 약품, 건강보조제
- 세관이 정한 수입 기준·수량·중량 등을 위반하거나 초과한 물품
    - 이전 검역 시 폐기된 물품은 대부분 통관 불가

CHAPTER 3

지역별 돈 되는
수입 상품 발굴하기

01 수입 상품 국가별 공급처 발굴 방법

외국에서 국내로 수입할 상품을 발굴하려면 일단 외국 현지 도매시장을 탐방하는 것이 좋지만 요즘은 인터넷에서 직접 외국 제조업체를 발굴한 뒤 해당 업체로 출장을 가는 방법을 더 많이 사용합니다.

외국 현지에서 수입 상품을 공급해줄 수입처를 발굴하는 방법은 네 가지가 있습니다.

✹ 현지 수출산업전시회에서 발굴

나라별 현지에서 열리는 수출산업전시회에 참가해 현지 셀러(수출상)와 얼굴을 맞대고 거래 상담을 하는 방식입니다. 신원이 확실한 업체를 발굴할 수 있다는 장점이 있지만 전시회가 열릴 때마다 찾아다녀야 한다는 약점이 있습니다.

✹ 현지 도매시장에서 발굴

보따리 상인들이 흔히 하는 방식으로 현지 도매시장에서 수입할 물건을 사입한 뒤 국내 시장에 판매하는 방식입니다. 중국 이우와 광저우에 세계적으로 유명한 거대 도매시장이 있으므로 주로 그쪽으로 출장을 갑니다.

✹ 인터넷에서 발굴

인터넷의 기업 검색 사이트를 사용해 현지 기업을 검색한 뒤 수입 여부를 결정하는 방식입니다. 어떤 제품이 마음에 들면 먼저 그 제품의 생산업체를 인터넷에서 검색한 뒤 B2B 거래(Business to Business: 기업 간의 전자상거래)가 가능한지 확인하기 바랍니다. 또한 국내의 코트라(www.kotra.or.kr) 같은 무역 사이트에 가입해 발굴하기도 합니다. 중국산 제품은 알리바바(www.alibaba.com)에서 발굴하는 경우가 많습니다.

✖ 현지 제조업체와 직접 거래

현지 제조업체를 발굴해 물건을 생산 발주한 뒤 수입하는 방식입니다. 국내의 유통·도매업자가 공장 없이 중국이나 베트남 현지 공장에 아웃소싱을 하여 생산한 뒤 수입합니다. 현지 제조공장 역시 코트라 같은 국내 무역 사이트에서 발굴할 수 있습니다. 중국 현지 공장은 알리바바에서 발굴하는 경우가 많습니다.

대한무역투자진흥공사 코트라 홈페이지: www.kotra.or.kr

 대한무역투자진흥공사 코트라는 수출진흥을 위해 산업통상자원부 산하에서 1962년 설립된 기관으로 현재는 지식경제부 산하 공기업입니다. 처음 무역업을 시작한 분들은 반드시 가입하는 것이 좋으며 가입 후에는 여러 가지 무역 정보와 도움을 얻을 수 있습니다. 또한 코트라 외국무역관 홈페이지와 코트라 산하 바이코리아(www.buykorea.org) 홈페이지에서 세계 각국 무역상의 오퍼(Offer) 정보를 볼 수 있어 외국 거래처 발굴에도 좋습니다. 현재 코트라는 전 세계 81개국에 9개의 지역 본부, 119개의 외국 조직망을 구축하고 있습니다.

SECTION 02 중국 최대 도매시장 이우에서 수입 물품 발굴

중국 최대 도매시장인 이우시장은 세계 각국에서 저임으로 생산된 중국산 도매물품을 사입하기 위해 몰려드는 장소입니다. 세계 최고의 도매시장이라는 말을 증명이나 하듯 도시 전체가 하나의 도매시장입니다.

✖ 이우시장에서 수입 물건 발굴하기

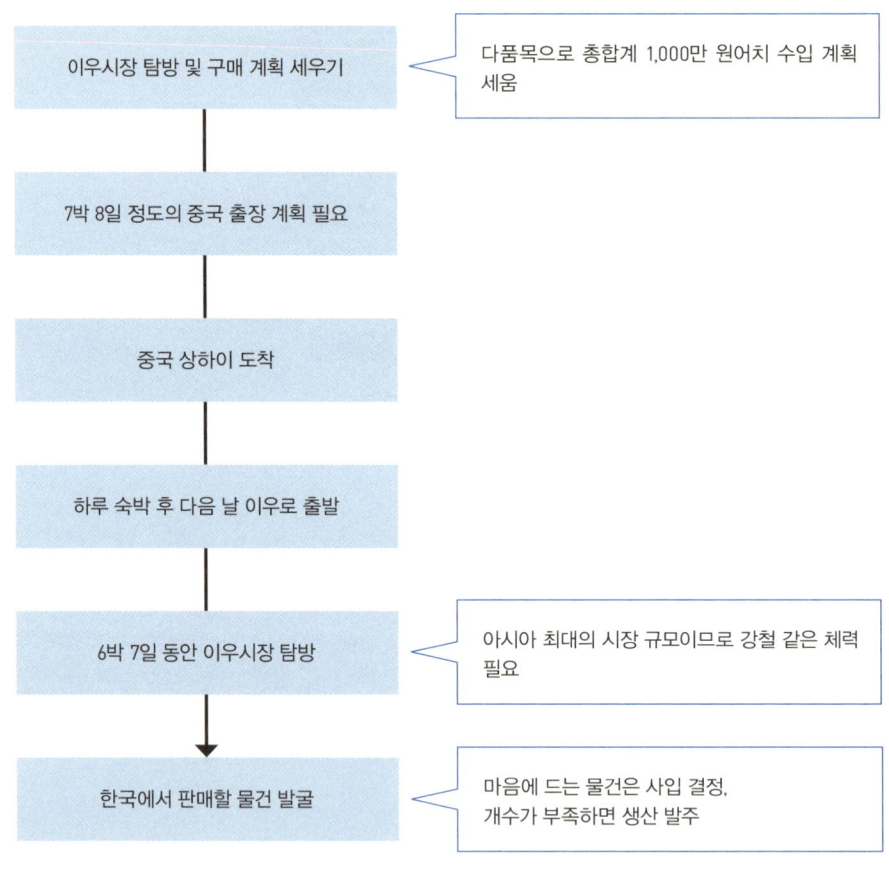

- 이우시장 탐방 및 구매 계획 세우기 ← 다품목으로 총합계 1,000만 원어치 수입 계획 세움
- 7박 8일 정도의 중국 출장 계획 필요
- 중국 상하이 도착
- 하루 숙박 후 다음 날 이우로 출발
- 6박 7일 동안 이우시장 탐방 ← 아시아 최대의 시장 규모이므로 강철 같은 체력 필요
- 한국에서 판매할 물건 발굴 ← 마음에 드는 물건은 사입 결정, 개수가 부족하면 생산 발주

✖ 이우시장에서 사입한 물건 국내로 반입하기

이우시장에서 1,000만 원어치의 물품을 사입한 경우 국내로 반입할 때는 정식 수

입 및 통관 절차를 밟아야 합니다. 다음과 같은 세 가지 방식 중 편리한 방식을 선택합니다.

정식 수입 방식	사입한 물량을 이우시장의 한중물류회사로 입고한 뒤 물류회사에서 국내로 배송 국내 항구에 도착하면 정식 수입통관 및 관부가세 납부 ※ 관부가세는 물품마다 다르나 총구매액의 약 23% 정도로 예상 ※ 총 1,000만 원어치 수입했으므로 관세 및 부가세 납부 금액 약 250만 원 준비 ※ 통관 불허 제품은 국내에 수입되지 않으므로 주의 요망
운반책 고용 방식	현지에서 중국 보따리상 운반책을 고용해 국내로 반입 ※ 물량이 적을 때 흔히 하는 방식
수입대행 방식	현지 혹은 국내 수입대행업체에 수입을 의뢰하는 방식 ※ 이우시장 및 국내 인천항 주변에 수입대행업체가 있음

참고로 중국에서 처음 거래를 할 때는 처음 만나는 한국인이나 조선족과의 거래를 피하는 것이 좋습니다. 언어가 잘 통하는 현지의 한국인과 거래하고 싶다면 일단 인터넷을 통해 현지 한국인 무역상이 있는지 검색한 뒤 튼튼한 회사와 거래하는 것이 가장 좋습니다. 현지에서 초면의 한국인이나 조선족과 무턱대고 거래를 트면 사기당하기 일쑤라는 점을 명심하기 바랍니다.

이우시장의 매력은 저렴한 가격의 도매 물품들이 산더미처럼 모여 있다는 것입니다. 이 때문에 누구나 이우시장에 가면 강렬한 구매 충동을 느낍니다. 따라서 구매 결정을 할 때는 반드시 국내 시장에서의 판매 성공 여부를 심사숙고한 뒤 결정해야 합니다. 싸다고 잔뜩 구매했는데 정작 국내 판매에 실패하면 망한다는 사실을 명심하기 바랍니다.

✱ 이우시장의 18개 도매시장과 주력 상품 목록

이우시장은 이우 시 전체가 하나의 도매시장으로서 도매시장 건물이 곳곳에 포진되어 있습니다. 이 때문에 이우시장에서 유통되는 도매 물품들을 제대로 보려면 보통 7박 8일간의 일정이 필요합니다.

다음은 이우시장에서 매우 중요한 18개 도매시장 목록입니다.

이우 보석 시장	이우 모조 꽃·플라워 시장
이우 완구 시장	이우 공예품 시장
이우 가방 시장	이우 시계 시장
이우 비옷·우산 시장	이우 사무용품·문구용품 시장
이우 스포츠·아웃도어 시장	이우 화장품 시장
이우 양말 시장	이우 벨트 시장
이우 타올 시장	이우 신발 시장
이우 생활잡화 상품 시장	이우 장갑 시장
이우 모자 시장	이우 스카프·숄 시장

상품 카테고리별로 정리한 이우시장의 주력 도매 상품입니다.

의류·신발	티셔츠, 드레스, 스포츠웨어, 란제리, 청바지, 속옷, 양말, 부츠, 스니커즈.
패션 액세서리	모자, 넥타이, 벨트, 장갑, 선글라스, 시계, 가방, 핸드백
선물·공예품	크리스마스 제품, 크리스털 공예, 금속 공예, 휴일 선물·장식, 사진·액자, 열쇠 고리, 양초·양초 홀더
건강 및 미용	마사지 기계, 전자담배, 화장품·메이크업 도구, 스킨케어, 향수·향수병, 위생 제품
홈·가든	아기용품, 욕실·화장실, 침구, 바비큐, 조리 도구, 식기, 주방용품
보석	팔찌, 브로치, 귀걸이, 보석 세트, 목걸이, 반지, 실버·스털링 실버 주얼리, 보석
사무실·학교 용품	펜, 노트북, 계산기, 교육용품
행사·사은품 상품	열쇠고리, 모자, 끈, 디지털 액자, 컵 받침, 골프용품, 티셔츠
스포츠·아웃도어	캠핑, 게임, 애완동물·애완동물 관련 제품, 스쿠터, 스포츠 제품
장난감	인형, R/C 장난감, 교육 장난감, 공, 전기 장난감, 플라스틱 장난감

아시아 최대 규모의 도매시장인
중국 이우시장(이우 푸텐시장)

상하이에서 200킬로미터 떨어져 있는 이우시장(푸텐시장, Yiwu Futian Market)은 이우 시 오애소구(义乌市 五爱小区)에 위치한 아시아 최대 규모의 도매시장으로서 이우 시 전체가 하나의 큰 도매시장입니다. 이우시장의 매력은 중국의 수많은 가내공장에서 만들어진 잡화물품들이 한자리에 모여 있다는 것입니다.

시장의 주력 상품은 문구, 완구, 공구, 보석, 시계, 전자제품, 액세서리, 컴퓨터 액세서리, 아웃도어, 스포츠, 우산, 자동차용품 등으로서 흔히 '천원숍'에서 볼 수 있는 품목 50만 개가 7만 개의 점포에서 판매되는 시장입니다.

국내에서 가려면 항공로가 개설된 상하이나 항주로 간 뒤 열차를 타고 이우 시로 이동합니다. 상해 남역에서 고속열차를 이용하면 이우 시까지 약 200킬로미터이고 2시간가량 소요됩니다. 보통 인천에서 항주행 비행기를 탄 뒤 이동하는 것이 더 빠릅니다.

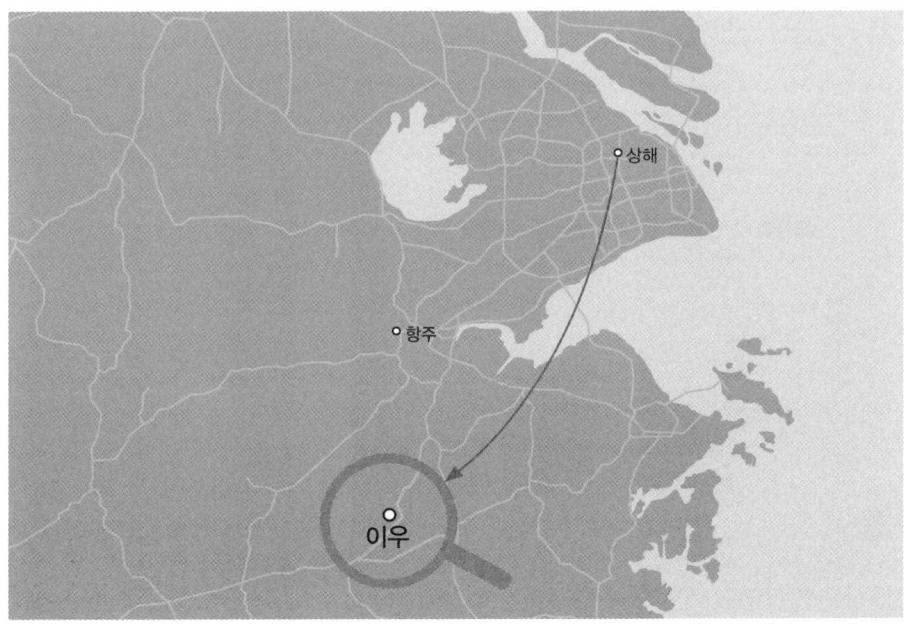

알리바바에서 수입 물품 발굴하기

알리바바는 중국 알리바바 그룹이 운영하는 국제적인 도매 사이트입니다. 중국 공장에서 바로 도매하기 위해 올린 상품이 많으므로 수입 물품 발굴은 물론 중국 생산공장을 발굴할 때도 좋습니다.

✖ 세계 최대 도매 사이트 알리바바닷컴

알리바바닷컴에 접속하면 세계 곳곳에서 올라온 도매 상품을 볼 수 있습니다. 개인도 구매할 수 있으나 대부분 큰 수량 단위로 판매하므로 일반적으로는 사업자들이 도매 상품을 구매하기 위해 찾습니다. 사업자라 해도 무작정 구매하기보다는 일단 샘플을 받아본 뒤 구매 여부를 결정하는 것이 좋습니다.

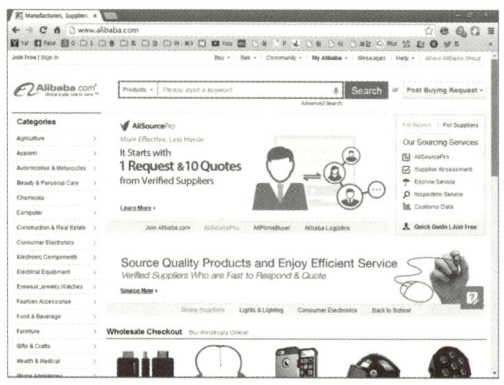

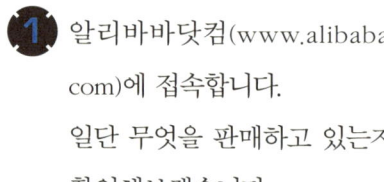 알리바바닷컴(www.alibaba.com)에 접속합니다.
일단 무엇을 판매하고 있는지 확인해보겠습니다.

 알리바바닷컴은 도매 무역 사이트로 유명하지만 중국 공장에서 도매로 팔기 위해 상품을 리스팅한 경우가 많으므로 중국 현지 공장을 발굴할 때도 유용합니다. 알리바바에서 중국 공장을 발굴할 때는 생산 발주 가격에 대한 협의를 한 뒤 반드시 한두 번 정도 현지 공장을 방문해 실사하는 것이 좋습니다. 그 후에는 팩스나 전화로 생산 발주를 할 수 있습니다.

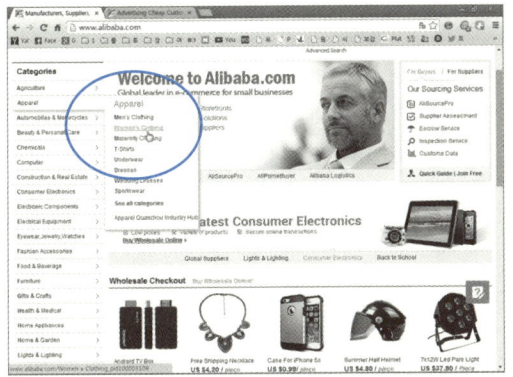

② 도매로 올라온 상품 중 의류 상품을 검색하겠습니다.
여성의류를 보기 위해 [Apparel → Women's Clothings] 문자열을 클릭했습니다.

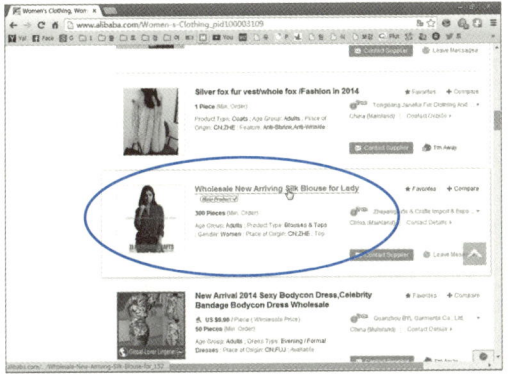

③ 도매로 올라온 여성의류들이 보입니다. 구매하고 싶은 여성복 하나를 클릭했습니다.

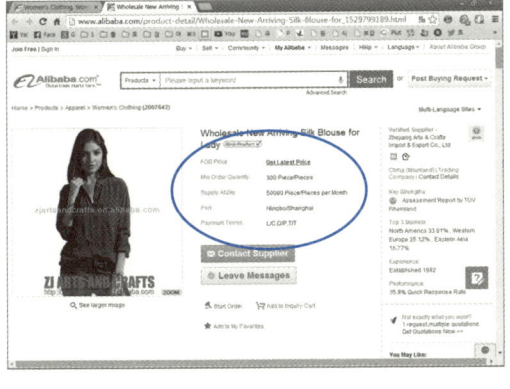

④ 가격은 나와 있지 않지만 최하 주문 조건은 300장, 현지 공장에서 1일 최대 생산 가능 장수는 5,000장임을 알 수 있습니다.
선적항은 'Ningbo/Shanghai'이고, 결제 조건은 신용장(L/C), D/P, 현금 송금(T/T) 중에서 선택할 수 있습니다.

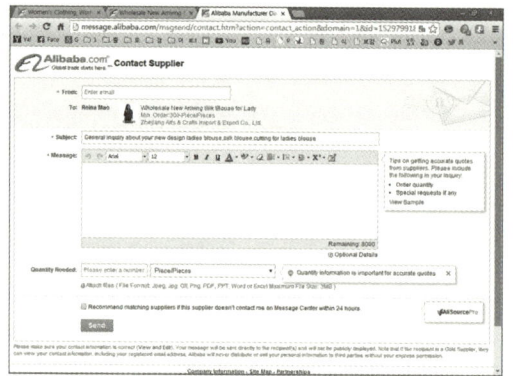

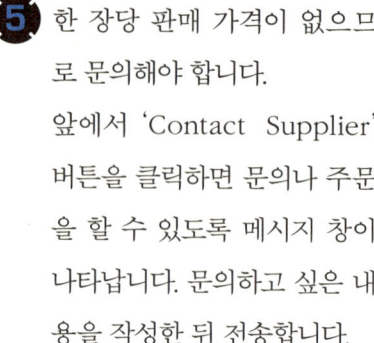

5 한 장당 판매 가격이 없으므로 문의해야 합니다.
앞에서 'Contact Supplier' 버튼을 클릭하면 문의나 주문을 할 수 있도록 메시지 창이 나타납니다. 문의하고 싶은 내용을 작성한 뒤 전송합니다.

외국 제조업체나 무역상에게 구매 문의를 할 때는 가격 조건과 함께 샘플을 받을 수 있느냐고 문의하기 바랍니다. 샘플을 받은 뒤에는 상품의 상태 등을 면밀히 판단하고 수입 여부를 결정하기 바랍니다.

중국에서 제조하여 수입한 뒤 외국 오픈마켓에서 판매하기

아예 외국에 생산 발주를 맡겨 그 물품을 수입한 다음 다른 외국에 판매하기도 합니다. 제조업체를 보유하지 않은 업체들이 흔히 하는 방법입니다.

✖ 인건비가 저렴한 외국에 생산 발주하기

외국에서 생산 발주를 하고 이 물품을 국내로 수입한 뒤 외국 오픈마켓에서 판매하려면, 보통 인건비가 저렴한 국가에 생산 작업을 아웃소싱해야 합니다. 만일 아웃소싱할 현지 제조업체를 모른다면 알리바바닷컴이나 현지 도매시장을 탐방하면서 마음에 드는 물건을 일정량 사입합니다. 그렇게 현지 제조업체와 관계를 맺은 뒤에 이후에는 직접 생산 발주를 시작합니다.

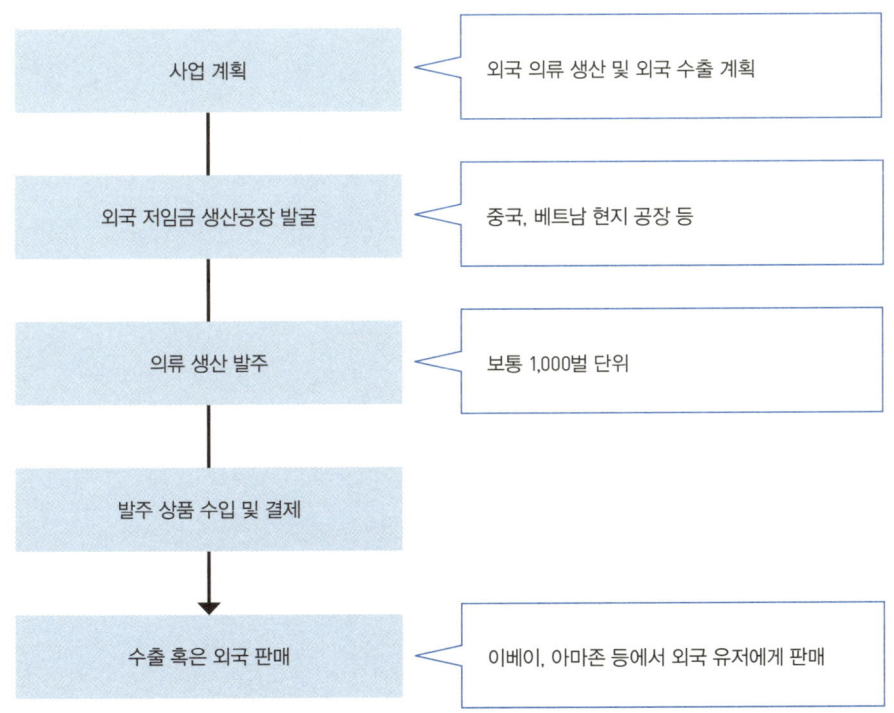

일본에서 수입품 구매처 발굴하기

일본에서 수입처를 발굴하려면 일본 현지 도매시장을 먼저 탐방해야 합니다. 초기에는 일본 도매시장에서 수입할 물품을 사입하다가 반응이 좋으면 제조업체와 직접 거래선을 틉니다.

일본 도매시장은 지역별로 지점 형태로 있는 경우가 있고 인터넷 B2B 형태로도 있습니다. 일본의 도매시장은 소매사업자만 출입할 수 있으므로 출입증이 필요합니다. 국내의 사업자등록증, 명함, 여권, 사진, 자신의 매장 사진(전면, 내부, 거리 사진 등)을 제출하면 해당 도매시장에서 출입증을 발급합니다. 초반에는 일본의 유명 인터넷 도매시장에서 사입할 물품을 검토하다가 필요할 때 현지로 출장 가는 것이 좋습니다.

✹ 일본 최대 도매시장 넷시

일본 최대 도매 사이트인 넷시에는 7,000개 이상의 도매업체가 링크되어 있습니다. 주요 품목은 의류, 패션 잡화, 미용·건강, 가구·인테리어, 점포·사무용품, 가전·AV·컴퓨터, 식품·음료 등입니다. 한국산 및 중국산 제품도 유통되므로 일본 내 제조 상품을 잘 선별해야 합니다. 회원제로 운영되며 회원으로 가입하면 공개된 도매가를 볼 수 있습니다.

넷시 홈페이지: www.netsea.jp

✖ 도쿄 최대 도매회사 에토와르

일본 도쿄에 매장이 있는 도매 전문회사로 8만 점 이상의 상품을 도매로 취급합니다. 도쿄 최대 도매회사이며 패션의류, 패션잡화, 생활잡화, 주방용품, 인테리어잡화, 캐릭터 상품, 식품 등을 취급합니다.

에토와르 홈페이지: www.etoile.co.jp

✖ 패션 관련 도매 업체 판비넷

오사카 등 일본 주요 도시에 도매 건물이 있는 업체입니다. 액세서리, 핸드백, 보석, 패션잡화, 여성의류, 모피, 잠옷, 남성의류, 캐주얼 등을 도매로 판매합니다. 일본 내 소매점·전문점·할인점·양판점, 외국 소매점(홍콩, 한국 등)에 상품을 납품합니다.

판비 홈페이지: www.fanbi.co.jp

미국, 남미에서 수입품 구매처 발굴하기

미국과 남미는 워낙 광활해서 특정 도매시장을 찾는 것보다 제조업체를 검색하는 방식으로 거래처(수입처)를 발굴하는 것이 좋습니다.

✖ 미국 LA 자바시장

자바시장 홈페이지: www.fashiondistrict.org

미국 LA의 유명 도매시장인 자바시장은 국내에 '자바 USA'로 알려진 의류업의 본산입니다. 한인 경제인이 주춧돌인 자바시장은 의류 도매시장으로 유명하며 정식 명칭은 'LA Fashion District'이지만 LA 자바(Jobber)시장이란 이름으로 더 널리 알려졌습니다. 국내로 치면 남대문시장이 연상될 만큼 인간 냄새가 나는 시장입니다. 한인교포 2만 명을 부양한다는 이야기가 있을 정도로 한인 상인이 주력하고 있는 시장이기도 합니다.

✖ 미국 토마스넷

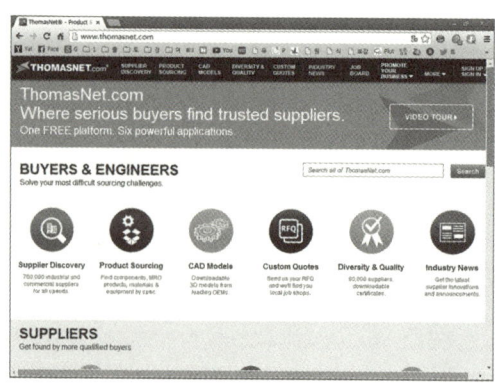

토마스넷 홈페이지: www.thomasnet.com

토마스넷은 미국, 캐나다의 제조업체를 검색해 제공하는 홈페이지로 17만 개 이상의 기업 정보를 제공합니다. 물품 이름을 키워드로 입력하면 회사 정보, B2B 거래 가능 여부를 확인할 수 있습니다.

✱ 멕시코 아바스토(Abasto)시장

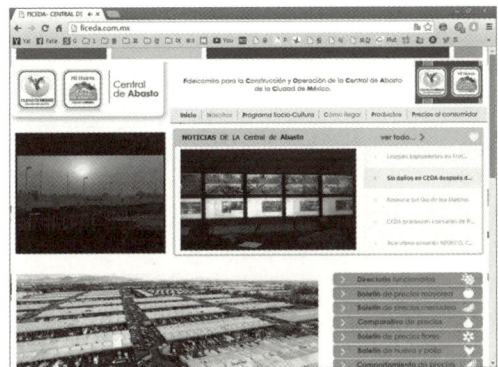

아바스토 홈페이지: http://ficeda.com.mx

국내로 치면 가락농수산시장에 해당하는 멕시코 시티 최대 농수산물 시장입니다. 멕시코 시티 수도와 수도권에 보급되는 농수산물 80%를 공급합니다.

✱ 그 외 남미 지역

브라질을 포함한 남미에서 수입 유망한 품목은 수산물과 커피 원두 등이 있습니다. 구글에서 'Coffee bean importer'로 검색하면 커피 수입처에 관한 여러 가지 정보를 검색할 수 있습니다.

참고로 브라질, 아르헨티나 등의 남미 지역 의류 산업은 한국계 이민자들이 거의 장악하고 있습니다.

07 SECTION 유럽에서 수입품 구매처 발굴하기

유럽에서 수입 물품을 발굴하는 일 역시 유럽의 유명 도매시장 방문에서부터 시작됩니다. 하지만 유럽의 도매시장은 대개 농축수산물 위주이므로 인터넷에서 발굴하는 지혜도 필요합니다.

✽ 프랑스 최대 농축수산물 도매시장 헝지스

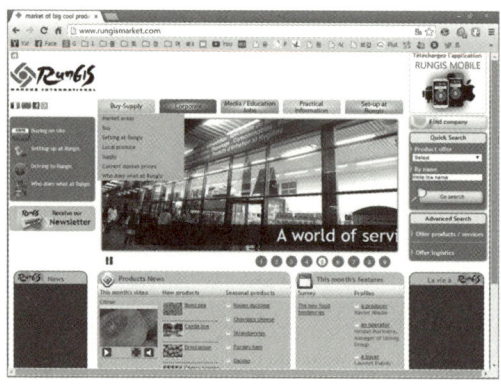

헝지스 홈페이지: www.rungismarket.com

프랑스 파리에 있는 국제 농축수산물 도매시장으로 유럽 전역에 농축수산물을 공급합니다. 청과시장, 수산시장, 축산시장, 화훼시장, 세관 등으로 구성되어 있으며 1973년에 현대화된 시장으로 재건축했습니다. 일반인은 출입할 수 없고 상인만 출입할 수 있습니다.

✽ 독일 액세서리 전문 다완다

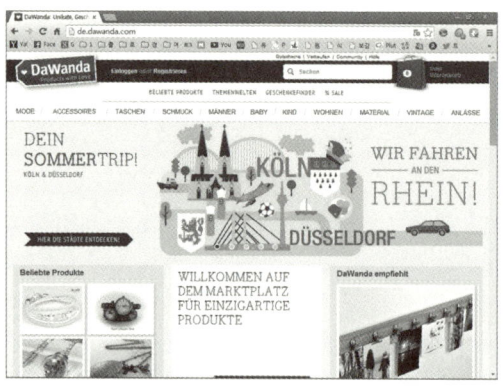

다완다 홈페이지: http://de.dawanda.com

세계의 개인 장신구 제조업체들이 가입하여 액세서리 위주의 물품을 도·소매로 판매합니다. 특히 이용자가 디자인한 액세서리를 제작해 판매하는 것으로 유명합니다.

✖ 폴란드 인터넷 옥션 알레그로

폴란드는 동유럽에서 인구 4,000만 명을 자랑하는 가장 큰 국가입니다. 폴란드의 쇼핑몰은 아카디아(Arkadia)나 프탁무역센터(Ptak Trade Center)처럼 대형화되는 추세입니다. 고급 미술품 경매는 바르샤바의 데자갤러리(Desa Galleries)에서 하고 있고 우리나라의 청계천 벼룩시장과 비슷한 형태의 골동품 시장인 벼룩시장이 있습니다.

폴란드 내 인터넷 쇼핑몰은 알레그로와 아마존(독일)이 유명합니다. 알레그로는 경매 방식의 인터넷 쇼핑몰로서 폴란드에서 가장 인기 있는 인터넷 쇼핑몰입니다. 알레그로는 인접 국가인 체코 등에서도 서비스됩니다.

알레그로 홈페이지: www.allegro.pl

✖ 러시아 최대 인터넷 쇼핑몰 오존

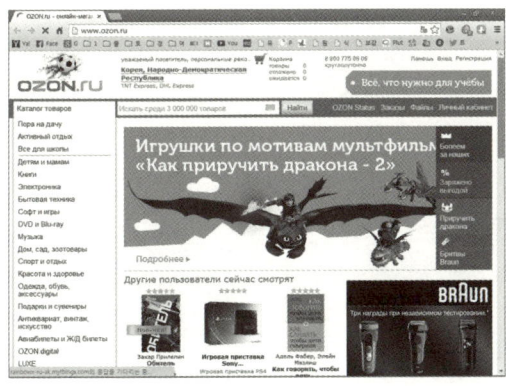

오존은 러시아 최초이자 최대 인터넷 쇼핑몰인 오픈마켓입니다. 판매자가 셀러로 등록한 뒤 상품을 판매합니다. 하루에 약 70만 명의 방문객이 방문합니다. 미국의 아마존이나 이베이와 같은 성격의 인터넷 쇼핑몰입니다.

오존 홈페이지: www.ozon.ru

08 SECTION

인터넷에서 인기 상품 찾아내 수입하기
– 세계 국가별 유명 오픈마켓

세계 국가별 유명 오픈마켓에서 어떤 상품을 직구로 구매한 뒤 국내 시장에 판매할 수도 있습니다.

다음의 세계지도에 표시된 오픈마켓은 각 국가에서 인기 있는 대표 오픈마켓으로서 외국 직구를 하는 사람들이 즐겨 사용합니다. 이들 오픈마켓은 우리나라 사람들이 판매자로 입점한 뒤 국내 상품을 외국 시장에 판매할 때도 유용합니다.

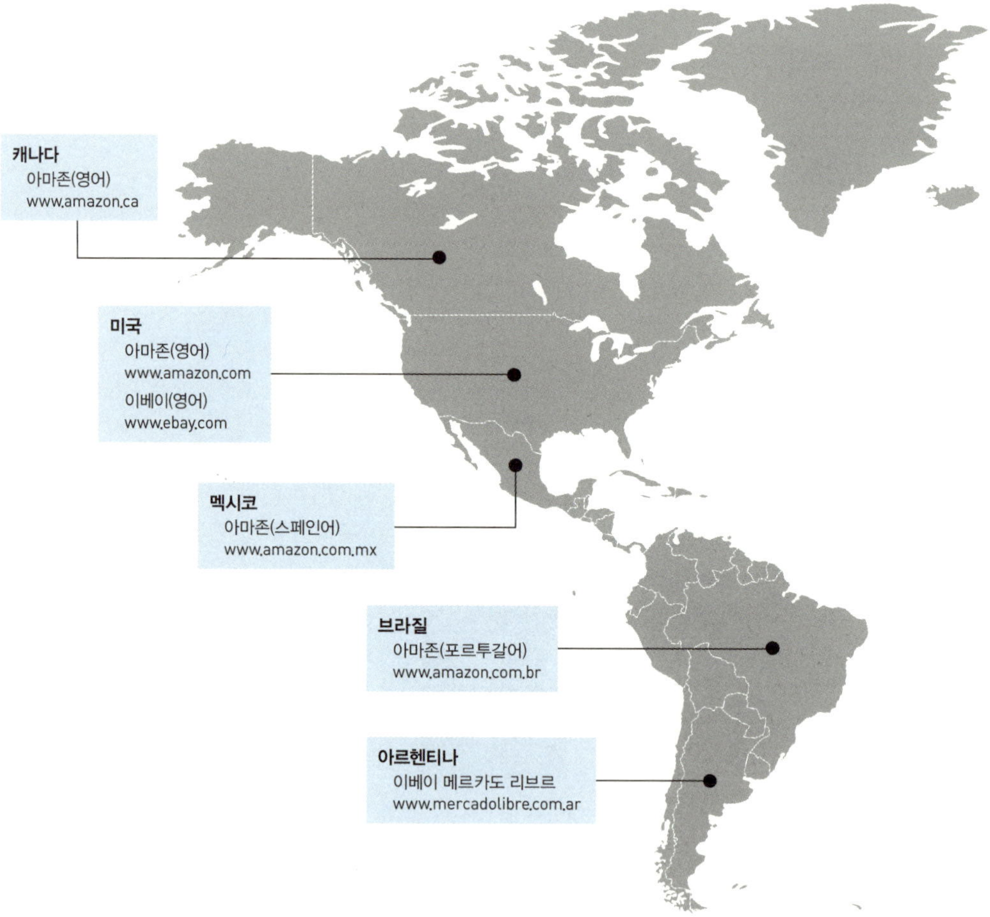

캐나다
아마존(영어)
www.amazon.ca

미국
아마존(영어)
www.amazon.com
이베이(영어)
www.ebay.com

멕시코
아마존(스페인어)
www.amazon.com.mx

브라질
아마존(포르투갈어)
www.amazon.com.br

아르헨티나
이베이 메르카도 리브르
www.mercadolibre.com.ar

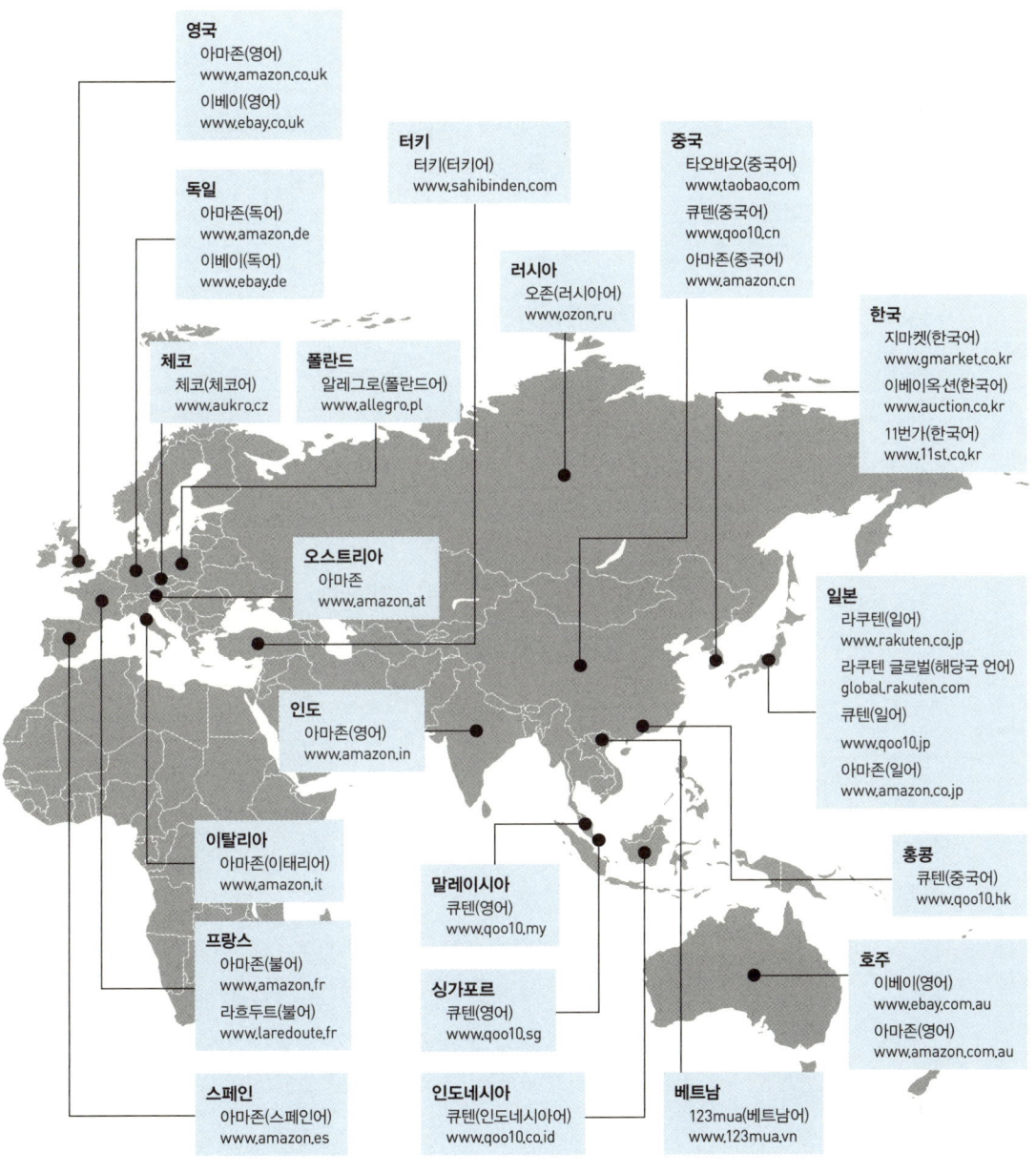

CHAPTER 3 지역별 돈 되는 수입 상품 발굴하기

SPECIAL TIP

국가별·품목별 유명 쇼핑몰

아마존, 이베이를 제외한 각 국가에 있는 대표 인터넷 쇼핑몰입니다. 이들 인터넷 쇼핑몰들은 대부분 오픈마켓 방식이 아니며 한 기업체가 독자적으로 운영하는 쇼핑몰인 경우가 많습니다. 따라서 타국 사람들이 입점할 수 없지만, 물품 직구는 할 수 있습니다. 만일 이들 쇼핑몰에서 해외 배송을 하지 않는다면 배대지를 통해 배송받기 바랍니다.

미국	종합 쇼핑몰	www.landsend.com
	의류 쇼핑몰	www.isabellabird.com
	가구, 주방 쇼핑몰	www.marthastewart.com
브라질	종합 쇼핑몰	www.americanas.com.br
	신발 전문 쇼핑몰	www.netshoes.com.br
영국	종합 쇼핑몰	www.argos.co.uk
		www.tesco.com
독일	종합 쇼핑몰	www.otto.de
		www.shopping24.de
프랑스	종합 쇼핑몰	www.cdiscount.com
	가정복 전문 쇼핑몰	www.cyrillus.com
러시아	식료품 쇼핑몰	www.utkonos.ru
터키	종합 쇼핑몰	www.trendwol.com
		www.hepsiburada.com
홍콩	종합 쇼핑몰	www.hkenterprise.com
일본	패션 쇼핑몰	www.bellne.com
품목별	속옷, 침구류 전문 쇼핑몰	www.garnethill.com
	침구류 전문 쇼핑몰	www.shop.nwf.org
	아동복 전문 쇼핑몰	www.boden.co.kr
	장신구 전문 쇼핑몰	www.past-times.com
	장난감, 학용품, 주방용품 전문 쇼핑몰	www.initialideas.co.uk
	레저용품 전문 쇼핑몰	www.hammacher.com
	공구, 스포츠용품 전문 쇼핑몰	www.brookstone.com

CHAPTER 4

수입 상품
국내에서 판매하기

01 SECTION

외국에서 수입 상품 발굴하기
– 국내 시장의 트렌드부터 분석하라

외국에서 수입할 물품을 발굴하는 작업은 대기업 무역상사는 물론 개인 무역업자 사이에서 벌어지는 밥그릇 혈투라고 해도 과언이 아닙니다.

✻ 개인 무역상은 자신이 MD

물건을 잔뜩 수입했는데 국내 시장에서 판매에 실패한다면 바로 도산합니다. 따라서 수입 물건을 발굴하는 작업은 전적으로 MD의 시각으로 판단해야 합니다.

MD는 머천다이저(Merchandiser)의 약자로서 소비자가 원하는 상품을 발굴, 구매, 진열, 판매, 사후관리 등을 총괄하는 책임자입니다. 예컨대 인터넷 쇼핑몰의 의류 파트 MD는 해당 쇼핑몰에서 판매하는 모든 의류를 총괄합니다. 의류업체의 입점 여부, 기획, 아웃소싱, 프로모션, 광고 운영 등 기획부터 판매까지 전반적인 모든 것을 담당합니다. 좋은 상품은 MD 추천 상품으로 소개하기도 합니다. 종합쇼핑몰은 의류MD, 가전MD, 식품MD, 도서MD 등 부문별로 담당자가 있습니다. 개인 쇼핑몰은 운영자 자신이 MD지만 때론 전문 MD를 고용하기도 합니다.

요즘처럼 인터넷 쇼핑몰이나 TV 쇼핑몰이 흥하는 사회에서는 잘 팔리는 상품을 발굴하는 유능한 MD가 인기 직종입니다. 바꿔 말해, 상품을 잘 팔지 못하는 MD라면 월급을 챙겨가기도 어렵겠지요. 만약 외국에서 물건을 수입하여 판매할 생각이라면 전문적인 MD의 시각으로 접근하는 자세가 필요합니다. 여기에서는 쉽고 빠르게 전문 MD의 시각을 가질 방법을 알려드리겠습니다.

매일 아침 외국의 온라인 상점에서 판매되는 상품을 검색하고, 라이벌 쇼핑몰의 히트 상품을 주시합니다. 외국에서 히트치는 상품이 있다면 그 상품이 국내에서도 히트칠 확률이 높습니다. 외국에서 초히트 조짐이 있는 상품을 발견했다면 그 상품을 발굴할 '기회'를 놓치지 말고 잡으십시오. 그 상품을 수입하여 국내에 판매하면 성공할 가능성이 매우 높습니다. 가장 흔한 예는 중국산 운동기구나 '장미칼' 같은 주방기구입니다. 대기업 수입업체가 움직이기에는 보잘것없는 상품임에는 분명합니다. 이런 상품이 외국에서 히트치고 있다면 즉시 낚아채서(수입하여) 국내에 신속히 뿌리는(판매하는) 전략이 필요합니다.

국내의 유명 MD들은 라이벌 쇼핑몰을 주시하긴 해도 외국 쇼핑몰까지 주시하지는 않습니다. 몇몇 잘나가는 TV 쇼핑몰 MD들은 외국의 히트 상품을 주시하기는 해도 수입상이 아니므로 직접 수입하지는 않습니다.

그러나 당신은 수입상입니다. 외국에서 히트치는 상품이 국내에서도 팔릴 수 있다는 확신이 있으면 1,000~2,000만 원 단위로 수입해 국내에 뿌릴 수 있을 것입니다. 당신에게 필요한 것은 외국 쇼핑몰을 주시하는 시간입니다. 당신이 진정한 무역업자가 되려면 일본, 중국, 러시아, 유럽연방, 미국 등의 외국 쇼핑몰을 항상 주시하면서 히트 조짐이 있는 상품을 발굴할 '기회'를 놓치지 마십시오.

수입 상품 발굴 기본 원칙

오픈마켓에서 판매하기 위한 목적으로 수입하는 상품은 다음과 같은 원칙을 충족시키는 것이 좋습니다.

① 수입 상품은 저렴하고 예쁘고 작은 것이 좋습니다.

② 유명 브랜드이면서 국내 판매가보다 외국 직구가가 훨씬 저렴한 제품이 좋습니다.

③ 10만 원대 의류나 신발 종류도 인기 있지만, 외국 사이트에서 결제할 수 있는 카드 소지자들은 직접 직구가 가능하므로 피하는 것이 좋습니다.

④ 10만 원대 브랜드 제품 중 여성, 아동 제품이 좋으나 역시 소비자들이 직접 직구할 수 있으므로 피하는 것이 좋습니다.

⑤ 개인 무역업자는 대기업이 할 수 없는 틈새시장과 직구족들이 할 수 없는 틈새시장을 노리는 것이 좋습니다. 틈새시장용 수입 상품은 식품과자류, 의류, 학습에 꼭 필요한 전문 과학 기재, 의료 부문의 저렴한 소비 용품 등이 있습니다.

외국 쇼핑몰에서 국내의 트렌드 상품 찾기

최근 외국 쇼핑몰에서 직구를 하는 사람들이 많아지고 있습니다. 우리나라 사람들이 빈번하게 이용하는 외국 직구 사이트를 들여다보면 우리나라 사람들이 어떤 상품에 갈증을 느끼는지 알 수 있습니다.

우리나라 외국 직구족들은 네 명 중 세 명이 미국 쇼핑몰에서 직구를 하고 있습니다. 이 말은 즉 더 고급스럽지만 합리적인 가격의 제품들을 찾는다는 뜻입니다. 초기에는 아마존이나 이베이에서 직구를 하던 사람들이 이제는 국내 백화점에서 볼 수 있는 유명 브랜드의 본사 쇼핑몰에서 직구를 하는 경향이 높아졌는데, 그게 더 저렴한 구매 방법이기 때문입니다.

아마존

미국에서 이베이와 함께 쌍벽을 이루는 오픈마켓입니다. 양질의 제품을 만날 수 있다는 장점이 있습니다. 주로 전자제품 등을 직구할 때 사용합니다.

아마존 셀러들은 대개 소매가로 판매하는 경우가 많으므로 아마존의 인기 상품을 분석한 뒤 도매로 수입할 방법을 연구하는 것이 좋습니다.

아마존 홈페이지: www.amazon.com

✽ 폴로 본사

국내 폴로보다 본사 폴로에서 판매하는 상품이 더 싸다는 이유로 국내 직구족들 사이에서 크게 인기를 끌었던 폴로의 미국 본사 쇼핑몰입니다. 국내에서 유명한 브랜드 중에서 본사에서 더 싸게 판매하는 상품이 있다면 직구로 들여오고 나서 판매하는 것도 생각해볼 만합니다.

폴로 홈페이지: www.ralphauren.com

✽ 백컨트리

아웃도어 분야의 다양한 브랜드를 국내의 터무니없는 가격이 아닌 저렴한 가격으로 판매합니다. 캠핑, 등산, 텐트, 자전거, 스키용품 등을 판매합니다. 외국 배송이 되지 않으므로 배송대행지를 이용해 국내로 배송받아야 합니다.

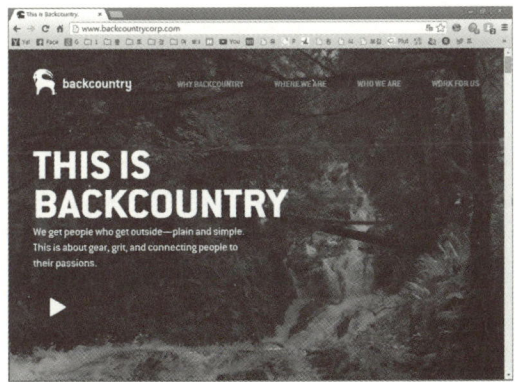

백컨트리 홈페이지: www.backcountrycorp.com

✱ 리볼브

여러 여성 브랜드 옷을 저렴한 가격에 판매하며 300달러 이상 구매 시 한국에도 무료 배송된다는 장점이 있습니다. 미국 사이트이지만 우리나라 여성 직구족이 늘어나면서 한국 사이트도 만들었습니다.

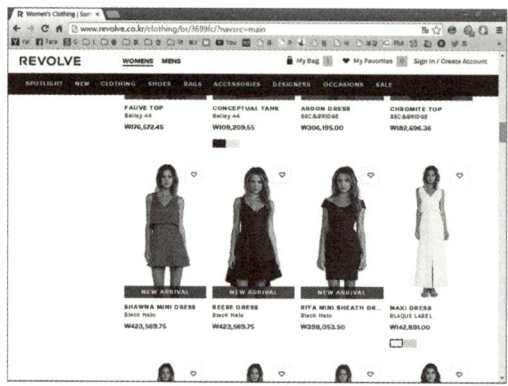

리볼브 홈페이지: www.revolve.co.kr

✱ 블루밍데일스

뉴욕에 본사가 있는 패션 쇼핑몰로 고급 여성 브랜드, 주얼리, 아동, 핸드백, 구두 등을 취급합니다. 한국 원화로 결제가 가능할 뿐 아니라 한국에도 배송된다는 특징이 있습니다. 고급스러운 느낌의 옷을 합리적인 가격에 구매하려는 여성 직구족들에게 인기 있습니다.

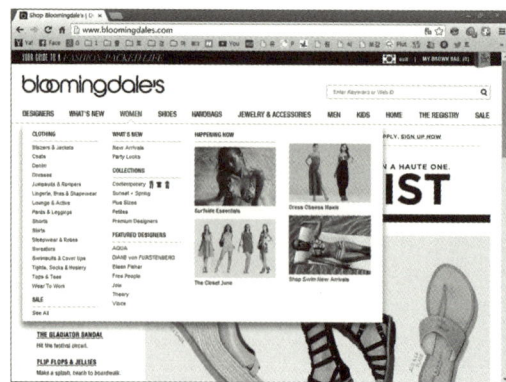

블루밍데일스 홈페이지: www.bloomingdales.com

국내 소비자들이 관심을 쏟는 외국 직구 상품들

무조건 저렴한 상품을 수입해 판매해야 할까요? 국내 소비자들이 원하는 것은 국내 아울렛의 가격 수준에 품질에 대한 기대감이 있는 제품입니다.

2014년 현재 국내 직구족들이 외국 쇼핑몰에서 직구로 수입하는 물품입니다. 그래프를 보면 젊은 세대에서 외국 쇼핑몰 이용률이 높은 것을 알 수 있습니다. 아래 그래프의 건강식품은 비타민, 다이어트보조제가 많이 포함된 것으로 추정됩니다.

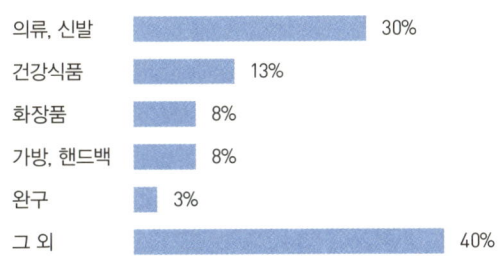

국내 직구족들이 즐겨 이용하는 대상 국가입니다.

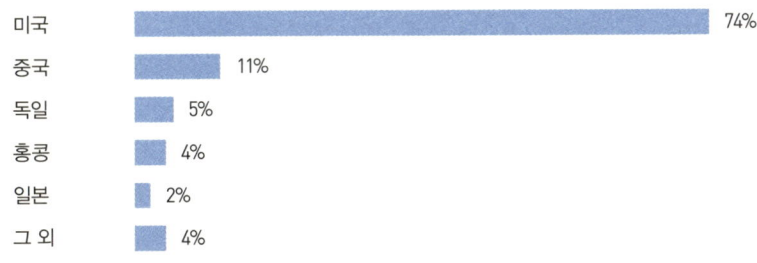

우리나라 직구족들은 국내 백화점에 입점한 인기 브랜드 중에서 국내에서 구매하는 것보다 외국에서 직구하는 것이 훨씬 저렴한 제품들을 대상으로 직구하는 경향이 있습니다.

04 SECTION 외국 직구 상품 분석 및 정리

관세청이 2014년에 발표한 국내의 외국 직구족들이 주로 구매했던 품목들을 살펴봅시다.

의류	여성 의류>아동 의류>남성복
	메이커>비메이커
영양제	비타민류>여성영양제
화장품	여성>남성
가방, 핸드백	여성>남성 메이커>비메이커
잡화	여성>남성
신발류	여성>남성
유아용품	여성
명품	여성
전자제품	남성
직구 집단 분석	나이별: 30대 52% / 20대 22% 성별: 여성 62% / 남성 38% 지역별: 서울 32% / 경기 27% / 그 외 지방 41%
외국 직구 대상 국가	미국 75% 중국 11% 독일 5% 홍콩 4% 일본 2%
직구 타깃 상품	관세 면세인 10만 원대 안팎 제품

관세청 자료를 분석하면 미국 중심의 직구족이 많으며 성별은 여성, 나이는 30대가 주류를 이루고 있습니다. 사들이는 물품 가격은 주로 10만 원대로 이들은 합리적인 가격의 유명 브랜드 제품을 직구합니다. 비타민 같은 영양제 직구도 높은 편입니다. 물품 가격이 대부분 10만 원대라서, 카드 소지자들이 재미삼아 직구한 것도 있으리라고 추측합니다. 따라서 국내 직구족들 사이에서 인기 있다는 이유로 대량 수입하면 재고로 남을 우려가 있습니다. 그러나 중저가의 좋은 품질을 갖춘 상품을 발굴한다면 국내 시장에서 충분히 승산이 있습니다.

수입 상품을 국내에서 판매·유통하는 전략

외국에서 상품을 수입한 뒤 국내 시장에 정식 유통하는 방법은 두 가지가 있습니다. 이전 방식인 도매상을 통한 유통과 요즘 방식인 인터넷을 통한 유통입니다.

✖ 도매상 유통의 판매 방식

도매상 유통은 다음과 같이 크게 다섯 가지 경로가 있습니다.

도매상	전문 도매상을 통해 유통합니다. 예를 들어 장난감을 수입했다면 동대문 장난감상가에서 유통합니다.
벤더	전문점에 상품을 유통하는 업체가 벤더입니다. 예를 들어 출판사에서 출간한 책을 서점으로 공급하는 업체가 벤더입니다. 도매상과 같은 뜻이지만 전산체계를 구축하여 현대화된 방식으로 유통관리를 합니다.
전문점, 잡화점	해당 상품의 전문점에 입점하여 유통합니다.
편의점, 마트	편의점이나 마트에 입점하여 유통합니다.
TV 홈쇼핑	TV 홈쇼핑과 계약한 뒤 TV 홈쇼핑을 통해 홍보 및 판매합니다.

✖ 인터넷 유통의 판매 방식

인터넷 유통은 다음과 같이 크게 다섯 가지 경로가 있습니다.

오픈마켓	지마켓, 옥션, 11번가 등의 셀러 가입이 가능한 오픈마켓에 셀러로 가입한 뒤 판매합니다.
자체 쇼핑몰	자체 인터넷 쇼핑몰을 만든 뒤 주문이 있을 때 판매합니다.
도매 전문 쇼핑몰	도매 전문 인터넷 쇼핑몰에 가입한 뒤 주문이 있을 때 판매합니다. 보따리 수입상들이 도매가로 덤핑칠 때 유용한 방식입니다.
모바일 쇼핑몰	휴대전화로 접속하는 모바일 쇼핑몰에 셀러로 가입한 뒤 주문이 생기면 판매합니다.
소셜커머스	소셜커머스 업체에 가입한 뒤 반값 할인으로 유통합니다.

수입 상품 오프라인 판매 전략 1
– 도매상, 벤더, 전문 판매점, 양판점

수입품을 판매하는 국내 시장은 오프라인 시장과 온라인 시장이 있습니다. 여기서는 오프라인 시장에 대해 알아봅니다.

✱ 도매상

대량 수입이 목적이라면 먼저 도매상 같은 유통망 확보가 필요합니다. 소화할 수 없는데 무작정 수입할 수는 없기 때문입니다. 예컨대 문구·완구류를 수입한다면 동대문 문구완구시장에서 도매상과 협의해 상품성 및 유통 문제를 먼저 진단한 뒤 수입하는 것이 좋습니다. 지역별 및 품목별로 소문난 도매상이 있으므로 먼저 해당 도매상과 만나 상품성, 유통, 가격 문제를 협의하는 것이 최우선입니다.

✱ 벤더(Vendor)

전국유통인연합회 홈페이지: www.fkd.or.kr

벤더는 도매상과 비슷하지만 주로 전문점이나 편의점 등에 납품하는 현대화된 유통공급상입니다. 일반적으로 편의점 같은 특화된 소매점에 다품종 소량 납품을 위해 존재합니다. 수입 상품을 벤더에 납품하여 전국의 전문점으로 들어가게 할 수 있습니다.

✱ 전문 판매점, 잡화점에 입점하거나 납품

천원숍 같은 유명 프랜차이즈 잡화점과 납품 협상을 한 후 납품하는 것도 좋은 생각입니다. 각 프랜차이즈 본사별로 상담 및 납품 서류 양식이 있으므로 담당 MD와 미팅한 후 납품가 등을 협의합니다.

✖ 편의점, 대형마트에 입점하거나 납품

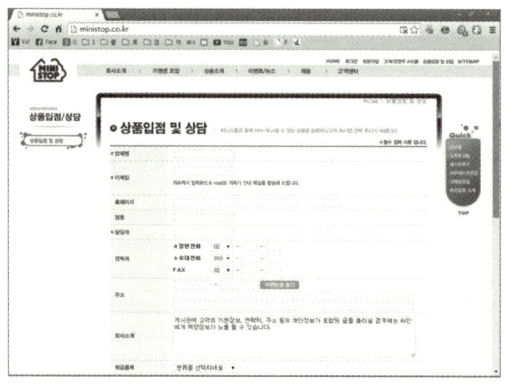

미니스톱 홈페이지(www.ministop.co.kr)의 상품 입점 상담창

이 역시 위의 전문 판매점과 같은 방식으로 납품 여부를 결정할 수 있습니다. 예를 들어 편의점에 납품하고 싶다면 해당 편의점 본사의 담당 MD를 만나 충분히 협의한 후 납품합니다. 요즘은 각 편의점 본사 홈페이지에 입점 상담 코너가 있으므로 납품 상담을 시작하기가 편합니다.

✖ 블랙마켓이나 특판

업자라면 초기부터 저가의 블랙마켓 시장을 노리고 상품을 수입하지 않습니다. 하지만 수입한 뒤 안정적인 매출이 발생하지 않으면 재고 부담을 덜기 위해 블랙마켓을 알아봐야 합니다. 특히 대량 수입 상품은 수입 전에 다양한 유통 경로를 미리 학습한 뒤 수입 여부를 결정합니다. 그리고 최대한 이윤을 많이 남기는 경로로 상품을 유통하는 것이 가장 좋지만 이것에 실패하면 어쩔 수 없이 블랙마켓에 유통시키는 방법도 강구해야 합니다.

수입 상품 오프라인 판매 전략 2
– 대기업 판촉물 상품으로 납품하기

판촉물만 전문적으로 수입하여 납품하는 업체가 있습니다. 물론 여러 가지 판촉물 샘플을 준비해 대기업과 미팅한 뒤 수입 여부를 결정해야 합니다.

✖ 판촉물이 필요한 대기업 발굴하기

판촉물이란 판매 활성화를 위해 서비스로 주는 증정품입니다. 증정품을 대기업에 납품하려면 증정품이 될 만한 상품 샘플을 준비한 뒤 이 판촉물을 소화할 만한 대기업을 발굴해야 합니다. 대상은 커피 프랜차이즈 본사일 수도 있고 유아복 제조업체의 본사일 수도 있습니다.

✖ 판촉물로 납품할 상품 발굴하기

판촉물들은 일반적으로 저렴하고 합리적인 기능의 상품인 경우가 많으며 보통 제조비용이 저렴한 중국산이나 베트남산입니다. 판촉물이 필요한 업체 발굴에 성공했다면 그 후 해당 판촉물의 중국이나 베트남 현지 제조업체와 협의하여 몇천만 원에서 몇억 원 사이로 대량 수입해 납품합니다.

✖ 판촉물 납품 계약 및 수입하기

판촉물 납품 계약은 전적으로 자신의 돈으로 수입한 뒤 그것을 대기업에 납품하고 후에 납품 대금을 지불받는 구조입니다. 따라서 납품 계약서 작성과 수입 절차를 허투루 하지 않고 주도면밀하게 전개해야 합니다. 무엇보다 자기 돈을 투입해 수입하는 사업이므로 사업의 안전에 만반의 준비를 하시기 바랍니다.

매우 마음에 드는 중국산 프라이팬을 본 적이 있어요. 가격도 2,000원에 불과했어요. 이것을 대기업 판촉물로 판매할 방법이 있을까요?

프라이팬이므로 여성과 관련 있는 소매업을 가진 업체를 물색해야 합니다. 일반적으로 여성복, 유아복 업체가 상담업체가 됩니다. 그 회사의 마케팅부나 기획실에 이메일을 보내 미팅 날짜를 잡고 판촉물에 대한 사업계획서를 논의합니다.

그 회사에서 1만 개의 판촉물이 필요하다고 했어요. 계약서도 정식으로 작성했어요. 그다음에는 무얼 해야 하나요?

중국의 생산업체에 생산 의뢰를 하기 바랍니다. 생산된 판촉물을 수입하여 대기업에 납품합니다.

아하~ 그런 다음에 납품 대금을 받으면 되겠군요! 그럼 판촉물이 필요한 업체로는 어디가 있을까요?

판촉물이 필요한 업체는 대기업 외에도 각종 프랜차이즈 업체가 있습니다. 또한 캠핑이나 등산동호회, 정부 기관 등에도 판매할 수 있습니다. 업체나 동호회 특성에 맞는 고유하고 특별한 판촉물을 발굴한다면 시장 개척에 성공할 것입니다.

수입 상품 온라인 판매 전략 1 – 지마켓에서 판매하기

수입 상품을 지마켓에서 판매하려면 제일 먼저 지마켓의 판매자로 등록해야 합니다.

✖ 국내 최고 오픈마켓, 지마켓

2003년 오픈한 지마켓은 명실공히 국내 최고의 인터넷 쇼핑몰이자 오픈마켓입니다. 2006년 국내 전자상거래업체 중 최초로 미국 나스닥에 상장하였고 같은 해 글로벌 쇼핑 기능을 추가했습니다. 2007년에는 모바일 쇼핑 기능을 추가했고 2008년 동종 업계 최고 수준인 연간 거래 규모 4조 원을 달성했습니다. 2009년 미국 이베이에 인수된 지마켓은 이베이지마켓으로 사명을 변경한 뒤 2011년에는 이베이코리아로 법인명을 변경했습니다. 말하자면 미국 이베이 쇼핑몰의 한국 버전입니다.

지마켓 홈페이지: www.gmarket.co.kr

✖ 지마켓 셀러 종류

지마켓 회원은 구매회원과 판매회원이 있습니다. 일반적인 회원으로 가입하면 상품 구매 회원이 되므로 상품을 판매하려면 '판매자 회원'으로 전환해야 합니다.

판매자 회원은 '개인 판매회원'과 '사업자 판매회원' 중 하나를 선택할 수 있습니다. 어쩌다 한 번 상품을 판매하려면 개인 판매회원으로 등록하고, 직업적인 목적으로 상품을 판매하려면 사업자 판매회원으로 등록합니다. 만일 개인 판매회원으로 등록했는데, 월 100만 원 이상 직업적인 판매가 이루어지면 반드시 세무서에 사업자등록을 한 뒤 지마켓에서 '사업자 판매회원'으로 업그레이드해야 합니다. 그래야 세금 납부 시 불이익이 발생하지 않습니다.

개인 판매회원 ※ 사업자등록증 필요 없음	영업 목적이 아닌 판매 행위인 경우 (월 판매 금액 평균 100만 원 정도, 6개월 총 판매 금액 600만 원 이하)
사업자 판매회원 ※ 사업자등록증 필요	직업 목적의 판매 행위인 경우 (월 판매 금액 100만 원 이상, 6개월 총 판매 금액 600만 원 이상)

지마켓 판매상이 되면 다음과 같이 세 가지 방식으로 판매할 수 있습니다. 판매 수수료율은 매년 조금씩 변동되므로 지마켓 홈페이지에서 확인하기 바랍니다.

	오픈마켓	특가마켓	경매
판매 상품 등록 수수료	없음	2,000원(14일)	1,000원(1~7일) 2,000원(8~15일) 3,000원(16~30일)
판매 수수료	카테고리별 차등 수수료 ※ 건당 10~12% 내외	카테고리별 차등 수수료 ※ 건당 7~9% 내외	낙찰 금액의 6%
특징	판매자와 구매자 사이의 자유로운 거래 가능	오픈마켓보다 조금 낮은 수수료	일반 경매 1,000원 경매 행운 경매

✖ 지마켓 셀러 입점할 때 필요한 서류

지마켓의 '사업자 판매회원'으로 입점하려면 먼저 회원으로 가입한 뒤 세무서에서 도매업 혹은 소매업 사업자등록을 한 뒤 통신판매신고를 합니다. 지마켓 판매회원으로 전환할 때는 다음의 서류를 사진으로 업로드하거나 팩스, 우편으로 보냅니다.

1 : 일반 개인 판매회원(개인이 어쩌다 한 번 판매할 경우)

개인 판매회원 ※ 월 100만 원 판매 이하, 6개월 600만 원 판매 이하	제출 서류	없음
	계좌 정보	판매금 정산 시 입금될 은행 계좌 등록
	※ 회원 가입 시 실명과 통장주 이름이 다를 경우 판매금 정산이 이루어지지 않으므로 주의하기 바랍니다.	

2 : 사업자 판매회원(직업적으로 물건을 판매할 경우)

개인 사업자	사업자등록증 사본 1부	통신판매신고를 반드시 할 것
	인감증명서 사본 1부	최근 3개월 내 발급된 것
	통신판매신고증 사본 1부	관할 시·군·구 경제과에서 발급
법인 사업자	사업자등록증 사본 1부	통신판매신고를 반드시 할 것
	법인 인감증명서 사본 1부	최근 3개월 내 발급된 것
	통신판매신고증 사본 1부	관할 시·군·구 경제과에서 발급
	법인등기부등본 사본 부	

※ 지마켓 고객센터 ☎ 1566-5707

서류 파일을 업로드하면 지마켓 담당자가 접수 후 영업일 기준 24시간 안에 확인해 승인 여부를 결정합니다. 가입이 승인되면 지마켓 상품관리 프로그램인 'ESM Plus'를 사용할 수 있으며 판매 상품을 리스팅할 수 있습니다.

개인 판매회원으로 판매를 시작했을 때 월 매출 100만 원을 초과하면 세금 납부 문제가 발생합니다. 초기에는 개인 판매회원으로 활동하다가 월매출 100만 원이 넘으면 세무서에 사업자등록을 정식으로 한 뒤 지마켓에서 '사업자 판매회원'으로 전환하는 것도 좋은 방법입니다.

09 SECTION 수입 상품 온라인 판매 전략 2 – 옥션에서 판매하기

옥션 셀러는 회원 누구나 할 수 있으며 두 가지 방식으로 입점할 수 있습니다.

옥션의 셀러는 사업자등록 없이 입점하는 일반 개인회원과 사업자등록을 하고 입점하는 전문 판매자로 나뉘어 있습니다. 보통 월 100만 원 이상 판매할 계획이면 전문 판매자로 등록합니다. 만일 사업자등록을 하지 않은 사람이 월 100만 원 이상의 매출이 발생하면 세금 납부 시 사업자등록 미등록 가산세가 추가될 뿐 아니라 사업을 영위할 수 없도록 세무서에서 제재를 가합니다.

	Sell Basic(일반 개인회원)	ESM Plus(전문 판매자)
상품 노출 기간	7일(경매는 3/5/7일 중 선택)	제한 없음
등록 이용료	300원	없음
판매 이용료	카드 결제 판매 시 3% ※ 무통장 입금 판매 시 1.5%	카테고리별 차등 수수료 ※ 건당 8~12% 내외
상품 재고 수	1개	10만 개 미만
등록 상품 수	동시에 최대 10개까지	제한 없음
경매 판매	고정가 또는 경매 방식	고정가 또는 특가마켓
노출	종료일 마감 순	판매 실적, 각종 활동, 광고 등 종합 점수
특징	하나의 상품을 쉽고 빠르게 등록 가능 ※ 옥션 계약 택배를 통한 배송 서비스 지원 가능 ※ 안전 결제 이용 가능	대량의 상품을 일괄 등록 및 관리 ※ 구매자 상품평 유지 가능 ※ 구매자 관리 기능 ※ 정산/세금계산서 발행 지원 ※ 옥션/지마켓 동시 활동 가능
제약 사항	상품당 재고 한 개씩, 최대 10개만 등록 가능. ※ 사업 목적으로는 적당하지 않음 ※ 판매 완료 시 상품 페이지 사라짐 ※ 구매자의 상품평이 판매자 ID단위로 관리됨	경매 방식 판매 불가능 ※ 상품 리스팅할 때 필수 입력 사항이 많음

SECTION 10

수입 상품 온라인 판매 전략 3 – 인터넷 소셜커머스에서 판매하기

소셜커머스는 반값으로 판매하는 만큼 '아차' 하는 순간 손실이 발생합니다.
손실이 발생하지 않도록 전략을 잘 세워야 합니다.

✖ 쿠팡

국내 소셜커머스 분야 1위 업체로서 가입한 회원 수 1,800만 명, 월 이용자 수는 900만 명입니다. 쿠팡 홈페이지에서 입점 신청을 한 뒤 입점 허가가 떨어지면 인터넷에서 상호 계약서를 작성하고 판매를 시작합니다. 또는 담당 MD와 대면해 계약서를 작성하기도 합니다.

쿠팡은 반값 할인, 20% 할인, 90% 할인 등 할인 폭을 셀러가 결정해 쿠팡에 제시합니다. 일반 공산품은 물론 여행상품, 문화상품, 음식 등을 할인 판매할 수 있는데, 점점 취급 상품이 많아지고 있어 요즘은 여타 쇼핑몰만큼이나 판매 상품들이 많습니다.

소셜커머스의 반값 판매 방식은 일정 기한이나 정해진 개수를 대량 판매하는 방식이므로 입점 신청자는 사업자등록을 한 정식 사업자여야 하며 판매할 물품도 다량 확보한 상태여야 합니다.

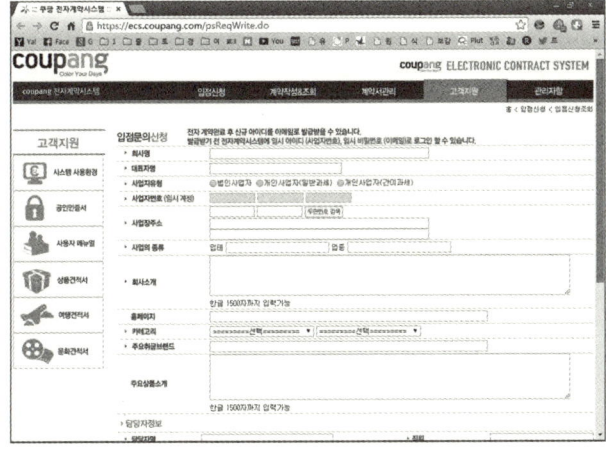

쿠팡 홈페이지(www.coupang.com)의 입점 신청서

✕ 쿠팡 견적서 양식

이 양식은 쿠팡 홈페이지에서 다운로드할 수 있는 정식 양식이며 판매할 제품 정보를 상세하게 입력할 수 있도록 엑셀 포맷으로 되어 있습니다. 판매할 제품 및 업체 정보를 상세하게 입력한 뒤 제출하면 쿠팡은 견적서의 내용을 검토한 뒤 입점 여부를 결정합니다. 입점이 허가되면 정식 계약서를 작성한 뒤 쿠팡 광고주(셀러)로 등록해 할인 판매를 시작할 수 있습니다.

SECTION 11

수입 상품 온라인 판매 전략 4
– 인터넷 소셜커머스에서의 판매 절차

인터넷 소셜커머스에서 판매한 상품의 대금은 판매 종료 후 보통 30일 이내에 정산됩니다.

할인 판매를 하고 싶은 업자가 할인 판매율을 제안하며 소셜커머스에 입점 신청을 하면, 제안을 받은 담당자는 할인 폭이 적절하지 않을 때 할인 폭을 조절하여 역으로 제안합니다. 이를 판매자가 받아들이면 비로소 입점할 수 있습니다. 참고로 판매 수수료율은 소셜커머스 측에서 제품 배송을 대행하기 때문에 인터넷 오픈마켓보다 높은 편입니다.

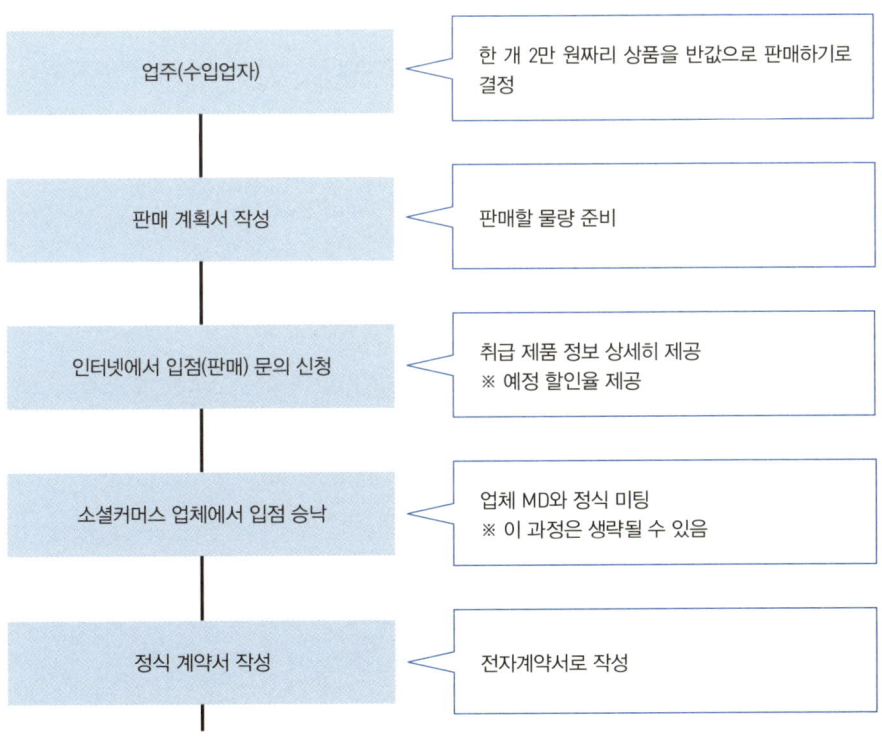

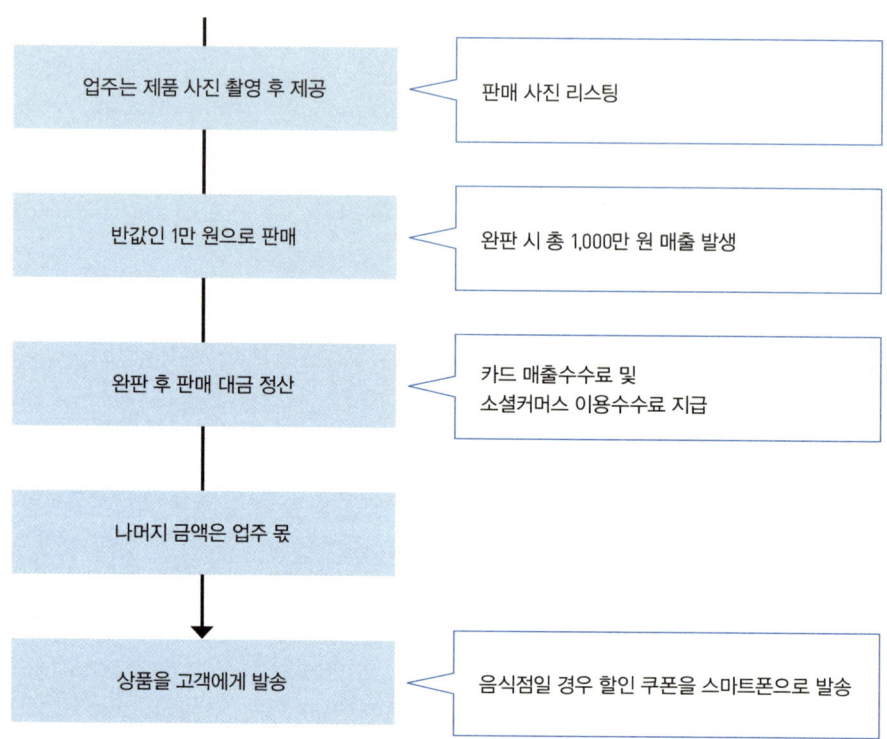

수입 상품 온라인 판매 전략 5
– 모바일 쇼핑몰 입점하기

스마트폰을 통해 물건을 판매하는 모바일 쇼핑몰에 가입하려면 최대한 이용자가 많은 쇼핑몰에 가입하는 것이 좋습니다.

모바일 쇼핑몰 중 하나인 카카오스타일은 자연스럽게 카카오톡과 연계되기 때문에 이용자 수가 많습니다. 사업 포맷은 인기 쇼핑몰들의 트렌디한 아이템들을 한눈에 볼 수 있는 패션 정보 서비스로서, 패션 정보가 카카오톡과 카카오스토리, 쇼핑몰로 연결되는 구조입니다. 주로 패션 카테고리에 해당하는 사업자만 입점할 수 있고 다른 품목은 운영되지 않습니다.

카카오스타일에 입점하려면 기본적으로 모바일 기반 웹 쇼핑몰을 소유하고 있어야 하며, 휴대전화·신용카드 등의 결제 시스템이 구축되어 있어야 합니다. 신용카드 결제 시스템을 구축하려면 세무서에 사업자등록과 통신판매업신고를 하고 결제대행 업체를 연결하면 됩니다. 즉 카카오스타일은 사업자등록증이 있는 사람만 입점할 수 있습니다.

카카오스타일 입점 절차는 간단합니다. 입점 제안을 넣은 뒤 담당자의 승인이 오면 계약서를 작성합니다. 계약서를 작성한 뒤에는 판매할 상품을 등록하고 판매를 시작합니다. 판매 수수료는 건당 지출되는 것이 아니라 월간 광고비(입점료)를 일괄 납부하는 것으로 대신합니다.

카카오스타일(with.kakao.com) 입점 신청서

오픈마켓에서의 판매가 기본 책정 방법

오픈마켓, 소셜커머스, 모바일 쇼핑몰 등에서 상품을 판매하려면 다음과 같이 판매가를 책정합니다. 절감할 수 있는 부분은 최대한 절감하는 것이 이익을 남기는 지름길입니다.

✖ 국내 사입 물품의 국내 오픈마켓 판매가 설정

제품 판매가	원가(상품가)
	부가세 10%
	오픈마켓 수수료 8~15%(품목에 따라 다름)
	카드 결제 이용수수료 3%
	배송비(사업 초기에는 건당 4,000원대)
	포장비
	광고비(오픈마켓 내에서의 광고, 인터넷 광고 등)
	영업 관리비(임대료, 인건비, 유류비, AS비용, 잡비 등)
	이윤 5~20%(독점이라면 이윤을 더 높게 잡음)

✖ 수입 상품(외국 사입)의 국내 오픈마켓 판매가 설정

제품 판매가	CIF 총금액	원가(상품가)
		현지 배송비+국제 배송비
	관세 약 10~15%(수입 품목에 따라 다름)	
	관세사 통관대행료(CIF 총금액의 약 0.2%)	
	부가세 10%	
	오픈마켓 수수료 8~15%(품목에 따라 다름)	
	카드 결제 이용수수료 3%	
	배송비(사업 초기에는 건당 4,000원대)	
	포장비	
	광고비(오픈마켓 내에서의 광고, 인터넷 광고 등)	
	영업 관리비(임대료, 인건비, 유류비, AS비용, 잡비 등)	
	이윤 5~20%(독점이라면 이윤을 더 높게 잡음)	

 자체 배송일 경우 사업 초기의 배송비는 일반적으로 건당 4,000원대로 결정됩니다.

SECTION 14
수입 상품을 홈쇼핑 TV에서 판매하기

TV 쇼핑몰에서 상품을 판매하는 사업은 일종의 한탕 사업입니다. 노련한 사업가적 시각으로 히트 가능성 상품을 발굴한 뒤 그것을 TV 쇼핑몰의 광고로 노출시킨 뒤 단시간에 베스트셀러를 만드는 방식입니다.

✖ 히트 가능성 있는 상품 발굴

매일 철저하게 외국의 상품 동향을 검색하여 국내에서 히트 가능성이 있는 상품을 발굴하려는 자세가 필요합니다. 외국에서 성공한 상품은 국내에서도 성공할 확률이 높으므로 이러한 상품을 발굴하기 위한 적극적인 자세가 필요합니다.

✖ 상품 발굴 후 발주·수입하기

히트 가능성이 있는 상품을 발굴한 뒤에는 외국 현지 공장에 생산을 의뢰합니다. 상품가에 따라 다르지만 보통 1,000~2,000만 원 단위로 생산 주문을 한 뒤 수입합니다.

✖ 자체 CF 홍보 영상 제작

해당 상품에 대한 CF 홍보 영상을 자체적으로 제작합니다. 제작대행업체가 있으므로 대행업체에 의뢰합니다.

✖ 홈쇼핑 TV에서 상품 광고 송출

홈쇼핑 TV 담당자나 지방 케이블 TV 담당자를 만나 자체 제작한 CF 홍보 영상을 제공하고 판매 가능성을 타진합니다. 계약서를 작성한 뒤 초기에는 일반적으로 아침 방송대에 상품 광고를 송출합니다. 이후 히트 조짐이 보이면 황금 시간대로 송출 시간을 조정할 수 있습니다. 만일 히트 조짐이 없으면 그대로 사업을 접고 다른 상품을 발굴해야 합니다. 물론 팔지 못한 재고 상품은 다른 유통 경로로 소화해 원금을 건져야 합니다.

SECTION 15
홈쇼핑 TV에서의 입점 및 절차

홈쇼핑 TV에 방영되려면 먼저 상품 샘플을 가지고 홈쇼핑 TV 담당자와 협의합니다. 이후 업자가 CF 광고를 제작해 홈쇼핑 TV에서 방영토록 합니다.

| 외국에서 히트 가능성 있는 상품을 적극 발굴 | → | 외국 현지에서의 상품 반응 분석 |

| 해당 상품 샘플을 수입한 뒤 국내에서의 시장 가능성 분석 | → | 수입하기로 한 뒤 해당 제조업체에 상품 발주 (보통 2,000만 원 단위) |

| 수입업자가 자체적으로 홈쇼핑 TV 방영용 CF 광고 영상 제작 | → | 광고영상물 제작대행업체에 의뢰 ※ 홈쇼핑 광고와 비슷하게 제작 |

| 홈쇼핑 TV 담당 MD에서 자체 제작한 TV 광고를 보여주고 방송 여부 협상 | → | 판매 계약서 작성 |

| 아침 방송 시간대에 광고를 노출하기로 계약 | → | 광고 노출 대가로 판매 금액의 약 40%를 홈쇼핑 TV에 배당(중국산 저가 제품 기준) |

| 상품이 히트치면 황금 시간대로 광고 재편성하여 방송 | → | 대량 판매 성공 시 이득 발생 ※ 판매 실패 시 손실 발생 |

홈쇼핑 TV의 판매가 기본 책정 방법

수입 원가가 개당 2,000원인 저가 상품은 홈쇼핑 TV에서의 개당 판매가로 보통 1만 원이 적정하고, 그것이 국내 현실입니다.

수입 상품을 TV 홈쇼핑을 통해 판매한다면 가격 책정은 보통 다음과 같이 합니다. TV 홈쇼핑을 통해 CF 방송을 내보내는 것이므로 재고는 최하 1,000개 이상 준비해야 합니다. 개당 원가 2,000원짜리인 경우 1,000개의 재고를 준비해야 하므로 2,000만 원의 초기 비용과 관세 및 부가세, CF 영상 제작비용 등이 들어갑니다. 계약서를 작성할 때는 자신에게 유리한 마진을 설정하도록 노력해야 합니다.

수입가	개당 2,000원
관세와 부가세	수입가의 약 23% ※ 수입업자 부담
CF 영상 제작	보통 업자(수입업자)가 제작 후 납품 ※ 히트 조짐이 있는 상품일 경우 TV 홈쇼핑 MD와 협의하면서 CF 영상물 제작
벤더를 낄 경우	벤더 마진은 판매가의 약 5~10% ※ 벤더 마진을 없애려면 직접 홈쇼핑 회사 담당자에게 사업계획서, 상품기획서를 제출하고 협의하는 것이 좋음
TV 홈쇼핑 회사 배당금	판매가의 약 35~40% ※ 배송비, 전화비, 카드수수료는 홈쇼핑 회사에서 부담 ※ 상품에 따라 홈쇼핑 회사에 배당되는 금액이 다름 -식품류: 20~30% -잡화류: 35~40% -미용류: 30~40% -가전제품류: 13~18%
수입업자의 순이익	판매가의 10% 내외(개당 1,000원 내외)
TV 홈쇼핑 판매가	개당 1만 원

※ 벤더란 홈쇼핑 회사나 마트, 서점 같은 특정 유통업체를 대상으로 상품을 공급하는 현대식 도매업체입니다.

제가 중국의 공장에서 원가 2,000원짜리 상품 2,000개를 4,000만 원에 생산 발주하여 수입했습니다. 말씀한 대로 광고를 제작한 뒤 홈쇼핑 TV와 미팅했지만 송출하지 못했고, 그러다 지역 케이블 TV에서 송출했어요. 인기가 없었지만 간신히 완판에 성공했습니다. 그리고 더는 판매되지 않을 것 같아 수입을 포기했습니다. 완판하면서 400만 원의 순익이 발생했지만 그 기간의 창고비 때문에 적자라고 할 수 있습니다. 이 사업은 너무 어려운 것 같아요.

생각해보면 매우 박한 사업입니다. 그러나 만일 2,000개가 아닌 40만 개 이상 팔리는 히트 상품을 발굴했다면 어떻게 달라질까요? 40만 개를 팔았다면 수입업체는 홈쇼핑 TV에 광고를 노출한 후 단 몇 달 만에 4억 원을 벌어들였을 것입니다. 이것이 TV 홈쇼핑 사업의 장점입니다.

그럼 40만 개 정도 팔리는 상품을 어디에서, 어떻게 발굴해야 할까요?

히트 수입품인 '장미칼'처럼 40만 개 이상 팔리는 제품을 발굴하려면, 사실 굉장한 운이 따라야 합니다. 홈쇼핑 업자들 역시 전자제품은 몇천 대, 잡화제품은 2~3만 개 팔리는 상품을 찾아다니고 있습니다.

배송 상품 포장

SECTION 17

소자본으로 창업하든 투잡 형식으로 창업하든 1인 무역업체도 어엿한 사업체입니다. 배송 상품 포장에 신경을 써 소비자들에게 중견기업이자 신뢰할 수 있는 업체임을 보여주는 전략이 필요합니다.

무역 직구대행이든 정식 무역업체든, 처음에는 작은 발걸음으로 시작합니다. 1인 업체라고 해서 배송 상품의 포장을 허투루 할 수는 없습니다. 소비자들에게 신뢰받을 수 있는 업체가 되려면 배송 상품의 포장에도 중견기업 못지않게 신경 써야 합니다.

❈ 배송 상품을 위한 안전한 택배 포장

택배 포장은 국내·국제 규격의 봉투나 포장 상자를 준비해 사용합니다. 예를 들어 택배 전용 회색 비닐봉지는 사이즈에 따라 장당 50~200원에 구매할 수 있습니다. 택배 전용 비닐봉지를 구매할 때는 속이 비치지 않는 제품으로 구매자의 사생활을 보호해야 한다는 것을 명심하기 바랍니다. 전문 셀러가 된 후에는 발송량이 많아지므로 택배 포장지는 도매상에서 일괄 구매하는 것이 좋습니다. 택배용 비닐봉지와 포장 상자의 도매 공급처는 인터넷에서 검색하면 쉽게 찾을 수 있습니다.

❈ 택배 내장재

깨지거나 파손되기 쉬운 상품을 포장할 수 있도록 내장재를 준비합니다. 뽁뽁이 등의 내장재로 상품을 포장한 뒤 택배 상자에 넣고 배송하면 소비자들의 신뢰를 얻는 업체가 될 것입니다. 포장할 때는 대강 포장하지 않고 자기 물건처럼 정성을 다해 포장합니다. 택배 내장재는 잡화점이나 문구점에서 구매할 수 있습니다.

❈ 주소는 프린터로 출력

택배 포장 겉면에 붙이는 주소가 적힌 라벨은 프린터로 출력해 붙입니다. 양식 있고 규모 있는 무역업체임을 보여주려면 손글씨보다는 프린터로 출력하는 것이 좋습니다. 패트지 재질의 주소 라벨은 사무용품점이나 문구점에서 구매할 수 있습니다.

❈ 땡큐카드(구매 감사 카드)

땡큐카드란 오픈마켓에서 판매한 물품을 포장할 때 삽입하는 일종의 구매 감사 카드입니다. 예를 들어 이베이에는 전용 땡큐카드가 있는데 구매에 대한 감사 인사를 전하는 동시에 좋은 피드백(댓글)을 부탁하는 의미에서 첨부합니다. 상품 판매 후 소비자의 좋은 댓글이 많이 올라오면 셀러 등급이 올라갈 뿐 아니라 향후 고객의 재구매에도 도움을 줄 것입니다.

❈ 주소 라벨의 부착 방법

주소 라벨은 스티커 접착 방식의 라벨 전용지에 인쇄하여 부착하는 방식과 A4 종이에 인쇄해 부착하는 방식이 있습니다. A4 종이에 인쇄한 후 부착할 때는 주소가 적힌 부분에 큼직한 스카치테이프를 붙여 주소가 보호되도록 신경 쓰는 것이 좋습니다. 박스로 보낼 때는 이중 박스에 넣는 것도 생각해볼 만합니다.

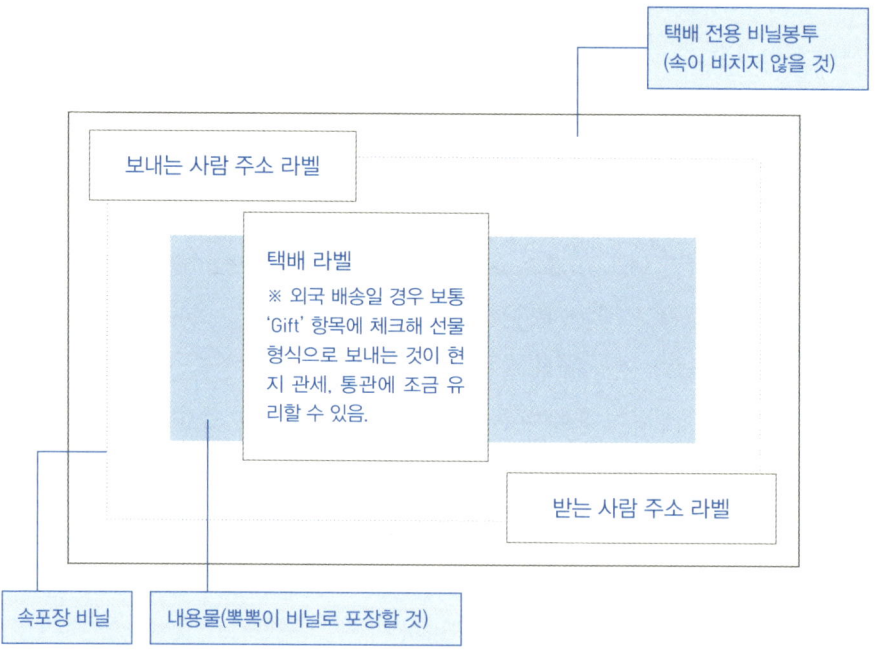

개인 정보 취급 관리하기

국내 오픈마켓에서 개인 셀러가 아닌 사업자 셀러가 되면 여러 가지 편의가 있는데 그중 하나가 구매자 아이디, 구매 물품, 구매 건수 등을 일목요연하게 파악할 수 있다는 점입니다.

사업자 셀러는 구매자의 아이디, 구매 건수, 구매 상품, 주소 등을 일일이 확인할 수 있으므로 구매자의 개인 정보 관리에 만전을 기해야 합니다. 고객관리를 위해 자신의 판매 장부에 기록하기도 하는데 이 경우 개인 정보 관리에 만전을 기하고 고객관리 목적이 아닌 다른 목적으로 유출되지 않도록 유념합니다.

✖ 개인 정보 관리

구매자 정보는 판매 및 고객관리 외의 다른 목적으로 사용하지 않습니다. 개인 정보 관리를 허술히 하면 법적 제재가 있음을 유념하기 바랍니다. 판매 및 고객관리 목적 외에는 쓰이지 않도록 정보 관리에 만전을 기해 업체의 신뢰를 증진하도록 노력합니다.

✖ 고객관리의 목적

구매자의 구매 횟수, 구매 지역, 성별, 상품 취향을 파악해 시장성 있는 상품의 종류를 파악할 수 있습니다. 또한 단골을 대상으로 각종 판매 이벤트나 서비스를 계획할 수 있습니다.

신상품이 나왔을 때 고객에게 홍보 메일을 보낼 수 있습니다. 하지만 홍보 메일 접수를 수락한 고객에게만 보내도록 업체 방침을 정확히 세웁니다.

판매 목표(Sales Targets) 설정하기

1인 무역업은 도매가 아닌 일반 소비자 대상 무역 사업인 경우가 많으므로 판매 목표를 설정해야 합니다. 특히 오픈마켓 위주로 판매할 때는 판매 목표를 더 명확히 설정합니다.

판매 목표를 설정할 때는 업자 스스로 이해할 수 있을 판매 계획을 책정하되 제품별, 기간별, 지역별(오픈마켓별), 단위별 판매 목표를 설정합니다. 또한 판매 목표 달성을 위해 마케팅이나 프로모션 방법 등을 구상하고 월별, 계절별, 기념일별 프로모션을 진행합니다. 판매가 저조하다고 하소연하는 것이 아니라 적합한 프로모션을 병행해 사업을 펼치는 것이 1인 무역업에서 성공할 확률이 높습니다. 여기서는 오픈마켓 판매자들을 위해 판매 목표를 세우는 방법을 알아봅니다.

✖ 판매 목표 세우기

판매 목표	상품별	상품의 제품별, 품목별 매출 설정을 합니다. 판매량이 적은 상품의 폐기 시기를 설정합니다.
	국가별(지역별)	국가 혹은 지역별 매출 설정을 합니다. 한류 상품이 특정 국가에서 인기 있다면 그 국가를 타깃으로 프로모션을 강화합니다.
	오픈마켓별	오픈마켓별 매출 설정을 합니다. 매출이 부실한 오픈마켓은 관리 효율성을 위해 통폐합 여부를 결정합니다.
	도매상(벤더)별	도매상이나 벤더에 상품을 공급한다면 도매상 혹은 벤더별로 매출 설정을 합니다.
관리 계획		판매 목표 달성을 위해 판매 촉진 마케팅 등 영업관리를 합니다.

⁙ 오픈마켓 관리하기

마켓 관리	오픈마켓별 판매량을 분석하여 판매량이 부진하면 통폐합하고 판매율이 높으면 프로모션을 더 강화합니다. 인기 상품이 있다면 다른 오픈마켓에도 판매점을 입점시킵니다.
	활성화된 오픈마켓을 주력으로 관리합니다.
관리 계획	오픈마켓별 판매 목표를 달리하고 판매가 부진한 오픈마켓은 신상품을 추가합니다.

⁙ 상품별, 기간별 관리하기

세부별 관리	판매 목표, 이익률 목표를 상품별로 나누어서 기간별(월별, 연도별)로 계획합니다.
관리 계획	판매량에 따라 신규 상품의 도입 시기와 판매가 부진한 제품의 폐기 시기를 결정합니다. 월간 총매출을 꾸준히 상승시킬 수 있도록 신규 상품의 도입 시기를 일정하게 유지합니다. 예컨대 매출이 하락하면 신규 상품을 발굴하여 판매 상품으로 추가합니다.

⁙ 고객(국가별) 관리하기

고객관리	고객별(혹은 국가별) 판매 목표를 설정합니다.
관리 계획	예상 고객이나 잠재 고객을 관리하고 신규 고객으로 편입되도록 프로모션을 합니다. 오픈마켓 안에서 광고하여 검색 노출이 잘되도록 합니다. 세계에 홍보하기 위해 페이스북을 활용합니다.

⁙ 판매 촉진 관리하기

판매 촉진	오픈마켓 내의 검색 광고, 이메일 홍보, 할인권을 배포합니다. 자체 프로모션 등의 판매 촉진 방법을 계획하고 실행합니다.
관리 계획	진행 중인 프로모션의 진행 과정을 관리합니다.

판매 목표는 전년도 판매 자료가 있으면 그 기준으로 작성할 수 있습니다. 보통 이전 3년 치 판매량의 평균값을 기준으로 판매 목표를 설정합니다. 처음 시작하는 사업자는 라이벌 업체의 판매량을 분석한 뒤 그것을 지표로 삼아 판매 목표를 설정합니다.

판매 상품의 철수 시기

판매하는 상품의 철수 시기는 제품의 인기도와 관련 있습니다. 제품의 인기가 수명을 다해 판매 쇠퇴기에 접어들면 철수를 하되 재빠르게 신규 상품을 준비합니다.

�֍ 수입 상품의 판매 수명

소니와 아이와 제품으로 유명한 휴대용 카세트는 지난 30년간 전 세계의 휴대용 음향기기 시장을 호령했습니다. 하지만 MP3 플레이어가 등장하자 이 두 회사는 휴대용 음향기기 시장에서 설 자리를 잃어버렸습니다.

외국에서 수입한 물품을 인터넷에서 판매할 때는 시장 변화가 눈부시게 변한다는 사실을 명심해야 합니다. 따라서 어떤 상품을 판매하다가 판매 쇠퇴기에 접어들면 바로 철수하는 지혜가 필요합니다.

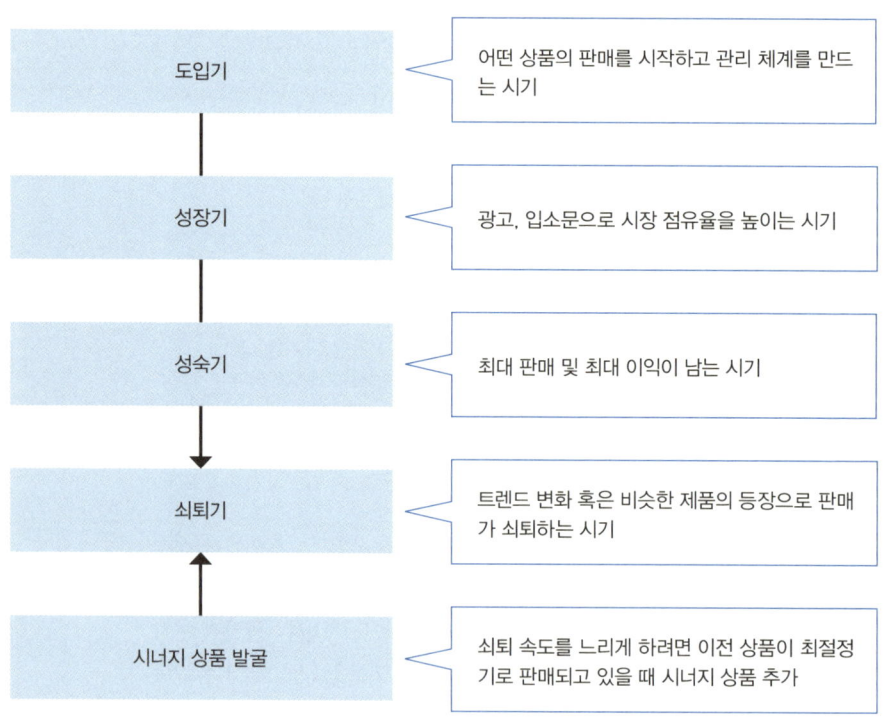

❋ 판매 쇠퇴기가 수입을 중단하는 시기

어떤 상품을 수입해서 팔았더니 날개 돋치듯 잘 팔렸습니다. 단 1개월 만에 1년 치 연봉을 벌었던 것입니다. 그래서 큰 욕심을 먹고 번 돈을 모두 투입해 대량 수입했습니다. 그런데 아차, 바로 그때부터 판매 쇠퇴기에 접어들었습니다. 선적한 물건이 항구로 들어오고 있으므로 그 이후의 일을 생각하면 눈앞이 캄캄했습니다. 1년 치 연봉이 고스란히 재고로 쌓이게 될 테니까요.

판매 성숙기에는 자신의 판매 그래프를 매일 확인하기 바랍니다. 그리고 큰 욕심을 내기보다는 판매 상황을 보며 물량을 늘리거나 줄여 수입하는 지혜가 필요합니다. 이것만이 판매 쇠퇴기 신호가 들어올 때 재고가 묶이지 않는 유일한 방법입니다. 대량 수입한 상품이 고스란히 재고로 쌓이면 업체가 흔들릴 정도의 큰 손실을 떠안게 된다는 점을 명심하기 바랍니다.

❋ 새로운 수입 상품 발굴하기

판매 쇠퇴기에 접어들어 더는 판매가 되지 않는 상황에 직면했습니다. 하지만 운 좋게도 이 제품으로 1년 치 연봉을 벌었습니다. 주머니가 두둑이 채워졌기 때문에 이젠 좀 쉬고 싶다는 생각이 들기도 합니다.

무역업자가 쉴 수 있나요? 1년 치 연봉을 1개월 만에 벌었다고 자화자찬하면서 외국 여행 갈 생각을 한다면 그것은 분명 업자답지 못한 생각입니다. 또한 쉬는 것은 곧 지출을 의미하기 때문에 돈을 더 많이 벌고 싶다면 쉬겠다는 계획은 포기하는 것이 좋습니다. 벌어들인 돈은 당연히 은행 통장으로 들어가는 게 좋습니다. 그런 뒤 또 다른 신규 상품을 발굴하려는 자세가 필요합니다.

신규 상품의 발굴은 이전 상품의 판매 최적기 때 시작하는 것이 좋습니다. 잘 팔리는 상품이 있다면 그것을 추종하는 상품을 추가해서 시너지 효과를 노릴 수 있습니다. 수입 텐트가 잘 팔리면 그 회사의 코펠을 신규 상품으로 추가하는 것이 시너지 전략입니다. 히트치는 상품이 있을 때 시너지 상품을 제때 추가한다면 그 무역상은 안목이 뛰어난 무역상이고 절대 망하는 일이 없을 것입니다.

수입 상품에 이상이 있을 때 구상권 청구하기
– PL법에 의한 구상권 청구

대량 수입한 상품에 하자가 있어 소비자에게 손실이 발생하면 아주 큰 문제가 됩니다.

PL법의 내용과 수입 상품에 대한 구상권 청구 방법을 알아봅니다.

✼ PL법

PL법이란 제조물책임법(Product Liability)을 말하며 2002년부터 시행되었습니다. 상품의 제조업체나 수입업체는 상품 결함으로 소비자에게 손실을 입혔을 때 손해배상 책임을 부담한다는 것이 그 내용입니다.

✼ 수입업체라면 PL보험 가입

수입 상품을 소비자에게 판매한 뒤 수입 상품의 결함이나 문제점으로 소비자에게 큰 손실(생명 위독, 부상 등)이 발생했을 때 1차 책임자는 수입상이고 2차 책임자는 해당 상품의 제조업체입니다. 수입상은 이런 문제에 대비하여 반드시 PL보험에 가입하는 것이 좋습니다.

✼ 수출업체도 PL보험 가입 유도(구상권 확보)

상품을 수입하기 전 상품을 제조한 국가의 제조업체에게 PL보험에 가입할 것을 권유합니다. 만일 가입을 거절한다면 계약서 상에 PL사고나 물품 하자에 대해 구상권을 행사한다는 내용을 삽입해야 합니다. 어떤 상황에서도 구상권 행사와 관련된 내용을 삽입하는 것이 좋습니다.

만일 OEM으로 수입하는 상품일 경우에는 상품 결함 시 책임 범위를 정확히 작성합니다. 상품 결함으로 이견이 발생하여 재판이 발생하면 수출국이 아닌 국내(한국)에서 재판할 것을 계약서 상에 명기하기 바랍니다.

✤ PL보험 적용 상품들

다음은 국내에서 PL법이 적용되는 상품들이므로 이들 상품을 수입할 때 계약서에 구상권 청구 문제를 특별히 명기하기 바랍니다. 전 사업 대부분 상품이 PL법 적용 대상이지만 외국은 PL법이 없을 때도 있습니다. PL법이 없는 국가의 상품을 대량 수입할 때는 계약서 상에 상품 하자로 소비자 피해가 발생하면 구상권을 청구하겠다는 내용을 별도로 추가하기 바랍니다.

목록	내역
전자제품	비디오, 냉장고, 청소기, 전자레인지, 오디오, PC 등
자동차	승용차, 승합차, 화물차, 특수 차량 등
생활용품	완구, 가구, 라이터, 스포츠용품, 악기 등
가스기기	가스보일러, 가스난로, 가스레인지 등
기계제품	냉동공조기기, 건설기계, 광학기기 등
화학제품	염료, 접착제, 페인트, 석유 등
중전기기	변압기, 발전기 등
전기제품	전선, 조명기기, 전열기기 등
의약품	의약품
화장품	화장품
식품	식품
의료기기	의료기기, 의료용구
소방·방재제품	소화기, 방염제품, 방화복 등

PL법에 의한 구상권 청구서 영문판

PL법에 의한 상품 하자는 의류나 봉제류보다는 기계류나 가전제품 수입 시 발생합니다. 상품에 큰 하자가 발생해 소비자에게 신체적 손상이 발생하면 1차적으로 수입업자가 손해배상을 한 뒤 외국의 생산업체에 구상권을 청구합니다. 단, 외국에서는 영문판으로 된 구상권 청구 서류만 인정하므로 구상권은 영문으로 작성해 청구합니다. 외국 제조업체에 구상권 청구 시 사용할 영문판 청구 서류 양식은 '기획재정부'나 '한국소비자원'의 PL법 담당자에게 문의하기 바랍니다.

CHAPTER 5

해외 오픈마켓에서 판매하기

직구업자라면 역직구에 주력하라
– 직구는 수입이지만 역직구는 수출 사업!

역직구란 외국 쇼핑몰을 통해 외국인에게 판매하는 것을 말합니다. 역직구업자는 직구업자보다 노력에 따라 수익을 올릴 가능성이 더 높습니다.

역직구 사업은 다음과 같은 절차로 진행합니다.

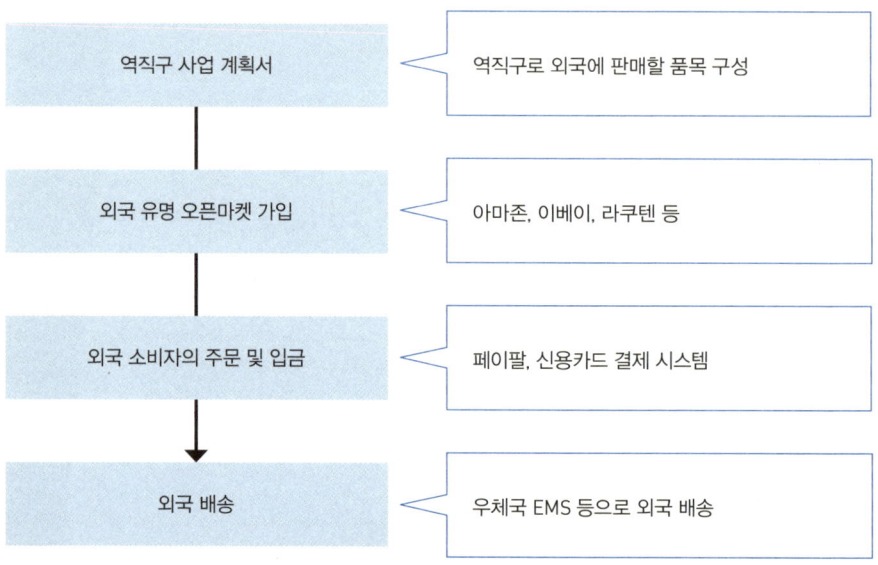

역직구 사업은 기본적으로 외국어 독해 능력과 작문 능력이 있어야 합니다. 해당 국가의 쇼핑몰에서 상품을 판매하는 것이므로 외국어 구사 능력이 우수할수록 유리합니다. 물론 외국어를 한 줄도 읽지 못해도 충분히 할 수 있습니다. 번역기를 사용하거나 아르바이트 번역가의 도움이 있으면 누구나 할 수 있는 사업입니다. 번역 문제는 직원이나 아르바이트생으로도 처리할 수 있으므로 더 넓은 세계 시장을 향해, 더 큰 이득을 위해 도전하기 바랍니다.

02 역직구의 장점

역직구 사업과 전문적인 수출업은 기본적으로 언어적 난관이 발생합니다. 그러나 그 난관만 돌파한다면 큰 장점을 취할 수 있습니다. 아래의 두 가지 장점은 언어 문제라는 단점을 충분히 상쇄시키고도 남는 매력적인 요소입니다.

✖ 역직구 및 수출업은 부가가치세 영세율 적용

국내 시장에서 상품을 판매하면 생산업체, 도매업체, 소매업체 단계별로 부가가치세(부가세)를 납부해야 합니다. 하지만 수출업은 수출 장려 정책 때문에 기본적으로 부가세가 면제됩니다. 즉 수출업체는 물건을 수출한 뒤 부가가치세 0% 세율이 적용되므로 국내에서 구매할 때 지급한 부가세를 수출한 뒤 환급받을 수 있습니다.

예를 들어 한 켤레에 10만 원인 구두를 생산업체에서 구매하면 10%의 부가세가 붙어 11만 원의 가격이 됩니다. 이 구두를 국내 시장에서 판매하지 않고 외국으로 수출하거나 역직구로 판매하면 구매 시 지급한 10%의 부가세를 환급받을 수 있습니다. 물론 부가세를 환급받으려면 적법한 절차에 따라 해당 물품을 수출했음을 증명해야 합니다.

어쨌든 부가세를 환급받을 수 있으므로 국내 시장에 물건을 판매하는 것보다 가격 면에서 10% 이득이자 가격 경쟁 측면에서도 유리합니다. 또한 환급받은 부가세는 언어 난관을 해결하는 문제(아르바이트 번역가 고용)로 투자할 수 있습니다.

✖ 신속한 판매 대금 회수

무역업은 말 그대로 현금박치기라고 말한 바 있습니다. 예를 들어 이베이에서 외국 고객에게 물건을 판매하면 판매 대금을 빠르게 회수할 수 있습니다. 이베이는 구매자가 물건을 받은 뒤 대략 1~2주일 안에 판매 대금을 판매자의 통장으로 입금합니다. 국내 오픈마켓에서 판매하는 것보다 판매 대금 회수가 빠르므로 자금 회전 측면에서 유리합니다.

외국 국가별 잘 팔릴 만한 국내 상품 발굴하기

외국에서 잘 팔릴 만한 국내산 상품을 외교부 홈페이지(www.mofat.go.kr) 자료를 참고해 알아봅니다.

이베이 유럽, 아마존 유럽, 이베이 남미, 아마존 남미에서 판매할 때는 아래 자료를 참조해 판매 상품의 포트폴리오를 구성하는 것이 좋습니다. 만일 상품의 반응이 좋으면 해당 국가의 바이어를 발굴해 대량 수출을 추진합니다.

국가명	수출 유망 한국 상품
중국	휴대전화, 통신장비, 모니터, PC부품, 합성수지, 건설중장비, 섬유기계, 자동차부품, 한국 브랜드 상품, 한국 문화상품, 화장품 등
홍콩	한국 문화상품, IT용품, 방역 위생용품, 의류, 직물 액세서리, 전기전자부품, 주방용품, 시계, 화장품 등
대만	조리용 식품, 휴대전화, 세탁기, 냉장고, 플래시메모리, LCD TV, 한국 브랜드 상품, 한국 문화상품, 화장품 등
일본	식품, 농산물, 수산물(쿼터제), 화장품, 의류, 잡화, IT, 한국 문화상품, 자동차부품, 석유화학, 플라스틱, 금형, 김치, 김, 미역 등
동남아	문구제품, 한국 문화상품, 가전제품, 전자부품, IT, 휴대전화, 오토바이(인도네시아, 태국), 중장비, PC부품, 상용차(필리핀), 중고 선박(필리핀), 휴대전화(싱가포르), 건강보조식품(싱가포르), 농산물(싱가포르), 트럭(베트남) 등
중동국가	문구제품, 한국 문화상품, 가전제품, TV, 냉장고, 중고 자동차, 건설장비, 보일러기기, 위성장비, 장신구(금은), 안경테, 시계, 조립식 가구, 신발용품, 보안장비, 생활잡화 등
호주, 뉴질랜드	문구류, 휴대전화, 자동차부품, 가전제품, PC부품, 안경테, 통신제품, 전기제품, 자동차, 산업기계, 스포츠 레저용품, 신발, 도난경보기 등
미국, 캐나다	미용제품, 장신구, 모니터, IT, 휴대전화, 반도체, 보안제품, 자동차부품, 가전제품, 건축자재, 의류, 양말, 스키복, 주방용품 등

중남미나 유럽의 오픈마켓에서 판매업자로 활동할 때는 개당 국제특송비가 비싸므로 마진율이 낮은 식료품이나 공산품보다는 의류, 신발, 안경테(선글라스) 등 마진율이 높은 잡화의류 상품을 리스팅하는 것을 생각해볼 만합니다.

국가명	수출 유망 한국 상품
멕시코	문구제품, 한국 문화상품, 헤어용품, 보안장비, 건축자재, 휴대전화, 모니터 등
브라질	모니터, ADSL, 디지털 영상 저장장치(DVR), 비디오도어폰, 보안장비, GPS, 인쇄회로기판(PCB), 인조가죽, 한국 문화상품 등
아르헨티나	문구제품, 밸브, 선박부품, 살균제, 자동차부품, 금속가스용기, 장신구, 안전유리 등
그 외 남미	문구제품, 전기제품, 인터넷 장비 등
영국	휴대전화, 첨단의료기기, 의료기기소모품, 모니터 등 ※ 격식을 중요하게 생각하는 사회이므로 이메일보다는 우편물 선호. 상품 카탈로그, 가격 등의 수출제안서를 격식 있게 만든 뒤 우편물로 보내고, 3주 뒤 검토 결과를 팩스 등으로 문의.
프랑스	자동차, 보안장비, 플래시메모리, 휴대전화, 안경테 등 ※ 영어가 안 통하므로 바이어 개척 시 불어 사용할 것.
독일	반도체, 선박, 자동차, 자동차부품, 모니터, 휴대전화, 타이어, 운동기구 등
스페인	IT, 인터넷 장비, PC부품 등
이탈리아	자동차, 위성방송 장비, 보안장비(CCTV 등), 휴대전화, 소형 가전제품, 낚시용품 등
북유럽	모니터, IT, 휴대전화, PC부품, TV, 보안장비, 타이어, 자동차부품, 직물의류, 신발, 위성방송 장비, 자동차 액세서리 등
동유럽	문구제품, 전자제품, 소형 가전제품, 면도기, 건축자재, PC부품, 통신기기, 직물, 프라스틱 제품, 휴대전화, 재봉기, 보안장비, 의료용품, 생활잡화, 농기구, 타이어, 개발도상국에 맞는 산업기기, 보일러기기 등 ※ 공산국가 시절에 익숙하다 보니 체코 같은 국가는 신용장 거래보다는 T/T 또는 현금 분할 지급 조건을 선호함
러시아	자동차부품, 엘리베이터, 보안장비(CCTV 등), 간장, 한국 식품, 의류(아동복), 의약품, 어린이용품(자전거 등), PC부품, 건축내장재, 화장품, 가전제품, 보일러기기 등

역직구(수출) 상품 구성하기

외국 시장에서 팔 수 있는 국산 제품은 여러 가지가 있습니다. 대기업 제품은 대기업에 맡기고 한류 붐을 이용한 제품이나 중소강기업 제품으로 틈새시장을 노리는 특화 전략이 필요합니다.

✖ 한류 팬을 위한 묶음상품

한류 팬을 위한 묶음상품(패키지 상품)을 개발해 판매하는 전략입니다. 음반, 의류, 양말, 장신구, 팬시, 문구 등이 포함됩니다. 요즘 시류에 맞게 먹방용 한류 과자, 라면을 묶음상품으로 개발하는 것도 시도할 만합니다. 사업 면에서도 개별 제품을 판매하는 것보다 세트 제품을 판매하는 것이 수익이 큽니다. 세트 제품이라 해도 적절한 가격을 유지하면 호응을 이끌 수 있을 것입니다.

한국 과자 묶음	외국의 먹방 방송 팬이나 한류 마니아들을 위해 한국의 인기 과자나 라면들을 박스나 묶음으로 판매합니다.
한류 팬시 제품	빅뱅, 소녀시대 등 아이돌들의 CD와 의류, 문구, 팬시 제품을 세트로 판매합니다.
화장품	외국 한류 팬을 위해 중저가 유명 화장품을 묶음으로 판매합니다.
식품	한국 건강식이나 다류, 요리용 양념 등을 판매합니다. 한국 전통 차 세트, 고추장, 간장 세트를 예로 들 수 있습니다.
패션의류	한류 팬을 대상으로 캐주얼 의류, 섬유, 한복 등을 판매합니다.
전자 IT	국내에서 막 출시된 따근따근한 스마트폰, TV, 메모리부품 같은 최신 전자 IT제품을 신속하게 세계 시장에 판매합니다.
생활·주방잡화	침구, 조명기기, 세제, 주방기기 등의 제품을 개별 혹은 묶음으로 판매합니다.
사무잡화	각종 사무잡화를 개별 혹은 묶음으로 세계 시장에 판매합니다.
봉제, 캐릭터 상품	각종 봉제 제품이나 캐릭터 상품을 묶음으로 세계 시장에 판매합니다.
숙박 패키지	한국 방문을 계획하는 외국 관광객들을 대상으로 게스트하우스, 홈스테이, 펜션, 레지던스 등의 숙박 정보를 제공하고 예약대행 판매합니다.

❈ 중소강기업의 중저가 제품

국내의 중소기업 중 세계 시장을 제패하는 견실한 기업들을 강소기업 혹은 강중기업이라고 부릅니다. 물론 중소강기업 제품이라면 세계 어느 시장에서나 판매되고 있지만 유럽이나 동유럽, 남미권에서는 판매되지 않는 제품도 있습니다. 특히 외국 마케팅 능력, 수출 전담 인력, 외국 바이어 발굴 능력이 부족한 국내 중소기업 제품을 발굴해 세계 시장을 개척하면 크게 성공할 수 있습니다.

안경테, 선글라스, 잡화류	안경테가 비싼 선진국을 대상으로 국내의 고품질 안경테를 저렴한 가격으로 판매합니다.
구두, 워커류	발 크기를 주문받아 수제 워커류를 의탁 제조한 뒤 세계 시장에 판매합니다. 혹은 국산 고급 캐주얼화, 드레스화를 세계 시장에 판매합니다.
기계공구류	질 좋은 국산 기계공구나 전동공구류를 세계 시장에 판매합니다.
섬유원단류	질 좋은 각종 국산 섬유류를 세계 시장에 판매합니다.
광학정밀기계류	국산의 질 좋은 광학정밀기계류를 세계 시장에 판매합니다.
중고차, 기계류	중고차나 기계류를 세계 시장이나 중서아시아, 동유럽, 남미 시장에 판매하거나 구매대행을 진행합니다.
장신구	질 좋은 국산 장신구류를 세계 시장에 판매합니다.
피혁제품	질 좋은 국산 피혁제품류를 세계 시장에 판매합니다.
농업·농약제품	농업 관련(미곡 등) 농약제품을 세계 시장이나 중진국 시장에 판매하거나 구매대행을 진행합니다.
가전제품	세탁기, 에어컨 등 백색 가전제품을 세계 시장이나 선진국 시장에 판매합니다.
중저가 전자제품	중저가 손목시계 등을 제3세계 혹은 아시아 시장에 판매합니다.
피트니스제품	운동기구, 러닝머신 등을 선진국 시장에 판매합니다.
CCTV	세계 시장이나 중진국, 동유럽 시장에 판매합니다.
서적	한글을 배우려는 외국인을 대상으로 판매합니다.
건설장비	건설장비나 재료를 세계 시장이나 중서아시아, 동유럽, 남미 시장에 판매하거나 구매대행을 진행합니다.
전기부품	전기부품 등을 세계 시장이나 건설붐이 있는 동유럽, 중앙아시아 시장에 판매하거나 구매대행을 진행합니다.

05 SECTION
외국 오픈마켓 아이디를 만들 때 심사숙고해야 할 사항

외국 오픈마켓에 입점하려면 아이디를 개설해야 합니다. 이때 아이디가 회사를 대표한다는 점을 인식하고 입점하는 것이 좋습니다.

✖ 오픈마켓의 아이디는 곧 회사

이베이나 아마존에 입점하려면 먼저 아이디를 만들어야 합니다. 판매업자가 되려고 아이디를 만드는 것이므로 장난스러운 숫자나 뜻을 알 수 없는 단어 조합으로 만들 수는 없습니다. 아이디 자체가 회사의 이름이자 얼굴임을 인식합니다. 심사숙고하여 고객들에게 잘 기억될 아이디를 만드는 것이 좋습니다.

이와 같은 관점으로 볼 때 국내 오픈마켓에서 아이디를 만드는 것 역시 허투루 할 일이 아닙니다. 무의미한 숫자와 단어의 나열을 피하고 업체의 명칭을 만드는 자세로 아이디를 작명하기 바랍니다. 잘 만든 아이디는 업체의 신뢰도를 올리고 업체의 얼굴로 평생 사용할 수 있습니다.

✖ 자체 쇼핑몰을 염두에 둔 아이디 생성

오픈마켓에서 아이디를 개설할 때는 자체 홈페이지나 인터넷 쇼핑몰을 만들 것을 염두에 두고 작명합니다. 이베이나 아마존에서 사업이 잘되면 자체 홈페이지나 인터넷 쇼핑몰을 만들기 때문입니다. 이때 오픈마켓에 만든 아이디와 인터넷 쇼핑몰 주소가 같다면 사업을 할 때 아무래도 유리합니다. 예를 들어 오픈마켓에서 'koreashop'이라는 아이디를 만들고 자체 인터넷 홈페이지도 'www.koreashop.com'으로 만들 수 있다면 시너지 효과가 있습니다.

외국 오픈마켓의 최강자, 미국 이베이

이베이는 미국 캘리포니아에 본사가 있는 세계 1위 오픈마켓으로서 3억 명 이상의 이용자가 있습니다. 국내에서는 영업을 안 하는 것처럼 보이지만 국내의 옥션과 지마켓도 이베이가 인수한 회사입니다.

이베이는 1995년 피에르 오미디야르가 개설한 경매 사이트가 효시입니다. 1997년 이베이로 사명을 바꾼 뒤 2002년 결제대행사 페이팔을 인수했으며 이어 검트리(Gumtree), 스카이프(Skype), 이치넷(Eachnet)은 물론 국내의 지마켓, 옥션 등을 인수했습니다. 온라인 경매, 인터넷 쇼핑몰 회사로서 중고에서부터 신상품까지 약 2억 개가 넘는 상품을 중개하고 있습니다. 국내에서는 지마켓, 옥션 등을 통해 내국인을 대상으로 중개하지만 유럽 등 30여 개국에서는 이베이라는 이름으로 중개합니다. 이베이 이용자 수는 약 3억 명이고 입점한 상점 수는 약 7,000개(개인 포함), 연간 거래되는 상품은 약 700억 개입니다. 이베이의 거래 수수료는 상품에 따라 다른데 보통 거래 가격의 10% 정도입니다.

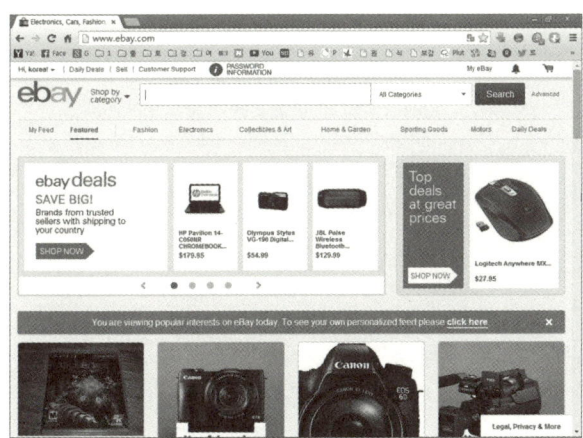

이베이 미국 홈페이지: www.ebay.com

이베이에서 판매한 대금 정산받기
– 이베이와 페이팔 정산 시스템 이해하기

이베이에서 판매한 상품 대금은 통상 15일 뒤쯤 페이팔을 통해 정산됩니다. 페이팔로 정산된 판매 대금은 언제든지 우리나라 은행으로 이체시킬 수 있습니다.

페이팔은 이베이가 운영하는 결제대행업체로서 인터넷 거래자의 신용카드 정보와 계좌 정보를 보호하는 동시에 국제간 결제의 효율성을 높이기 위해 만들어졌습니다. 따라서 이베이에서 상품을 판매하려면 페이팔도 같이 가입해야 합니다.

이베이 셀러로 출점하기 1
– 아이디 개설 및 셀러 등록하기

이베이의 셀러가 되려면 셀러로 등록하는 동시에 판매 대금을 정산받는 은행 계좌를 등록해야 합니다. 이때 필요한 것이 페이팔 계정입니다.

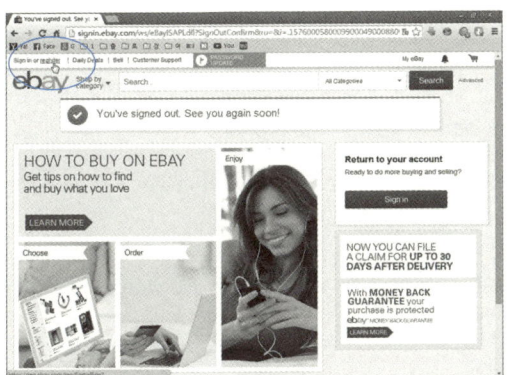

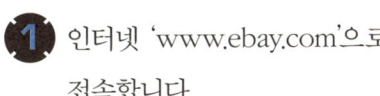 인터넷 'www.ebay.com'으로 접속합니다.
이베이 아이디가 없다면 새 아이디를 만들어야 합니다. 메인 화면의 Register 문자열을 클릭합니다.

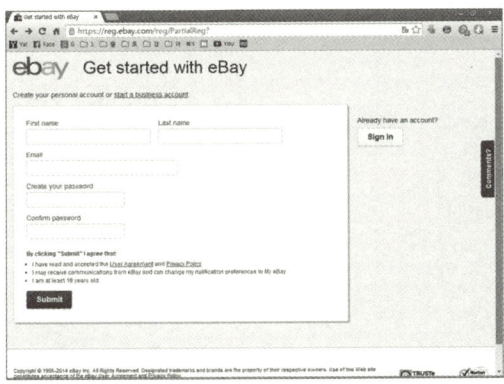

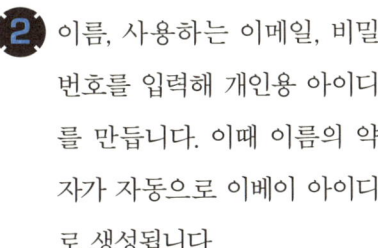 이름, 사용하는 이메일, 비밀번호를 입력해 개인용 아이디를 만듭니다. 이때 이름의 약자가 자동으로 이베이 아이디로 생성됩니다.
이메일은 구글이나 야후 같은 국제적 계정을 사용합니다. 등록한 이메일은 판매 활동 시 고객의 질문을 받고 답변하는 용도로 사용됩니다.

 이베이나 페이팔, 아마존 등의 외국계 오픈마켓에 셀러로 등록하려면 본인의 영문 이름, 영문 주소를 자신의 신용카드에 등록한 영문 정보와 동일하게 입력해야 합니다. 신용카드의 영문 정보와 외국 오픈마켓에 등록한 영문 정보가 다르면 금전적인 분쟁 발생 시 동일인이 아니라는 이유로 정산, 환급 등에서 불이익을 당합니다.

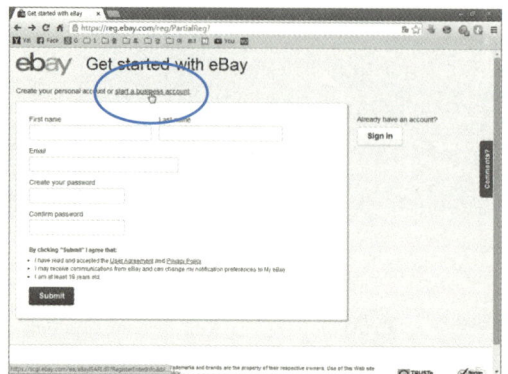
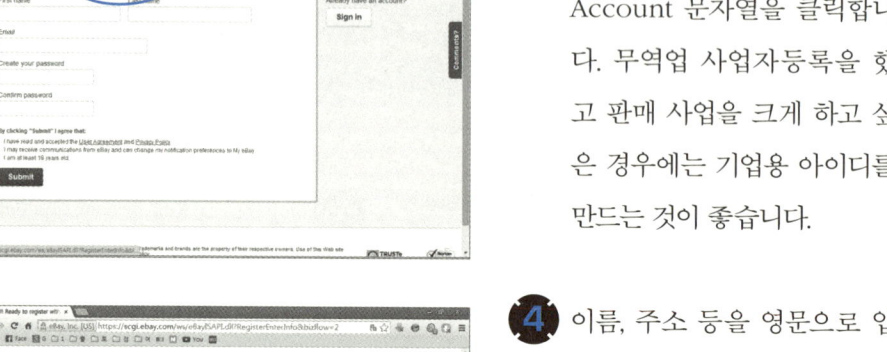

③ 기업용 아이디를 만들려고 한다면 Start a Business Account 문자열을 클릭합니다. 무역업 사업자등록을 했고 판매 사업을 크게 하고 싶은 경우에는 기업용 아이디를 만드는 것이 좋습니다.

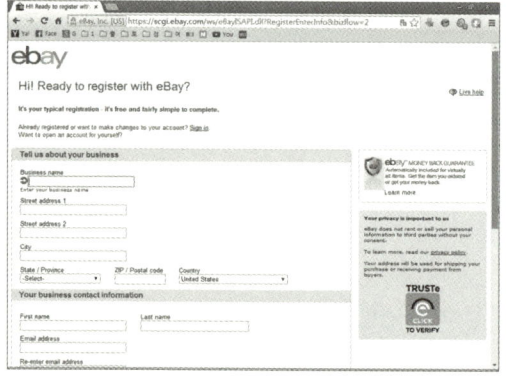
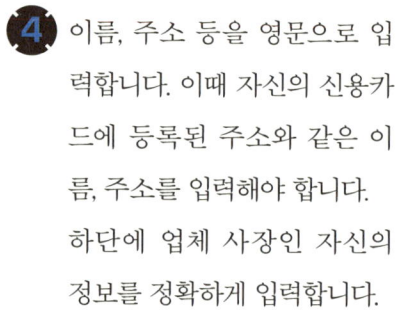

④ 이름, 주소 등을 영문으로 입력합니다. 이때 자신의 신용카드에 등록된 주소와 같은 이름, 주소를 입력해야 합니다. 하단에 업체 사장인 자신의 정보를 정확하게 입력합니다.

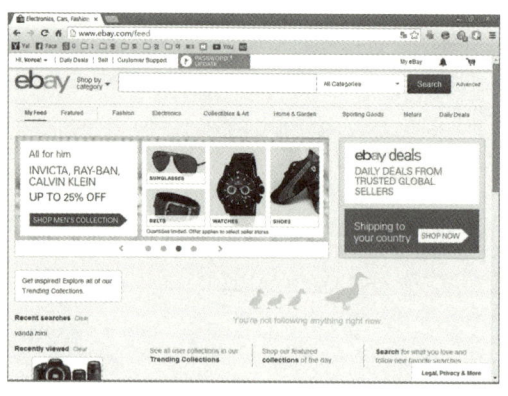

⑤ 이베이 아이디를 개설하면 자동으로 이베이 메인화면으로 이동됩니다.

 이베이 아이디가 마음에 안 들 때, 한 달 안에 다른 아이디로 교체할 수 있습니다.

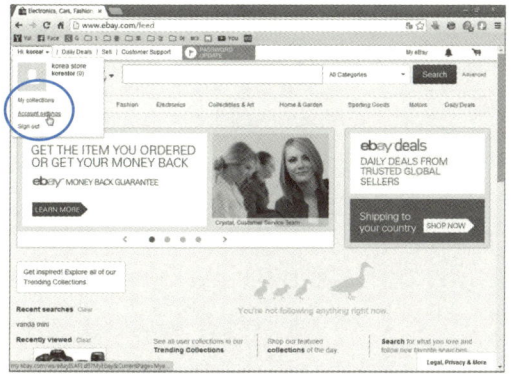

6 이베이에 가입했으므로 이제 셀러(판매자) 등록을 합니다. 메인화면 왼쪽 상단의 Hi+ID 명 문자열을 클릭합니다. 팝업 메뉴의 Account Settings 문자열을 클릭합니다.

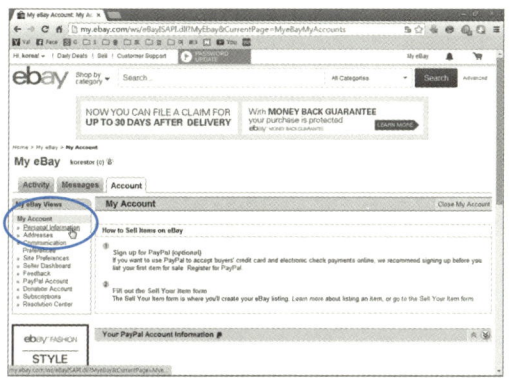

7 Account(계좌 장부)를 설정할 수 있도록 Personal Infomation 문자열을 클릭합니다.

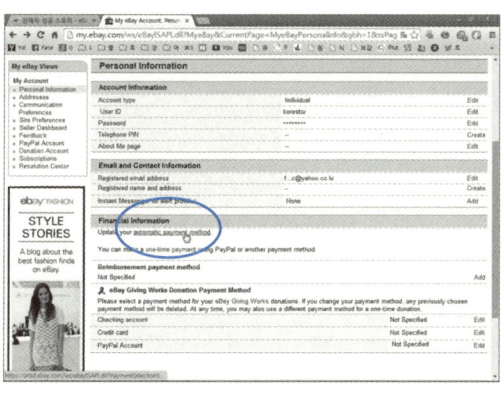

8 화면 중간의 Financial Information 항목에서 Automatic Payment Method 문자열을 클릭합니다.

 이베이에 로그인할 때의 아이디는 처음 가입 시 등록한 영문 이름이나 이메일 주소가 아이디로 사용됩니다.

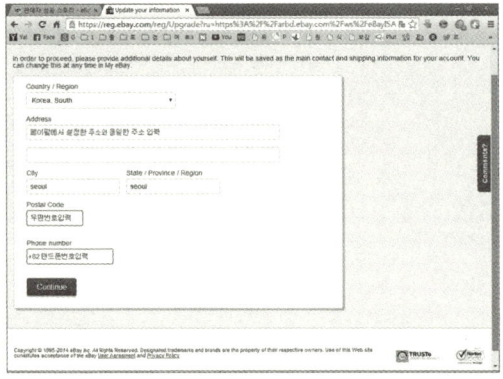

9 Country or region은 Korea, South로 선택한 뒤 Street address, City(사는 도시명), States / Province / Region(사는 광역도시명)을 입력합니다.
이때 페이팔 아이디를 만들 때 등록한 주소와 같은 주소를 입력합니다.

페이팔 가입 시의 Address line 1에 입력한 내용을 Street address 라인에 입력하고 Postal code에는 우편번호를 작대기(-) 없이 숫자만 입력합니다. Phone number에 휴대전화 번호를 입력할 때는 국제 전화번호 방식으로 입력합니다. 국내 DDD나 휴대전화 번호는 맨 앞의 숫자 0을 빼고 입력해야 합니다.

Continue 버튼을 클릭한 뒤 비밀번호 분실 시 본인 확인할 때 사용하는 질문을 선택하고, 그 질문에 대한 답변을 설정합니다.

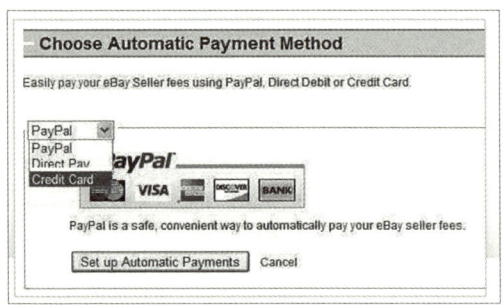

10 Choose Automatic Payment Method 창이 나타나면 이베이에서의 판매 수수료를 자동으로 결제할 수단을 지정합니다. 페이팔로 선택된 것을 신용카드(Credit Card)로 변경한 후 Set up Automatic Payments 버튼을 클릭합니다.

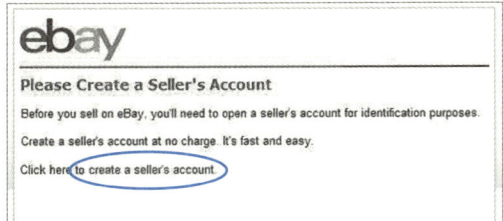

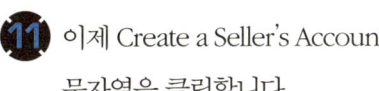 이제 Create a Seller's Account 문자열을 클릭합니다.

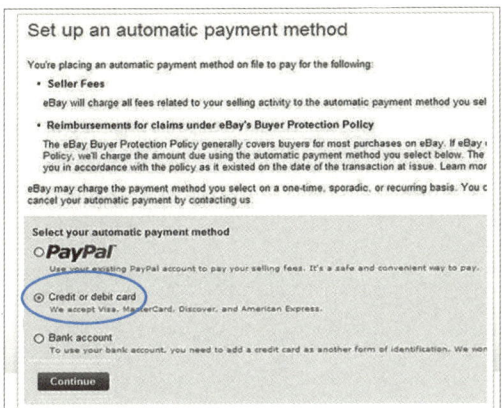

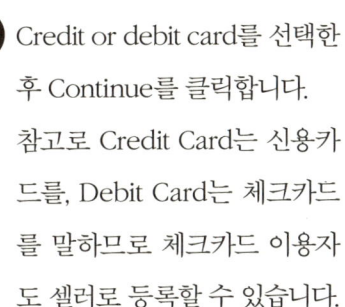 Credit or debit card를 선택한 후 Continue를 클릭합니다. 참고로 Credit Card는 신용카드를, Debit Card는 체크카드를 말하므로 체크카드 이용자도 셀러로 등록할 수 있습니다.

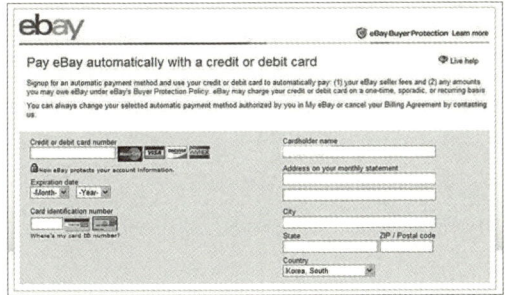

신용카드나 체크카드 정보를 입력합니다. 입력이 끝나면 오른쪽의 이름과 주소 정보가 올바른지 확인합니다. 하단의 Agree and Continue 버튼을 클릭하면 셀러 등록이 완료되고 인증 과정이 시작됩니다.

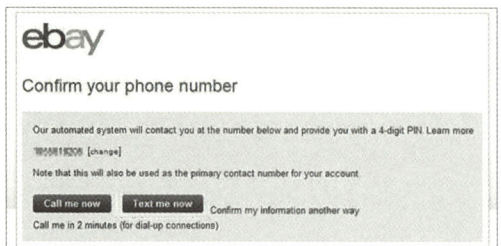

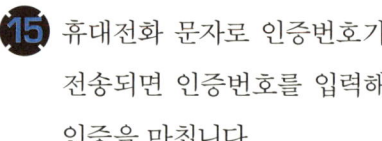 휴대전화 인증창이 나타나면 Text me now 버튼을 클릭합니다.
Call me now는 음성으로 인증번호 안내이고 Text me Now는 문자로 인증번호 안내입니다.

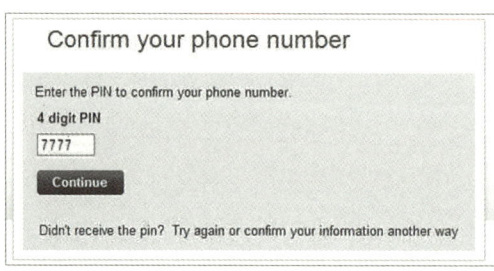

15 휴대전화 문자로 인증번호가 전송되면 인증번호를 입력해 인증을 마칩니다.

카드 등록 및 사용이 안 될 경우
외국 쇼핑몰에서 사용 가능한 국내 카드는 외국 결제가 가능한 신용카드와 체크카드입니다. 일부 국내 카드는 등록 및 결제가 안 될 때도 있는데, 이 경우 국내 유명 은행에서 발급받은 카드를 등록하기 바랍니다. 외국 결제 가능한 신용카드와 체크카드에는 마스터카드나 비자카드 로고가 있습니다.

 외국 쇼핑몰에서 직구할 때 카드 정보 입력하는 방법
* Credit or debit card number 항목: 카드번호 16자리를 작대기(-) 없이 숫자만 입력합니다.
* Expiration date 항목: 카드에 있는 유효기간 월-연도를 입력합니다.
* CSC 항목: 카드 뒷면 서명란의 숫자 중 마지막 세 자리를 입력합니다.

이베이 셀러로 출점하기 2
– 이베이 셀러 계정에 페이팔 계정 연동하기

앞에서 이베이 셀러로 등록했으므로 이제 셀러 계정에 페이팔 계정을 연동해 판매 대금이 페이팔 계정에 예치되도록 합니다.

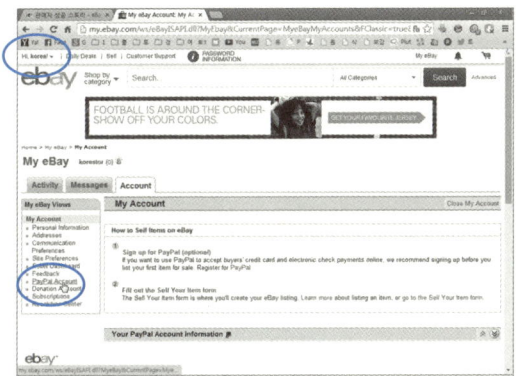

1 앞에서 셀러 등록을 한 뒤 메인화면 왼쪽 상단의 Hi+ID명 문자열을 클릭합니다.
팝업 메뉴의 Account Settings 문자열을 클릭합니다.

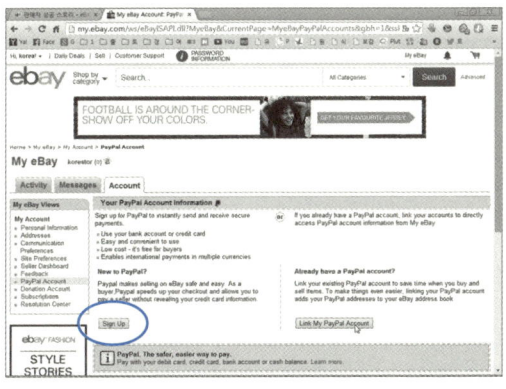

2 페이팔 계정이 없는 사람은 Sign Up 버튼을 클릭해 페이팔 계정을 개설합니다.
Sign Up 버튼을 클릭하면 페이팔 홈페이지로 연결됩니다. 또는 인터넷 주소 입력창에 'www.paypal.com'을 입력해 페이팔 사이트로 접속합니다.

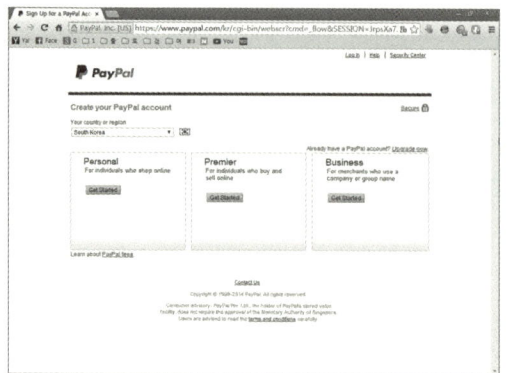

③ 개인적으로 판매하려면 Personal을 선택하고 기업체로서 판매하려면 Business를 선택합니다. 1인 개인 무역업자는 판매 위주로 활동해야 하므로 Premier를 선택한 뒤 Get Started 버튼을 클릭합니다.

④ 다음과 같이 페이팔 가입 페이지에서 자신의 정보를 입력합니다.

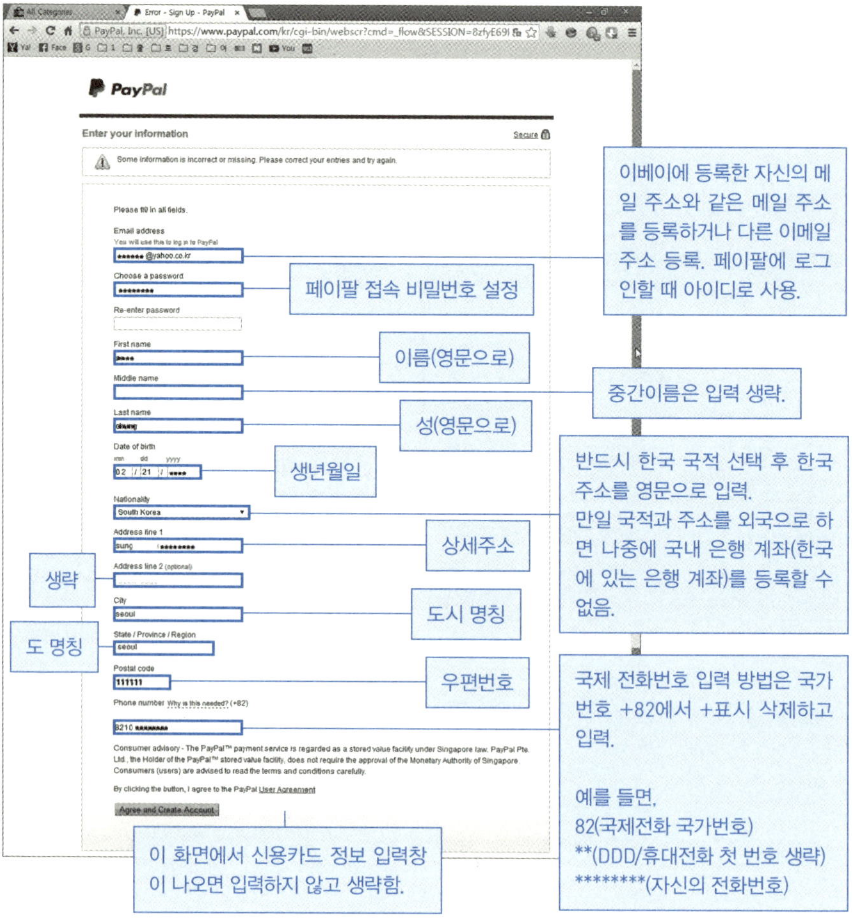

5 자동가입 방지를 위한 글자를 입력합니다.

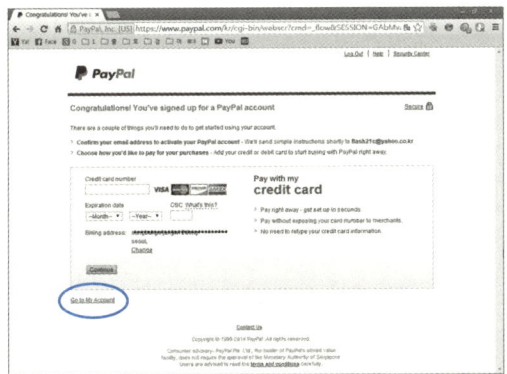

6 신용카드 정보 입력창이 나오면 입력하지 않고 하단의 Go to My Account를 클릭합니다.

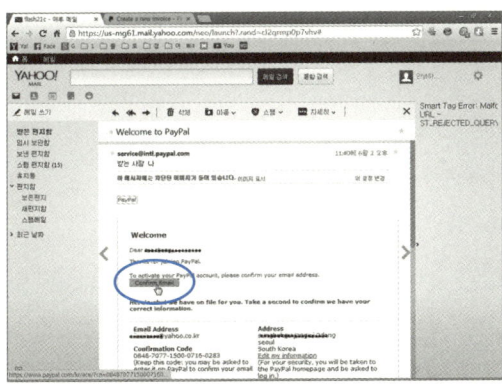

7 자신의 이메일로 접속해 페이팔에서 보내온 이메일을 연 뒤 Confirm Email 버튼을 클릭해 인증합니다. Confirm 버튼을 클릭하면 페이팔로 다시 로그인합니다. 만약 로그인이 안 되면 페이팔에서 로그아웃한 다음 다시 이메일 내용의 Confirm Email 버튼을 클릭합니다.

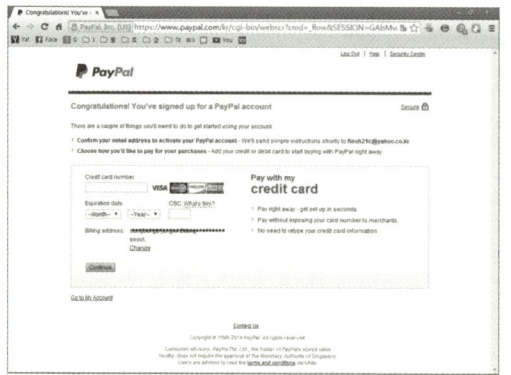

8 이번에는 신용카드 혹은 체크카드 정보를 입력합니다. 카드 정보를 입력한 뒤에는 Continue 버튼을 클릭합니다.

화면이 바뀌면 Go to My Account 버튼을 클릭합니다.

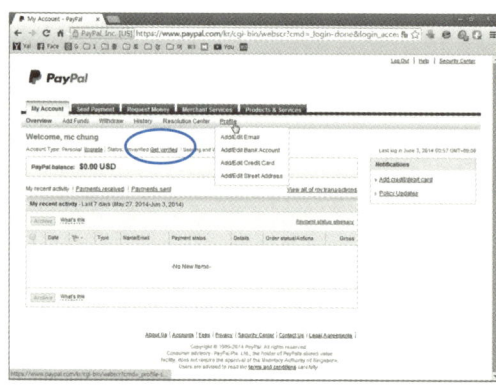

9 이제 신용카드 결제가 동작하는지 테스트를 해야 합니다. Get Verified 글자를 클릭합니다.

Continue 버튼을 클릭하면 등록한 신용카드에서 달러 1.95가 결제됩니다. 결제 테스트용이므로 잠시 뒤 '인증번호'를 입력하면 다시 돌려받습니다.

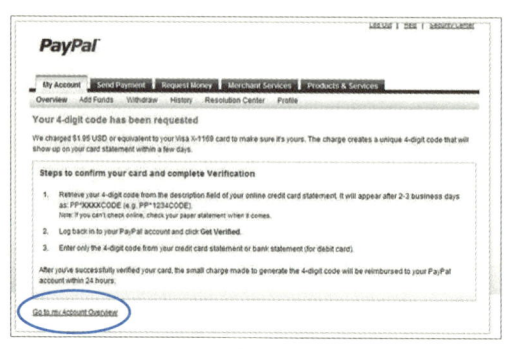

10 인증을 확인하기 위해 화면에서 Go to my Account Overview를 클릭합니다.

카드 사용 내역 문자통지서비스 등으로 인증번호 네 자리를 확인한 뒤 입력합니다.
결제한 가맹점 이름 아래의 PP* 다음에 나오는 네 자리 숫자가 인증번호입니다.
다시 Get Verified를 클릭한 뒤 확인한 인증번호를 입력합니다.

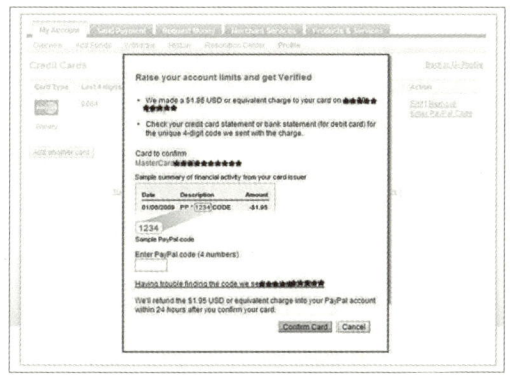

⑪ Enter PayPal code(4 numbers) 항목에 인증번호 네 자리를 입력한 뒤 Confirm Card 버튼을 클릭합니다. 이렇게 하면 페이팔 계정에 신용카드 정보가 정상 등록됩니다.

페이팔에서 로그아웃하고 다시 이베이로 로그인합니다. 이베이 메인화면 왼쪽 상단의 Hi+ID명 문자열을 클릭합니다. 팝업 메뉴의 Account Settings 문자열을 클릭합니다.

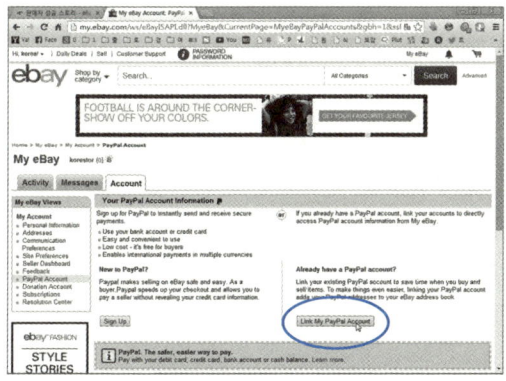

⑫ Link My PayPal Account 버튼을 클릭해 페이팔 계정을 이베이에 '등록 시작'을 합니다.

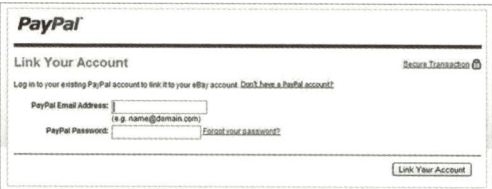

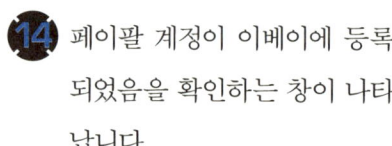 페이팔 창이 나타납니다. 페이팔 계정 등록 시 사용한 이메일 주소와 페이팔에 접속할 때 사용하는 비밀번호를 입력합니다.

하단 Link Your Account 버튼을 클릭하면 PayPal 계정으로 접속되면서 자동으로 이베이 셀러에 페이팔 계정이 등록됩니다.

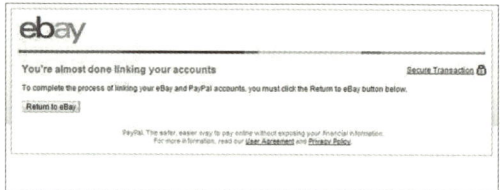

페이팔 계정이 이베이에 등록되었음을 확인하는 창이 나타납니다.
Return to eBay 버튼을 클릭해 이베이로 다시 돌아갑니다.

이베이와 페이팔 계정 연결이 완료되는 동시에 이베이 수수료 자동이체를 설정하는 창이 나타납니다.
오른쪽 하단의 Sign Up Today 버튼을 클릭합니다.

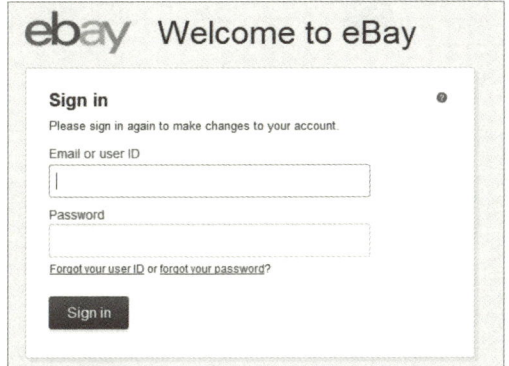

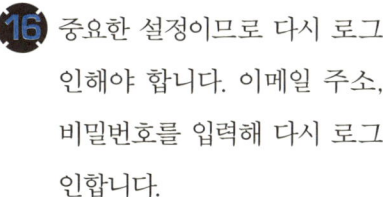
16 중요한 설정이므로 다시 로그인해야 합니다. 이메일 주소, 비밀번호를 입력해 다시 로그인합니다.

17 페이팔 계정에 있을 예치금을 이베이 판매 수수료 자동이체에 사용할 것인지 결정합니다. Continue 버튼을 클릭합니다.

추후 상품을 판매하면 판매 대금이 자신의 페이팔 계정으로 들어오므로 페이팔에 등록한 신용카드(체크카드)나 예치금으로 판매 수수료를 이베이로 자동이체한다는 뜻입니다. 따라서 따로 페이팔에 예치금을 넣을 필요가 없습니다.

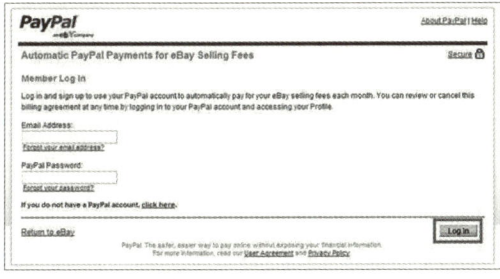
18 다시 페이팔 로그인 페이지가 출력됩니다. 아이디나 이메일, 비밀번호를 입력해 로그인합니다.

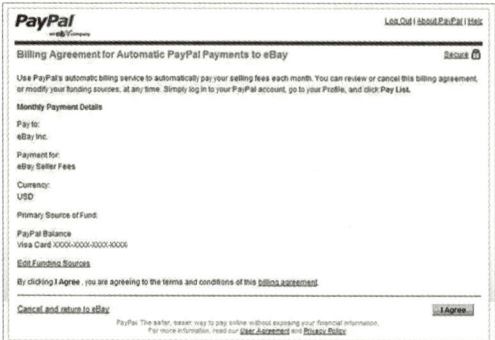
 페이팔 화면이 나타난 모습입니다.
I Agree 버튼을 클릭하면 페이팔을 통한 이베이 수수료 자동이체 설정이 완료됩니다.

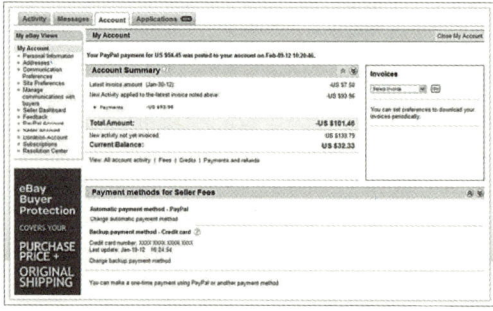
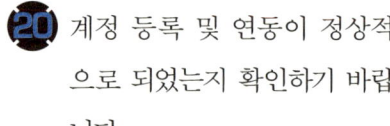 계정 등록 및 연동이 정상적으로 되었는지 확인하기 바랍니다.
다시 이베이에 로그인한 뒤 Seller Account 메뉴로 들어갑니다.

 'Automatic Payment Method: PayPal'로 설정되어 있고 'Backup Payment Method: Credit Card'로 설정되어 있으면 연동 설정에 성공한 것입니다. 이제 이베이에서 상품을 판매한 뒤의 판매 대금은 페이팔 계정으로 들어오고 그에 대한 판매 수수료는 페이팔 계정의 예치금이나 신용카드를 통해 자동으로 이베이에 이체됩니다.
 페이팔에 들어온 예치금(판매 대금)은 페이팔에 등록한 국내 은행 계좌로 이체하여 출금할 수 있습니다.

페이팔에 국내 은행 계좌 연결하기

페이팔 가입 시 외국 주소를 등록하면 국내 은행 계좌를 등록할 수 없으므로 유념하기 바랍니다. 반드시 한국 주소를 등록해야 국내 은행 검색과 계좌 등록을 할 수 있습니다.

이제 자신의 국내 은행 계좌를 페이팔에 등록해야 합니다. 이베이에서 로그아웃한 뒤 다시 페이팔로 로그인합니다.

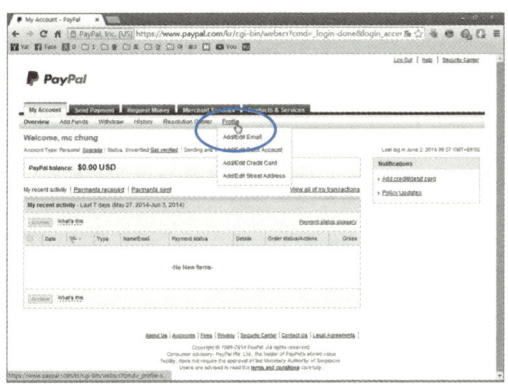

1 페이팔 화면의 My Account 탭에서 Profile 버튼을 클릭한 뒤 Add/Edit Bank Accout 메뉴를 실행합니다.

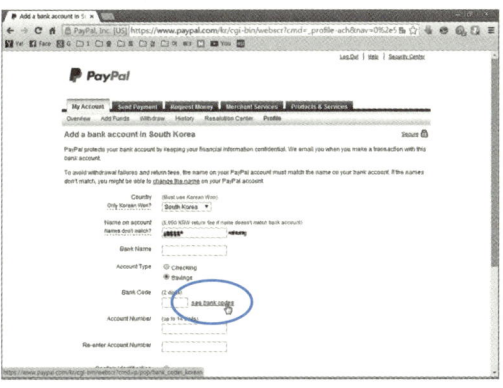

2 See Bank Code 문자를 클릭하면 국내 은행별 코드가 나타납니다. 페이팔에 등록할 은행 코드를 확인합니다.

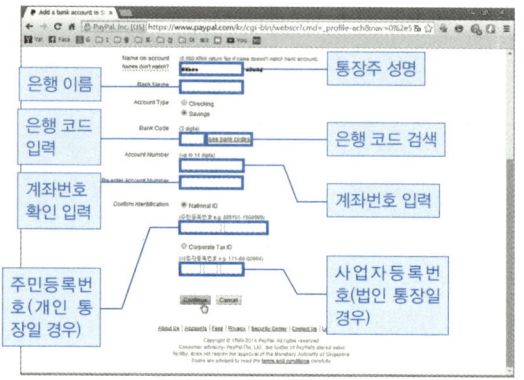

❸ 은행 코드와 해당 계좌번호를 입력하면 페이팔에 은행 계좌가 등록됩니다. 이렇게 하면 페이팔 계정으로 들어온 판매 대금을 등록한 은행으로 이체할 수 있습니다.

만일 은행 이체가 안 된다면, 통장에 설정된 통장주 성명(영문)과 현재 화면에 보이는 성명(영문)이 다른 경우이므로 현재 화면에 보이는 통장주 성명을 통장에 등록된 성명과 같게 수정해야 합니다.

페이팔에 예치된 판매 대금을 국내 은행에 이체할 때는 바로 이체되지 않고 3~4일 뒤 국내 환율로 자동 환전되어 지정한 은행으로 이체됩니다. 이때 환전 수수료 1% 내외와 약간의 이체 수수료가 발생합니다.

페이팔 예치금 활용 방법 1

페이팔의 주요 기능인 예치금, 인출, 결제 기능은 여러 가지 방법으로 활용할 수 있습니다.

✄ 페이팔로 예치금 입금: Add Funds 메뉴

[My Account → Add Funds] 메뉴는 페이팔에 예치금을 입금하는 기능입니다. 예치금 입금은 페이팔에 미리 등록한 외국 결제 가능한 신용카드로만 할 수 있고 은행 잔액으로는 할 수 없습니다. 현재 국내 은행 계좌에서 페이팔로 예치금을 입금할 수 없음을 유념하기 바랍니다.

✄ 페이팔에서 예치금 인출: Withdraw 메뉴

페이팔에 있는 자연 예치금을 페이팔에 등록한 자신의 국내 은행 계좌로 환급하려면 [My Account → Withdraw] 메뉴를 사용합니다.

✄ 페이팔에서 이체: Send(Recieve) 메뉴

페이팔에 가입한 다른 가입자에게 자신의 페이팔 예치금을 이체시킬 수 있습니다. 상대방이 페이팔에 등록한 이메일 주소를 알아야 합니다.

✄ 페이팔에서 상품 구매 대금 결제: Pay for eBay Items 메뉴

페이팔 예치금으로 이베이 상품을 구매하는 기능입니다.

 페이팔이 국내 은행 계좌를 지원하는 이유는 이베이에서 물품 구매 후 환불이 발생할 때 그 환불금을 한국 이용자들이 출금할 수 있도록 하기 위해서입니다. 이 때문에 국내 은행은 페이팔로 예치금을 충전할 수 없고 인출만 할 수 있습니다.

페이팔 예치금 활용 방법 2

페이팔에서 자신이 예치할 수 있는 한도는 자신의 신용카드 한도와 같습니다.
신용카드로 결제할 때 페이팔을 거쳐 결제된다는 뜻입니다.

✄ 페이팔 예치금 한도

페이팔은 페이팔 계정에 등록한 신용카드로 이베이에서 물건을 구매할 때 거치는 길목입니다. 페이팔에 국내 은행 계좌를 등록해도 외국 계좌이므로 예치금을 충전할 수 없습니다. 국내 은행 계좌는 페이팔로 들어온 판매 대금을 인출하는 용도입니다.

따라서 페이팔 계정의 예치금을 인위적으로 충전하는 방법은 없습니다. 유일한 두 가지 방법은 다른 페이팔 계정의 예치금을 자신의 페이팔에 이체하는 방법과 이베이에서 정산받은 판매 대금을 페이팔에서 꺼내지 않고 그대로 쌓아놓는 방법입니다.

✄ 페이팔 예치금을 상품 수입 대금으로 사용하기

이베이에서 1만 달러어치 물건을 판매하면 판매 후 15일 정도 뒤에 자신의 페이팔 계정으로 판매 대금이 들어옵니다. 이것을 바로 현금화시키고 싶다면 페이팔에 등록한 자신의 국내 은행으로 이체하면 됩니다. 이체를 실행하면 바로 이체되는 것이 아니라 3~4일이 지난 후에 국내 환율에 맞춰 환전되어 원화로 이체됩니다.

만일 이베이나 페이팔 결제가 가능한 다른 외국 쇼핑몰에서 어떤 상품이 마음에 들어 수입하기로 했다고 가정합시다. 해당 상품을 5,000달러어치 수입하려면 국내에서 어떤 방식으로든 결제해야 합니다. 이때 수입 대금을 신용카드로 결제하면 신용카드 회사에 수수료가 발생합니다. 이 카드 수수료를 절약하고 싶다면 페이팔에 쌓아놓은 예치금으로 결제하는 것이 좋습니다.

페이팔 예치금은 여러 가지 방법으로 활용할 수 있습니다. 예를 들어 믿을 만한 외국 거래처에서 수백만 원어치의 상품을 수입할 때 신용카드나 현금으로 결제하지 않고 페이팔 예치금으로 결제할 수도 있습니다.

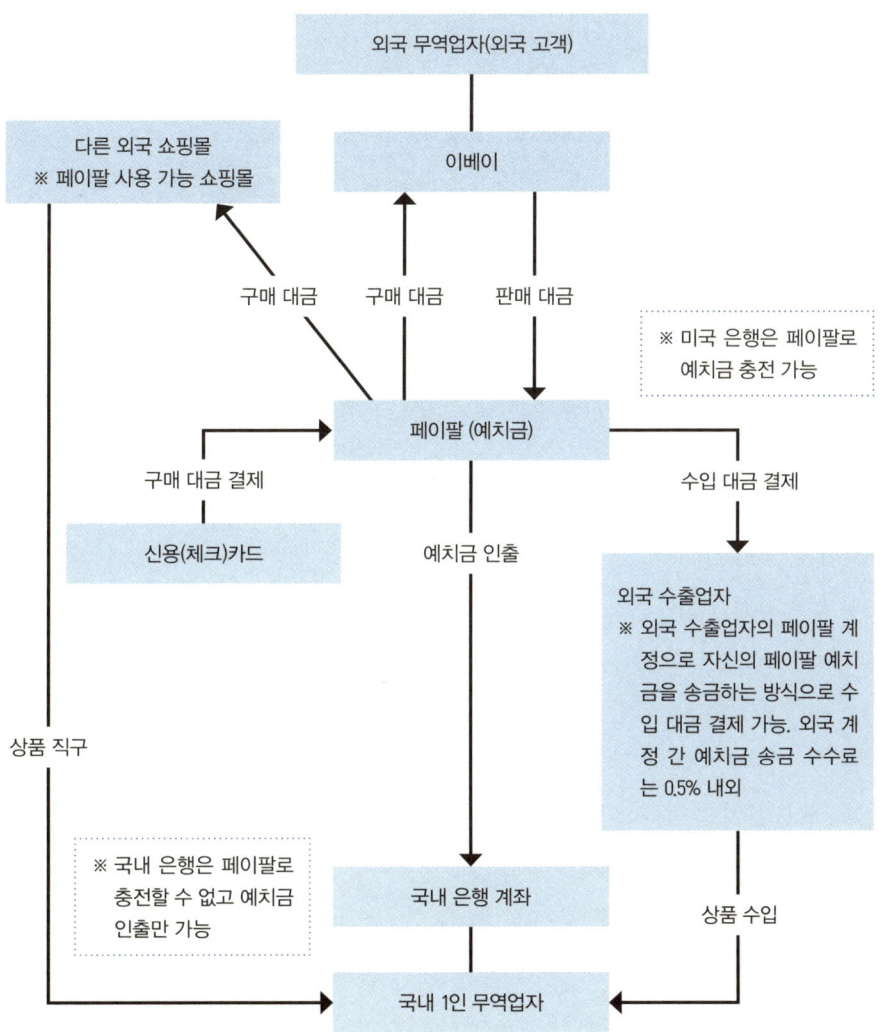

13 SECTION 이베이 셀러의 특징, 셀링리밋

이베이는 누구나 상품을 판매할 수 있지만, 초기 90일 동안은 셀링리밋이라는 판매 한도가 있습니다. 이 판매 한도 내에서만 판매할 수 있으므로 상품이 원활히 판매될 시점이면 판매 한도를 올려달라고 요구하기 바랍니다.

✖ 이베이 초보 판매자의 판매한도

이베이는 처음에 판매자의 신뢰도를 테스트하기 위해 초기 90일 동안은 셀링 매니저(Selling Manager)로 총 1,000달러 한도의 총 10개의 상품만 판매하도록 셀링리밋(판매 한도)을 걸어놓았습니다. 초기 90일 동안의 셀링리밋은 같은 기간 판매 실적에 따라 유동적으로 늘어납니다.

✖ 이베이 스토어로 업그레이드하기

판매 실적에 따라 대략 90일 뒤에는 스토어 프로그램(이베이에서의 판매 관리 프로그램)을 구매할 권한이 생깁니다. 스토어 프로그램을 구매하면 일반 업자처럼 셀링리밋 없이 다양한 품목을 금액 한도 없이 판매할 수 있습니다.

✖ 초기에 인위적으로 판매 한도 높이기

만일 판매할 상품을 많이 준비했다면 일단 몇 개의 상품을 판매한 뒤 셀링리밋(1,000달러 한도)을 올려달라고 미국 본사에 직접 전화를 해 당당히 요구합니다. 이때 자신이 만반의 준비를 한 사업자임을 밝히고 판매할 재고(확보한 상품)의 수량 등을 상세히 설명하면 이베이 담당자가 판매 한도를 몇만 달러 수준까지 바로 올려줍니다.

14 SECTION

이베이 셀러의 도우미, 요금 계산기 사용하기

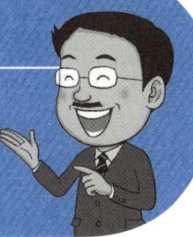

신용카드와 페이팔 계좌 연결을 끝낸 뒤에는 판매를 시작할 수 있습니다. 이때 판매 상품의 가격을 미리 산정해보고 싶다면 요금 계산기(Fee calculator)를 사용합니다.

요금 계산기는 이베이 메인화면의 [Sell → Seller Information Center → Fee Calculator] 메뉴에 있습니다. Fee Calculator 메뉴는 영문으로 되어 있지만 크롬 브라우저 사용자는 구글 번역기를 돌려 한국어로 번역해 읽을 수 있습니다.

판매할 상품 카테고리 선택

경매(Auction)로 판매할 것인지 고정된 가격(Fixed Price)으로 판매할 것인지 선택. 여기서는 고정된 가격인 500달러 입력

쉬핑(외국 배송)을 무료로 할 것인지 아니면 별도 배송비를 요구할 것인지 선택. 여기서는 쉬핑 대금으로 5달러 입력

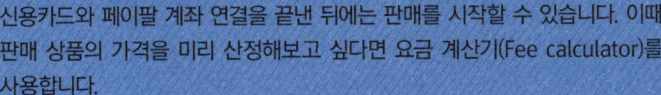

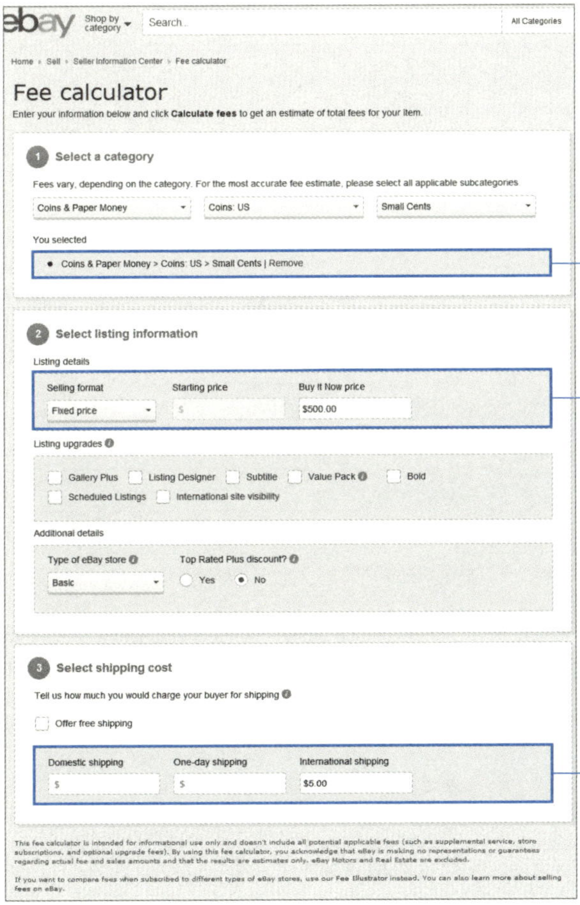

15 이베이의 판매 물품 미리 보기

이베이의 거래 상품은 매우 방대한 카테고리를 자랑합니다. 지구 상의 모든 상품을 거래할 수 있음을 알 수 있습니다.

이베이에서 상품을 거래할 때는 상품의 성격에 맞는 카테고리를 선택해 등록해야 합니다. 다음은 이베이의 주요 카테고리입니다.

Antiques	골동품 등
Art	예술용품 등
Baby	아기용품 등
Book	도서 등
Business & Industrial	비즈니스 혹은 산업용품 등
Clothing, Shoes & Accessories	의류, 신발 혹은 액세서리 등
Coins & Paper Money	동전 혹은 지폐 등
Collectibles	수집품 등
Dolls & Bears	인형 혹은 유사한 품목 등
Entertainment	엔터테인먼트, 기념품, 티켓 등
Electronics	전자제품, 스마트폰, 컴퓨터 등
Fashion	남성복, 여성복, 신발 등
Health & Beauty	건강 및 미용 등
Home & Garden	생활, 가정, 정원용품, 애완용품 등
Jewelry & Watches	보석 혹은 시계 등
Motors	자동차, 오토바이, 자동차 부품 등
Pottery & Glass	도자기 혹은 유리 등
Real Estate	부동산 등
Sporting Goods	아웃도어, 스포츠, 피트니스 용품 등
Sports Mem, Cards & Fan Shop	스포츠 MEM, 카드 혹은 팬숍 등
Stamps	우표 등
Toys & Hobbies	완구 혹은 취미용품 등

아무리 이베이라고 해도 판매할 수 없는 상품이 있을 것 같은데요?

이베이에서는 술이나 담배를 판매할 수 없으며 성인용품은 성인용품 카테고리에서 판매해야 합니다. 이베이 정책을 위반하면 상품 판매 정지를 당하고 판매자와 입찰자에게 통보됩니다. 판매 상품과 실제 배송한 상품이 다를 경우 판매자는 구매자에 의해 배상책임을 당할 수 있습니다.

SECTION 16 이베이의 판매 금지 및 판매 제한 품목

이베이에서 판매할 수 있는 상품은 매우 방대하지만, 판매 제한 및 금지된 품목도 있습니다. 아마존 셀러가 되려는 분들도 이를 참고해 사업을 준비하기 바랍니다.

개인 정보, 정부 용품, 테러, 무기, 보안 관련 매뉴얼, 성분이 불확실한 약물, 마약, 음식, 인종 차별 상품은 이베이에서 판매할 수 없습니다.

경찰 관련 용품, 정부 공인 신분증, 면허증, 정부기관, 운송기관 유니폼 등	공예품(미국 민속공예, 동굴 성분 공예물, 묘지 관련 상품), 미술품
국제 무역 관련(다단계 마케팅, 피라미드 프로그램)	군사용품, 성인용품, 살충제, 감시용품(도청, 감시 카메라 등)
금지된 서비스(휴대전화 서비스 계약서, 문 따기 장치, 개인 정보, 부동산류, 복권류, 자판기, 슬롯머신 등)	기프트카드, 신용카드, 위조화폐, 주식, 유가증권, 쿠폰류
동물, 야생식물 상품: 살아 있는 동물, 움직이는 견본, 상아, 식물(씨앗 포함)	리콜된 상품, 담배 도난품, 시리얼번호가 지워진 상품, 중고 의류, 중고 화장품
마약류, 마약을 상징하는 상품, 또는 마약 성분 상품, 주류(와인 포함)	미국에서 수입하고 있는 상품 중 특정 국가에서만 판매가 허용된 CD류 포함
불법 매뉴얼 등(메탐페타민 만드는 법에 관해 서술한 전자책 등)	불쾌감을 주는 상품(인종, 민족적 불쾌감을 주는 상품, 나치 기념품 등)
소화기, 칼 및 무기류(페퍼스프레이, 전기충격기 등 호신용품, 군사용품 등)	수출 금지 상품, 수출 금지된 나라 상품(쿠바 포함)
약품류 및 약품이 함유, 포함된 상품. 처방전으로 조제된 약품, 신체 일부, 의료용품(콘택트렌즈, 외과 의료용품, 심장박동 조절장치), 음식물, 건강식품류	위험성이 있는 금지 품목, 부패하기 쉬운 품목(배터리, 폭죽, 프레온 함유 상품 포함)
여행 관련, 스포츠, 영화, 연극 등의 티켓 자선, 기금 마련을 위한 리스팅	우편요금계기, 우표류, 위조 우표. 운송, 배송 상품(운송 시설 청사진, 비행기 조작 매뉴얼, 스튜어디스 유니폼)
일부 전자기기(케이블 TV 주파수 변환기, 전파탐지기, 교통신호 통제장치 등), 촉매 변환 장치와 테스트 파이프	정치적 기념물, 기념품(모조품 포함)

SECTION 17
이베이 셀러 사진 정책
- 사진 이미지 저작권 준수하기

이베이나 아마존에 사진을 올릴 때는 저작권 준수 규정이 있으므로 반드시 자신이 제작한 이미지나 자신이 직접 찍은 사진을 올려야 합니다.

✖ 이베이 상품 사진(이미지) 정책

반드시 자신이 직접 만들거나 디자인한 이미지, 자신이 찍은 사진만 등록할 수 있고, 타인의 사진이나 이미지일 경우 법적 허가를 받은 경우에만 등록할 수 있습니다. 다시 말해 이베이 'Catalog'에는 저작권에 법적인 문제가 없는 자신의 사진이나 이미지를 리스팅해야 합니다. 저작권 정책을 위반하는 경우 리스팅 게시물 삭제, 판매 제한, 계정 정지를 당할 수 있습니다. 아마존에 상품 사진을 올릴 때도 이 점을 유념하기 바랍니다.

사진 저작권을 위반할 시 이베이의 강제 제재 정책은 다음과 같습니다.

① 저작권 위반 사진이 올려진 게시물을 강제 삭제합니다.
② 판매 제한에 걸립니다.
③ 저작권 위반이 심하면 판매자의 계정이 정지되어 향후 이베이에서 판매 활동을 할 수 없습니다.

✖ 이베이 등록 가능한 상품 사진 개수와 포맷

이베이에 등록하는 사진, 이미지의 포맷은 'jpg' 포맷이어야 하며 한 번 리스팅(하나의 게시물)할 때 최대 12장의 사진을 무료로 업로드할 수 있습니다. 이베이는 인터넷이 느린 국가에도 서비스되므로 한국 쇼핑몰에서 자주 볼 수 있는 현란한 사진보다는 제품을 정확히 확인할 수 있는 단순한 제품 사진 위주로 등록하는 것이 좋습니다.

✷ 이베이 상품 사진 리스팅 규칙

이미지의 한 면이 최소 500픽셀 이상이어야 합니다. 워터마크(Watermark)를 제외한 일반 텍스트를 사진에 넣을 수 없습니다. 워터마크란 자신의 이베이 아이디나 회사명 등을 이미지에 글자나 로고 형태로 삽입하는 것을 말합니다. 사진에 테두리 효과를 넣을 수 없습니다. 사진이 없는 상품은 리스팅이 불가능하며 최소 한 장 이상의 사진을 같이 리스팅해야 합니다. 다른 셀러의 상품 사진을 무단도용할 수 없습니다.

사진 개수
한 게시물당 최대 12장까지 무료 게시 가능.

사진 크기
가로, 세로 500픽셀 이상.

사진 텍스트
저작권 정보를 알리는 이베이 아이디 등은 사진 위에 입력 가능. 상품 가격 및 설명 텍스트는 사진 위에 입력할 수 없음.

✷ 상품 사진 도용 신고(저작권 도용 신고)

다른 셀러가 자신의 사진을 도용한 경우, 자신의 사진임을 증명할 수 있는 자료 등이 있으면 이베이에 신고할 수 있습니다. 상품을 설명하는 타이틀 문자의 내용은 신고할 수 없습니다. 서로 같은 상품을 판매할 때도 있기 때문에 텍스트의 내용 일부가 비슷하다고 해서 신고할 수는 없습니다. 이베이에서의 저작권 침해 신고는 사이트 내 [Contact eBay → Selling → Resolving selling problems → Report an item or listing]에서 할 수 있습니다.

이베이 셀러 판매 관리하기 – 이베이 판매 보고서 기능

이베이는 셀러를 위해 판매 보고서(Sales Reports) 기능을 제공합니다.

이베이의 판매 보고서는 셀러를 위해 기간별, 카테고리별 판매 정보를 보고서로 출력하는 기능입니다. Account 탭의 Sales Reports 문자를 클릭하면 됩니다.

Time period 기간	월 또는 주 단위로 구간을 정해 판매 보고서를 볼 수 있습니다.
Sales Summary 판매 요약	가장 최근 판매 보고서를 출력합니다. 각종 판매 수수료, 또는 무료 아이템의 세부 사항을 볼 수 있습니다.
Sales by Category 카테고리별 판매 정렬	고정 가격 판매 혹은 경매 방식 판매 등의 판매 보고서를 정렬합니다.
Sales by Format 형식별 판매 정렬	종료 날짜, 기간 등으로 보고서를 정렬합니다.
Report Preferences 보고서 설정	보고서 모양을 설정할 수 있습니다.
News and Updates 뉴스와 업데이트	판매 보고서와 관련된 각종 뉴스 정보를 얻거나 업데이트를 할 수 있습니다.

[Account → Communication Preferences] 문자열을 클릭하면 판매 보고서를 이메일로 받을 수 있도록 설정할 수 있습니다.

이베이 셀러 판매 수수료율

이베이 판매 수수료는 경매 방식과 즉시 구매 방식에 따라 다르며 등록 단계의 수수료와 판매 단계의 수수료가 부과됩니다.

이베이 수수료는 경매 방식 판매자와 대량 판매자에게 유리한 구조입니다. 소량 판매자는 판매 대금의 10% 정도를 수수료라고 생각해도 무방합니다.

판매 방식	등록 수수료	판매 수수료
경매 방식	월 50개까지 등록 수수료 무료. 월 50개 이상 등록하면 아래 제품 가격별 등록 수수료 부과. 0.01-0.99달러(0.10달러) 1.00-9.99달러(0.25달러) 10.00-24.99달러(0.50달러) 25.00-49.99달러(0.75달러) 50.00-199.99달러(1.00달러) 200달러 이상(2.00달러)	판매 총액의 9% (최대 250달러) ※ 월 50개 무료 등록은 하나의 카테고리에 50개(50회)를 등록하는 상황에 해당. 만일 다른 카테고리에 제품을 등록하면 월 50개 무료 등록과 관계없이 옆의 경매 방식 등록비가 부과됨.
즉시 구매 방식 (고정 가격)	즉시 구매 방식으로 판매하면 위 경매 방식 등록 수수료에 아래 등록 수수료가 추가됨. 0.99-9.99달러(0.05달러) 10.00-24.99달러(0.10달러) 25.00-49.99달러(0.20달러) 50.00달러 이상(0.25달러)	판매 총금액 구간에 따라 아래 판매 수수료가 개별적으로 부과됨. 만일 총 2만 달러가 팔렸다면 구간별 판매 수수료 총합산이 판매 수수료가 됨. ① 판매 총액 달러 0.99-50 구간 ② 판매 총액 달러 50-1,000 구간 ③ 판매 총액 달러 1,000 이상 구간 | | ① | ② | ③ | |---|---|---|---| | 전자 | 7% | 5% | 2% | | 의류·신발 | 10% | 8% | 2% | | 책, dvd, 게임 | 13% | 5% | 2% | | 그 외 | 11% | 6% | 2% | ※ 제품이 아예 판매되지 않으면 판매 수수료 없음 ※ 배송비에 9% 수수료 부과

SECTION 20 아마존에서의 직구와 판매

아마존은 이베이와 쌍벽을 이루는 미국 오픈마켓의 대표 주자입니다. 이베이와 조금 다른 셀러 입점 방식의 인터넷 쇼핑몰입니다.

미국 워싱턴 주 시애틀에 있는 아마존은 세계적으로 유명한 전자상거래업체로서 규모 면에서는 세계 최대의 온라인 쇼핑 중개회사입니다. 1994년 7월 제프 베저스가 창업했으며 1995년 7월 서적류 판매로 사업을 시작한 뒤 현재는 전자제품, 의류, 가정용품, 가구, 식품, 인형, 장난감 등 모든 제품의 판매를 중개하고 있습니다.

최근 아마존은 전용 전자책 단말기인 킨들 태블릿 컴퓨터를 제작해 판매하여 공전의 히트를 쳤고 클라우드 서비스도 제공하고 있습니다. 현재 미국은 물론 캐나다(amazon.ca), 영국(amazon.co.uk), 독일(amazon.de), 프랑스(amazon.fr), 이탈리아(amazon.it), 스페인(amazon.es) 등에서 각국 언어로 사업을 펼치고 있습니다. 아시아에서는 인도(amazon.in), 중국(amazon.cn), 일본(amazon.co.jp)에서, 남미에서는 브라질(amazon.com.br), 멕시코(amazon.com.mx) 등에서 사업하고 있습니다. 아마존은 최근 한국 시장에 진출하려고 준비 중입니다.

아마존 셀러 입점 기본기
– 아마존 결제 수단과 등록 가능한 은행 계좌

미국 아마존에서의 상품 구매는 외국 결제가 가능한 신용카드나 체크카드만 가능합니다. 판매 대금을 정산받으려면 미국 본토 은행 계좌가 필요합니다.

❈ 아마존의 구매 결제 수단

아마존은 페이팔 결제가 아예 불가능합니다. 또한 미국 본토에서 개설한 미국 내 유명 은행 계좌만 지원합니다. 따라서 우리나라 사람이 아마존에서 상품을 판매한 뒤 정산을 받으려면 우선 미국 본토에서 은행 계좌를 개설해야 합니다.

❈ 아마존이 지원하는 은행 계좌

아마존은 미국, 영국, 프랑스, 독일, 그리스, 아일랜드, 스페인, 이탈리아, 오스트리아, 벨기에, 키프로스, 에스토니아, 핀란드, 룩셈부르크, 몰타, 네덜란드, 포르투갈, 슬로바키아, 슬로베니아, 뉴질랜드, 호주, 홍콩, 인도 은행 계좌를 지원합니다. 이들 국가의 유명 은행 계좌를 소유한 사람은 아마존에서 상품을 판매한 후 대금을 안전하게 정산받을 수 있습니다.

우리나라 사람은 일단 위에 해당하는 국가의 은행 계좌가 있어야 아마존 셀러로 등록할 수 있습니다. 미국 지인의 은행 계좌를 빌려 영업하기도 하지만 이 경우 출처 불명의 금전이 지인의 통장을 통해 국제간 이체되므로 미국 당국의 추적을 받습니다. 국내 법인 사업자는 미국 현지 법인을 만들면 미국 은행 계좌를 개설할 수 있습니다.

미국 계좌를 개설할 자격 조건이 안 된다면 인터넷에서 페이오니어(Payoneer) 가상계좌를 개설한 뒤 아마존의 정산 계좌로 등록하는 방법을 추천합니다. 페이오니어는 미국 은행 계좌를 개설할 수 없는 외국인들이 흔히 개설하는 미국 은행 가상계좌입니다. 인터넷에서 계좌를 개설하면 선불카드 형태의 카드를 우편으로 받을 수 있습니다. 국내의 외국 직구족들이 흔히 사용하는 가상계좌로서 페이오니어로 입금된 예치금은 국내의 글로벌 ATM 기계를 통해 인출할 수 있습니다.

SECTION 22 아마존 판매 대금 정산 시스템 구축하기 – 페이오니어 가상계좌 만들기

미국 은행 계좌가 없으면 아마존 판매 대금을 정산받을 수 없습니다. 이때 사용하는 미국 은행 가상계좌가 페이오니어입니다.

페이오니어 가상계좌 개설 ← 'www.payoneer.com'에서 개설 가능

↓

미국 은행 가상 계좌 생성

↓

페이오니어 마스터선불카드 발급 ← 발급된 마스터선불카드 우편으로 수취

↓

아마존 셀러로 등록 ← 아마존 계정에 페이오니어 계좌 연동

↓

아마존에서 상품 판매

↓

판매 대금을 페이오니어 계좌로 정산 ← 페이오니어 계좌에 판매 대금이 쌓임

↓

페이오니어 계좌의 국내 출금 ← 국내 글로벌 ATM 기계에서 마스터선불카드로 출금

아마존 가입과 셀러로 입점하기

아마존에서 상품을 판매할 수 있는 자격은 별도로 정해진 바가 없습니다. 아마존 이용자는 누구나 상품을 판매할 수 있습니다.

✖ 아마존 셀러 입점 절차

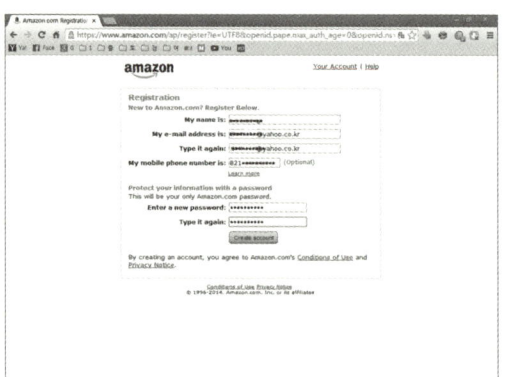

1 먼저 아마존닷컴에 가입합니다. 입력한 자신의 이메일이 아마존 로그인 아이디가 됩니다. 전화번호는 821××××××××× 형식으로 국제 전화번호를 입력합니다.

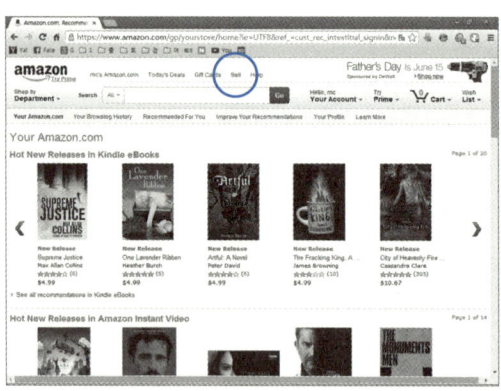

2 가입 즉시 아마존 홈페이지에 로그인 상태가 됩니다. 셀러로 등록하기 위해 상단의 Sell 메뉴를 클릭합니다.

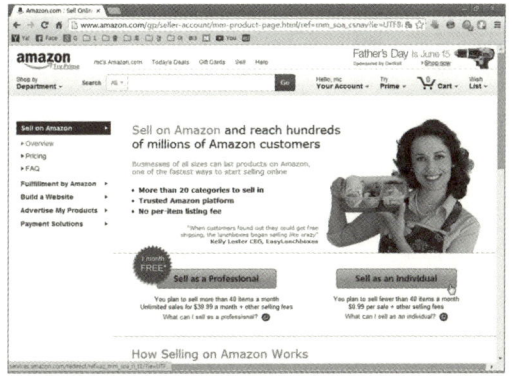
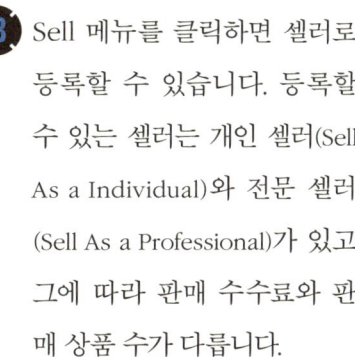

③ Sell 메뉴를 클릭하면 셀러로 등록할 수 있습니다. 등록할 수 있는 셀러는 개인 셀러(Sell As a Individual)와 전문 셀러(Sell As a Professional)가 있고 그에 따라 판매 수수료와 판매 상품 수가 다릅니다.

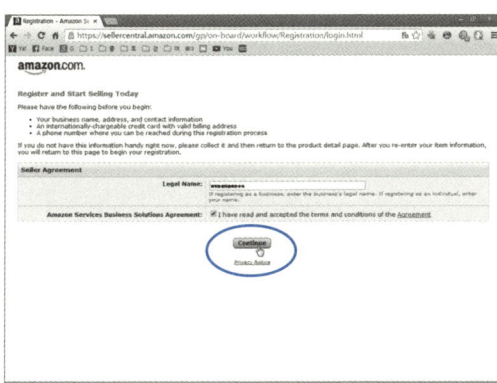

④ 셀러 규칙에 동의하고 Continue 버튼을 클릭합니다.

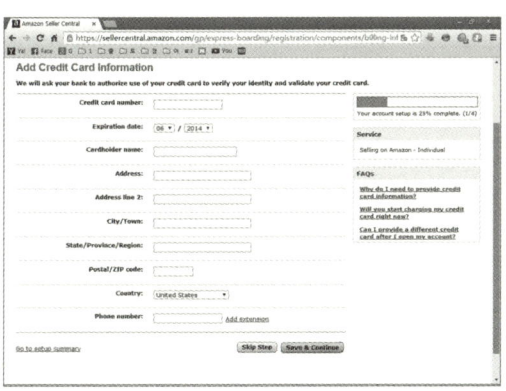

⑤ 보통의 아마존 가입자는 상품을 구매하기 위해 가입하므로 사용하는 신용카드나 체크카드 정보를 입력합니다. 외국 결제가 가능한 카드만 등록할 수 있습니다.

 이베이나 아마존은 제품 가격을 제멋대로 올려서 판매하기도 합니다. 말 그대로 셀러 마음대로 가격을 책정할 수 있습니다. 싸게 내놓은 사람의 제품이 다 팔리면 그다음 가격으로 리스팅한 사람의 제품이 검색되는 시스템이지만 한 사람이 하루에도 수십 번씩 가격을 바꿔가며 올릴 수도 있습니다.

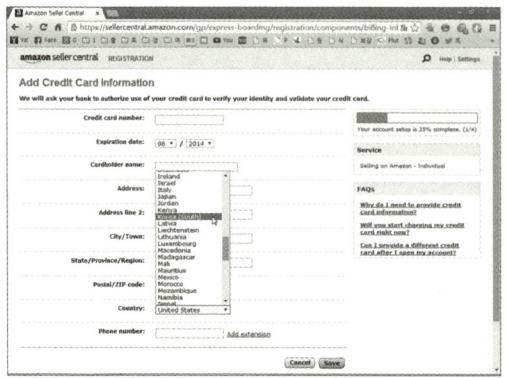

6 이름, 주소 등의 정보를 입력할 때는 자신의 신용카드에 등록된 영문 이름 및 주소와 똑같이 등록하며 오타가 발생하지 않도록 주의합니다. 또한 국가 정보에서 Korea를 정확히 선택합니다.

 이름, 주소, 국가 정보 입력 시 정확히 작성해야 합니다. 만일 정확하게 입력하지 않으면 판매, 배송, 정산 등에서 본의 아니게 불이익이 발생합니다. 특히 미국 제출용 서류를 영문으로 작성할 때는 이름이나 주소에서 오타가 발생하면 동일인으로 인정받지 않으므로 자신의 신용카드(혹은 여권)에 등록한 영문 이름과 주소를 기준으로 오타 없이 정확히 작성하기 바랍니다.

아마존 설정 페이지에서 금융 카드 정보 입력하기

아마존에서 입력해야 할 금융 카드 정보는 외국 결제 가능한 신용·체크카드 정보와 판매 대금을 정산받을 수 있는 미국 은행 계좌 정보입니다.

아마존은 물론 외국 오픈마켓에서 금융 카드 정보를 입력할 때는 보통 영문으로 입력합니다. 영문으로 입력하다 보면 오타가 많이 발생합니다. 반드시 영문 주소, 전화번호, 영문 이름 등을 자신의 신용카드 정보와 정확히 일치하도록 입력해야 하며 오타가 발생하지 않도록 주의합니다. 만일 오타가 있다면 직구 시 상품 수취에 문제가 있을 수 있을 뿐만 아니라 판매 대금을 정산할 때도 어려움이 발생할 수 있습니다. 아마존 신규 가입자는 Seller Account 메뉴에서 금융 계좌 정보를 입력하거나 수정할 수 있습니다. 계속 진행하면 다음 항목을 입력하게 되고 휴대전화 문자메시지 등의 방법으로 본인 확인 절차를 거칩니다.

✼ Charge method 항목

자신의 외국 결제 가능한 신용카드나 체크카드 정보를 입력합니다. 이곳에서 입력한 카드 정보는 아마존에서 상품을 직구할 때 구매 대금 결제에 사용됩니다.

✼ Deposite method 항목

미국 본토에서 개설한 은행 계좌 정보를 입력합니다. 미국 본토에서 개설한 은행 계좌가 없다면 페이오니어 계좌(미국 은행 가상계좌)를 입력합니다. Deposite method 항목에 등록한 계좌는 아마존에서 상품을 판매한 뒤의 판매 대금 정산용으로 사용됩니다.

개인은 미국 여행 시 여권으로 통장(W8-ben 방식)을 개설하고 인터넷뱅킹 신청과 체크카드를 발급받아 올 수 있습니다. 미국 본토 은행 계좌(W8-ben 계좌나 페이오니어 가상계좌)를 만들 때는 우량 은행인 뱅크오브아메리카(BOA) 계좌를 개설할 것을 추천합니다. 개인 은행 계좌는 국제간 이체 금액에 한도가 있으므로 판매량이 중소기업 수준으로 높아지면 미국에 현지 법인 설립을 염두에 둬야 합니다.

25 유럽 아마존에서 판매하기

아마존은 미국, 일본 및 유럽 각국에서 해당 국가 언어로 서비스됩니다. 이때 미국이나 영국 아마존에 가입할 때 사용한 이메일이 있으면 각국 아마존에서도 로그인 및 판매를 할 수 있습니다. 단 판매 대금을 회수하는 은행 계좌는 아마존 각국에 맞게 재설정해야 합니다.

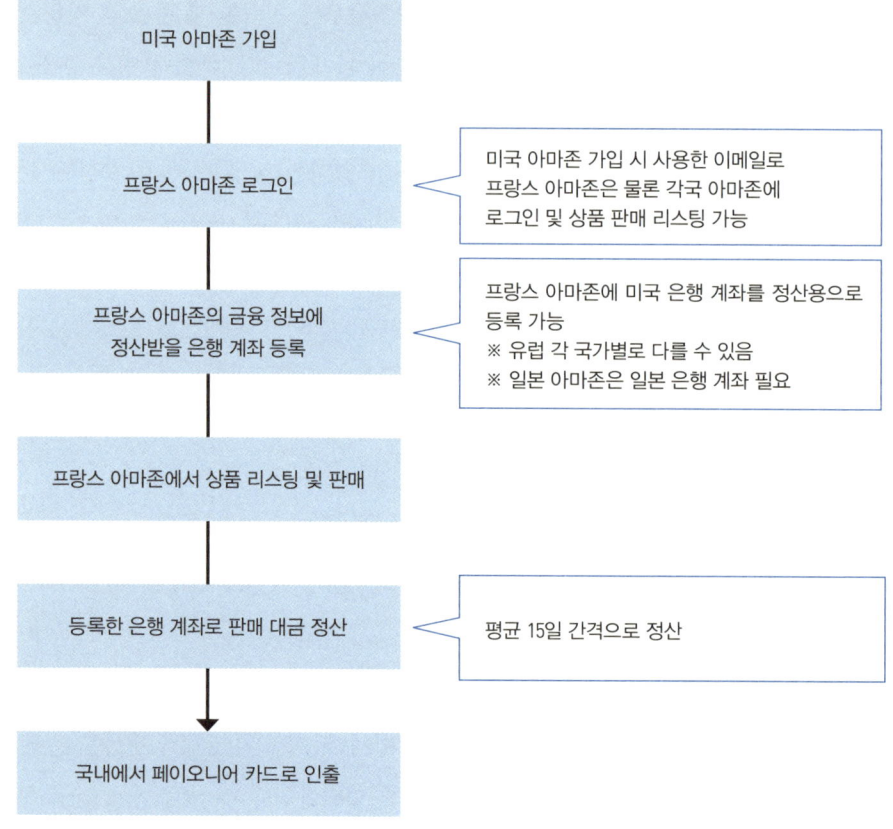

아마존 판매 수수료

아마존 셀러는 세 가지 타입이 있습니다. 개인 판매(Individual), 전문 판매상(Professional), 그리고 아마존 웹스토어(아마존 연동 개인 쇼핑몰)입니다.

아마존 판매 대금은 매월 2회, 15일 간격으로 정산됩니다. 별도 판매 수수료는 카테고리별로 건당 6~15% 내외이지만 총액 1,000달러 이상이면 수수료율이 6%대로 내려갑니다. 이베이보다 수수료율이 높아 보이지만 상품 등록 수수료가 없으므로 이베이와 비슷합니다.

개인 판매	개인 판매상	월 40개 이하 품목을 판매할 계획인 경우
	수수료	건당 0.99달러+카테고리별 판매 수수료(6~15%)
	리스팅할 수 있는 카테고리	아기용품, 서적, 카메라, 휴대전화 또는 액세서리, 가전, 전자부속품, 홈&가든, 킨들, 킨들 액세서리, 주방, 음악, 악기, 사무용품, PC, 소프트웨어, 스포츠의류, 도구, 완구 및 게임, 비디오, DVD 및 블루레이, 비디오 게임 등
	특징	아마존이 주문, 배송, 결제 시스템 대행
전문 판매	전문 판매상	월 40개 이상의 품목을 판매할 계획인 경우
	수수료	월 이용료 39.99달러+카테고리별 판매 수수료(6~15%)
	리스팅할 수 있는 카테고리	위 카테고리 외 자동차, 아트, 의류와 액세서리, 소장 동전, 수집품 책, 스포츠 및 엔터테인먼트, 선물 카드, 잡화·고급 요, 건강 및 개인 관리, 애완동물용품, 산업 및 과학, 보석, 화물 및 여행용품, 신발, 핸드백과 선글라스, 시계, 와인 등 ※ 일부 품목은 판매 전 아마존 승인이 필요하며 이메일로 승인 서류 제출 시 3일 내 판매 승인 여부 결정
	특징	아마존 마켓플레이스 서비스로 판매 분석 가능. 배송 요금 사용자 설정 가능. 판매 상품 상위 노출 가능
아마존 웹스토어	개인 쇼핑몰	아마존과 완벽히 연동하는 개인 쇼핑몰을 말하며 아마존 플랫폼에 맞게 제작됨
	수수료	월 이용료 79달러+판매 건당 2% 수수료
	특징	판매 상품을 자신의 웹스토어에 리스팅하면 아마존에도 자동 연동되어 노출. 개인 웹스토어이지만 주문, 배송, 결제 시스템을 아마존이 대행

SECTION 27
일본의 오픈마켓과 인터넷 쇼핑몰
– 라쿠텐, 큐텐, 아마존 재팬, 야후 재팬

일본에서 가장 큰 쇼핑몰인 라쿠텐에 입점하려면 일본 내에 법인 사무실을 창업해야 하므로 국내 셀러들은 보통 큐텐 재팬에 입점합니다.

✖ 국산 지마켓에 뿌리를 둔 오픈마켓: 큐텐 재팬(www.qoo10.co.jp)

국산 지마켓의 아시아 각국 판의 하나인 큐텐(Qoo10) 재팬은 일본 내국인을 겨냥해 만들어진 오픈마켓입니다. 큐텐 재팬은 종합 쇼핑몰 성격을 띠고 있는 라쿠텐과 달리 여성, 소녀 대상 상품과 저렴한 가격의 물건을 많이 취급하는 인터넷 쇼핑몰이며 이 때문에 일본 내 인지도는 낮지만 한류 상품 보급기지로 인기를 얻고 있습니다. 별도 입점비는 없으며 상품당 10% 내외의 판매 수수료를 부과합니다. 국내에서도 일본 큐텐 재팬의 셀러 입점이 가능하고 한국인 담당 직원이 있으므로 입점이 편리합니다.

✖ 일본 오픈마켓 대장: 라쿠텐(www.rakuten.co.jp)

외국인이 라쿠텐에 입점하려면 먼저 일본에 법인 회사를 설립해야 합니다. 단 외국인이 일본에 법인 회사를 창업하려면 최소 500만 엔(5,000만 원)의 자본금을 들여 투자경영 비자를 취득해야 합니다. 그런 뒤 일본 법인 회사를 세워 약 100만 엔가량으로 사무실, 배송 시스템을 구축한 뒤 사업 계획서를 보내 라쿠텐과 상담하면 입점에 필요한 서류를 보내옵니다. 서류는 일본어로 되어 있습니다. 이후 라쿠텐 측이 원하는 심사 과정에 합격하면 입점할 수 있습니다. 덧붙여 별도의 라쿠텐 입점비가 필요합니다. 초기에 일본 법인 창업비(투자경영 비자) 500만 엔 외에도 라쿠텐 입점비가 필요하므로 1인 무역업자는 라쿠텐 입점이 사실상 불가능합니다. 따라서 중소기업이나 대기업, 어느 정도 경력 있는 쇼핑몰 업자들이 라쿠텐에 입점하는 경우가 많습니다. 외국인은 일본 내 현지 법인을 가진 사람만이 라쿠텐에 입점할 수 있습니다.

일본의 주요 인터넷 쇼핑몰 순위

일본의 인기 인터넷 쇼핑몰은 오픈마켓 스타일의 종합 쇼핑몰과 브랜드 쇼핑몰이 혼재해 있습니다.

일본 내수 시장에는 10여 개의 주요 인터넷 쇼핑몰이 있습니다. 이들 쇼핑몰에 입점하려면 대부분 일본 현지에 현지 법인을 설립해야 하는데 그 이유는 판매 대금 정산용 일본 은행 계좌가 필요하기 때문입니다. 큐텐 재팬은 판매 대금이 예치된 지갑에서 외국 은행 계좌로 송금할 수 있으므로 일본 현지 법인 없이 국내에서도 입점할 수 있습니다.

다음은 일본에서 인기 있는 인터넷 쇼핑몰 목록입니다.

순위	쇼핑몰	URL	특징
1위	라쿠텐	www.rakuten.co.jp	종합 쇼핑몰, 오픈마켓 1일 1억 3,000만 뷰 이상 회원 수 6,500만 명 외국인 입점 어려움
2위	아마존 재팬	www.amazon.co.jp	종합 쇼핑몰, 오픈마켓 외국인 입점 어려움
3위	가격닷컴	www.kakaku.com	가격 비교 사이트 PC, 휴대전화 위주
4위	핫페퍼	www.hotpepper.jp	맛집 정보 맛집 쿠폰 사이트
5위	EC나비	www.ecnavi.jp	쿠폰, 포인트 사이트
6위	조조타운	www.zozo.jp	남녀의류 쇼핑몰
7위	야후쇼핑	shopping.yahoo.co.jp	종합 쇼핑몰, 오픈마켓 외국인 입점 어려움
8위	세실	www.cecile.co.jp	여성의류 위주 쇼핑몰 주방, 미용, 아동 포함
9위	비더스	www.bidders.co.jp	종합 쇼핑몰 모바일 이용자 특화
10위	0101마루이	www.0101.co.jp	마루이 백화점 쇼핑몰
신규	큐텐 재팬 (구 일본 지마켓, 이베이 투자회사)	www.Qoo10.jp	종합 쇼핑몰, 오픈마켓 외국인 입점 가능 셀러 관리 페이지 일부는 한국어 지원

아마존 재팬

가격닷컴

핫페퍼

조조타운

세실

0101마루이 백화점

일본의 오픈마켓 시장 40% 장악한 라쿠텐

일본 인터넷 종합 쇼핑몰 1위는 라쿠텐입니다. 2위는 아마존 재팬, 3위는 야후 재팬입니다. 최근에는 큐텐 재팬이 젊은 여성층에게 인기를 끌고 있습니다.

일본의 대표 인터넷 회사

일본 라쿠텐(樂天, 악천)은 고정 가격과 경매 가격 방식으로 상품을 판매하는 일본 최고 인터넷 쇼핑몰이자 오픈마켓입니다. 초기에는 소규모 쇼핑몰이었으나 1999년 '라쿠텐 주식회사'로 명칭을 바꾼 뒤 2000년 자스닥(일본 장외 증권 거래 시장) 상장, 그 후 인포시크와 중고품 쇼핑몰인 이지시크를 인수해 사세 규모를 확장했습니다. 2002년에는 라이코스 재팬을 매입해 인포시크와 합병시키고 2003년에는 여행 관련 서비스인 마이트래블넷을 인수해 현재의 라쿠텐 트래블 주식회사를 만들었습니다. 그 후에는 증권회사와 크레디트 업계로 사세를 확장, 현재는 일본의 대표 인터넷 회사가 되었습니다. 이에 그치지 않고 2004년에는 비셀 고베 프로축구팀을 인수하고 그 해 가을에는 라쿠텐 골든이글스 프로야구단을 창단했습니다.

라쿠텐 글로벌 서비스

라쿠텐 그룹의 구성은 전자상거래업체인 라쿠텐 쇼핑몰, 라쿠텐 북스, 라쿠텐 옥션이 있고, 신용·결제업체인 라쿠텐 크레디트, 포털서비스 회사인 인포시크, 여행업체인 라쿠텐 트래블, 증권업체인 라쿠텐 증권, 통신업체인 퓨전·커뮤니케이션 업체 등을 소유하고 있습니다. 라쿠텐 쇼핑몰은 일본 서비스에 만족하지 않고 세계 시장에 진출하기 위해 라쿠텐 글로벌 서비스를 하고 있는데 현재는 아시아 각국은 물론 서구 시장 안착에도 성공했습니다. 라쿠텐 글로벌은 주로 일본 제품을 세계 시장에 판매하지만, 한국 제품을 세계 시장에 판매할 수도 있습니다. 라쿠텐 외국 사이트는 미국, 영국, 인도네시아, 오스트리아, 캐나다, 싱가포르, 스페인, 타이, 대만, 독일, 브라질, 프랑스, 말레이시아 등이 있고 국내에는 라쿠텐 글로벌이 한국어로 서비스됩니다.

참고로 일본 라쿠텐 사이트에서 취급하는 물품 중 외국 배송이 가능한 업체들은 라쿠텐 글로벌에서도 영업합니다. 라쿠텐에 입점한 업체 수는 약 13만 개이고 취급 품목은 1억 6,000점입니다.

다음은 일본 내수 시장 판매를 주력으로 하는 일본 라쿠텐(www.rakuten.co.jp)의 메인화면입니다.

라쿠텐 글로벌(global.rakuten.com)의 한국어 페이지입니다. 라쿠텐 글로벌은 영어, 중국어, 일본어, 한국어로 서비스되며 일본 라쿠텐에 입점한 업자들 중 외국 배송이 가능한 셀러가 상품을 판매합니다.

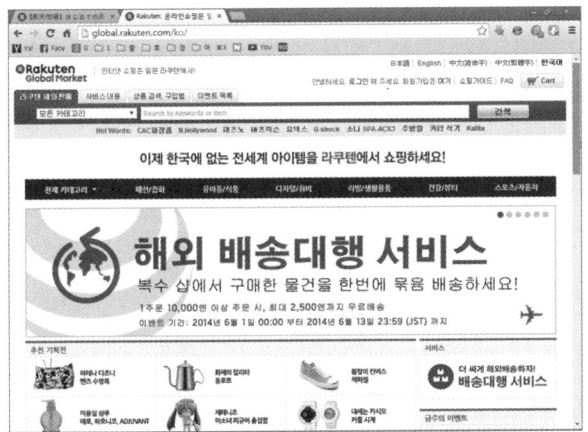

라쿠텐은 라쿠텐 글로벌 외에도 각국에 독립 법인이 있고 해당 국가에서 서비스됩니다. 다음은 라쿠텐 유럽 사이트 목록입니다.

라쿠텐으로 일본 쇼핑몰 시장 공부하기

SECTION 30

일본의 인터넷 쇼핑몰 시장을 파악하기 위해 라쿠텐에서 취급하는 상품을 확인해봅니다.

일본 라쿠텐의 홈페이지에서 왼쪽 사진과 같은 분류 메뉴를 보면 국내 쇼핑몰처럼 다양한 제품을 취급하고 있음을 알 수 있습니다. 취급하는 제품 분류가 다양하므로 경쟁력 있는 국산 제품으로 라쿠텐이나 큐텐 재팬, 아마존 재팬 등에 입점을 시도하는 것이 좋습니다.

분류 메뉴	내용
電子書籍 楽天Kobo	전자도서 라쿠텐 Kobo
ファッション・バッグ	패션·가방 (의류, 속옷, 액세서리, 시계, 안경, 신발, 보석)
家電・パソコン	가전·PC(스마트폰, PC 주변 기기)
食品・ドリンク・お酒	식품·음료·술 (과자, 라면, 과일, 건과, 양곡, 생수, 반찬, 국수류, 빵, 꿀, 달걀, 치즈, 버터, 해산물, 육류, 채소, 냉동제품, 통조림, 건강식품, 향신료, 간장류, 서양음식, 자연식품, 다이어트 음식, 한국 음식)
インテリア・日用雑貨	인테리어·일용 잡화(침구, 가구, 주방용품)
スポーツ・ゴルフ	스포츠·골프(여행 예약)
コスメ・健康・医薬品	화장품·건강·의약품(다이어트)
キッズ・ベビー・玩具	키즈·베이비·장난감(취미용품)
ペット・花・DIY工具	애완동물·꽃·DIY 공구
本・音楽・ゲーム	책·음악·게임(대여, 다운로드)
車・バイク	차·오토바이(자동차용품, 차량 검사)
不動産・サービス	부동산·서비스(보험)

SECTION 31

한·중·일 셀러들이 경쟁하는 오픈마켓 – 큐텐 재팬

큐텐은 한국 인터넷 쇼핑몰 지마켓과 미국 이베이가 합자 투자한 아시아 시장 주력의 인터넷 오픈마켓입니다. 국내 지마켓처럼 이베이에 인수되었습니다.

큐텐 재팬의 사용 언어

큐텐은 글로벌 허브 사이트인 큐텐 글로벌과 아시아 각국 사이트인 큐텐 싱가포르, 큐텐 재팬, 큐텐 인도네시아, 큐텐 말레이시아, 큐텐 차이나, 큐텐 홍콩이 있습니다. 글로벌 사이트인 큐텐 글로벌의 메인화면은 영어, 한국어, 일본어, 중국어를 지원합니다. 큐텐 재팬의 메인화면은 일본어, 영어를 지원하지만 판매점 관리 화면 일부에서 한국어를 지원할 뿐 아니라 국내 은행 계좌로의 이체가 가능하므로 판매 대금을 회수하기가 쉽습니다. 또한 'Q통장'에 예치금 형태로 들어오는 판매 대금을 외국 은행 계좌로 이체하는 기능을 제공하므로 일본 내국인이 아닌 외국인 셀러도 큐텐 재팬의 셀러로 자유롭게 등록하고 있습니다.

큐텐 가입하기

큐텐은 아시아 각국에 회원이 있습니다. 이중 큐텐 재팬은 일본에서 저렴한 가격의 생활용품을 찾는 이들이 주요 고객이기 때문에 외국 진출을 원하는 한국 셀러와 중국 셀러들이 발판으로 삼는 사이트입니다. 셀러로 가입하고 싶다면 큐텐 재팬(www.qoo10.jp), 큐텐 싱가포르(www.qoo10.sg) 등이 이용자가 많으므로 둘 중 하나에 가입하기 바라며 향후 시장을 위해서는 큐텐 차이나에 가입하는 것도 생각해볼 만합니다. 만일 상품을 영문으로 판매하려면 큐텐 글로벌(www.qoo10.com)로 가입하는 것이 좋습니다.

큐텐 재팬은 일본, 중국, 한국 제품이 섞여서 경쟁하기 때문에 저가상품 시장이 활발합니다. 잘 팔리는 한국산 품목은 화장품과 라면 종류인데 한국 라면 판매량은 일본 인터넷 쇼핑몰 사이에서 가장 높습니다. 다소 저가시장 위주의 쇼핑몰이지만 한국어 지원이 가능하므로 외국 판매 기술을 익히기에 딱 좋습니다.

큐텐의 가장 큰 매력은 큐텐 재팬에 리스팅한 상품의 외국 배송비를 설정하면 배송비가 설정된 국가의 큐텐 화면에도 상품이 노출된다는 점입니다. 예를 들어 큐텐 재팬에 가입한 뒤 상품을 올리고 배송비 항목에서 일본 배송비 외 싱가포르 배송비를 추가 설정하면 큐텐 싱가포르 화면에도 상품이 노출됩니다.

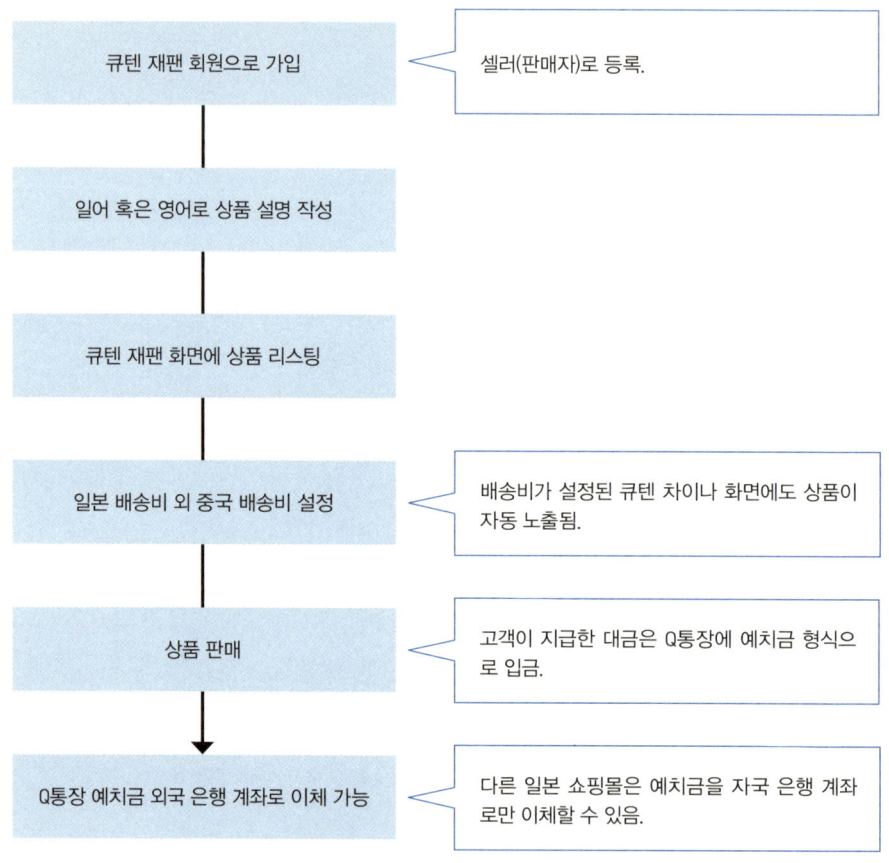

다음은 큐텐 말레이시아 셀러가 상품을 리스팅한 뒤 각국 외국 배송비를 설정하여 연동시킨 결과입니다. 큐텐 글로벌에서 상품을 본 러시아 이용자가 자신이 사는 국가(러시아)를 선택하면 말레이시아에서 자신이 사는 국가까지의 외국 배송비가 출력됩니다.

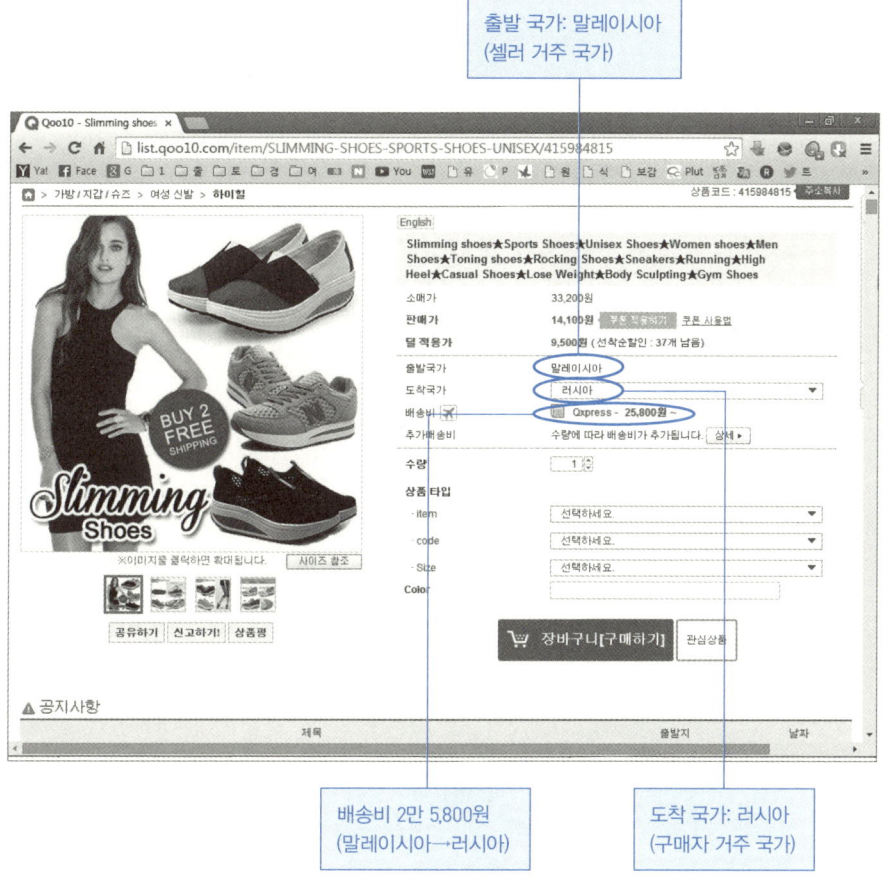

큐텐 재팬에서는 어떤 제품이 잘 팔릴까?

일본 오픈마켓을 관찰하는 의미에서 큐텐 재팬에서 어떤 제품들이 베스트셀러인지 검토해봅니다.

1 큐텐 재팬(www.qoo10.jp)에 접속해 스크롤바를 화면 제일 아래로 내린 뒤 ランキング(랭킹, 순위)를 클릭합니다.

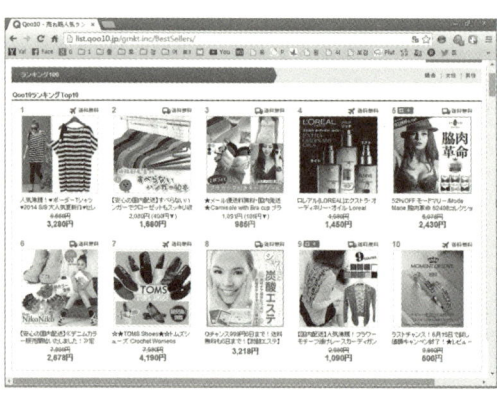

2 큐텐에서 잘팔리는 상품 100개 품목이 순위별로 표시됩니다. 6월 초 순위이므로 여름 제품이 많습니다.

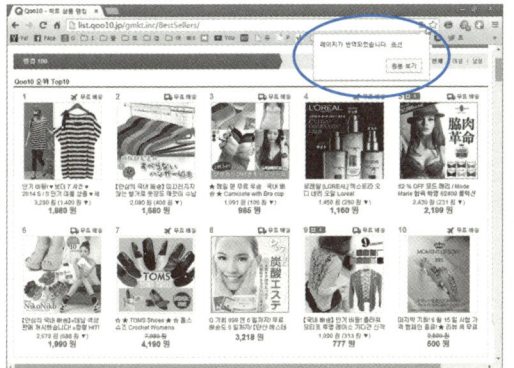

③ 일본어를 모른다면 구글 번역기를 실행해 한글로 번역된 글을 볼 수 있습니다.
크롬 브라우저 사용자는 구글 번역기가 내장되어 있으므로 실행하기 쉽습니다.

④ 인기 상품 100개 품목을 일일이 검토해보았습니다. 95% 정도가 여성의류, 여성 신발, 여성 화장품 종류입니다. 일본 여성들이 즐겨 찾는 쇼핑몰임을 알 수 있습니다.
나머지 5%는 10만 원대 소형 가전제품들입니다.

 일본 큐텐에서 판매되는 상품들의 원산지는 중국, 한국, 일본이 뒤섞여 있습니다. 셀러 역시 중국, 한국, 일본 셀러가 섞여 있는데 한국 셀러나 일본 셀러도 중국산을 수입해 판매합니다. 즉 중국 생산공장에서 의류를 몇백 장이나 몇천 장 단위로 생산 주문하여 국내로 수입한 뒤 국내 쇼핑몰과 일본 쇼핑몰에 리스팅해 양쪽 국가에 판매합니다.

일본 오픈마켓에서 상품 판매하기 1
- 큐텐 재팬 가입하기

큐텐은 서비스되는 각 국가로 리스팅한 상품을 자동 연동해주지만 상품 설명서까지 번역되지는 않습니다.

일본어로 상품을 판매하려면 큐텐 재팬에 가입하고 중국어로 상품을 판매하려면 큐텐 차이나에 가입하는 것이 좋습니다. 만일 영어로 상품을 판매하려면 큐텐 글로벌(한국어 지원)에 가입한 뒤 영문으로 상품 설명서를 작성해 리스팅하고 국가별 외국 배송비를 설정합니다. 외국 배송비가 설정된 국가의 큐텐 쇼핑몰에도 상품이 자동 노출될 것입니다.

여기서는 큐텐 재팬에 가입하는 방법을 알아봅니다.

먼저 'www.Qoo10.jp'를 입력해 큐텐 재팬 쇼핑몰에 접속합니다. 크롬 사용자는 구글 번역기를 사용하면 가입하기가 한층 쉽습니다.

1 큐텐 재팬에 가입하기 위해 會員登錄(회원 등록) 문자를 클릭합니다.

❷ 자신의 이름, 이메일, 비밀번호를 입력합니다. 여권 이름을 입력하기 바라며 여권이 없으면 주민등록증에 기록된 이름을 입력합니다. 영문으로 입력하거나 일본어로 입력합니다.

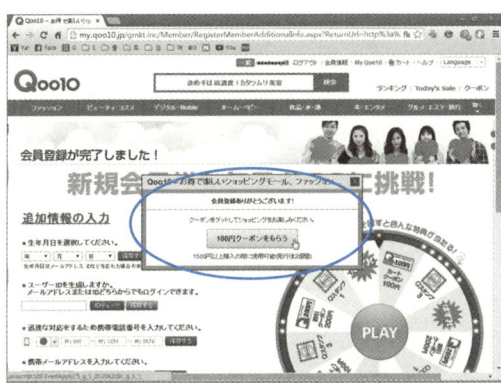

❸ 회원 가입이 끝나면 바로 100엔 쿠폰이 무료로 지급됩니다. 버튼을 눌러 쿠폰을 받기로 합니다.

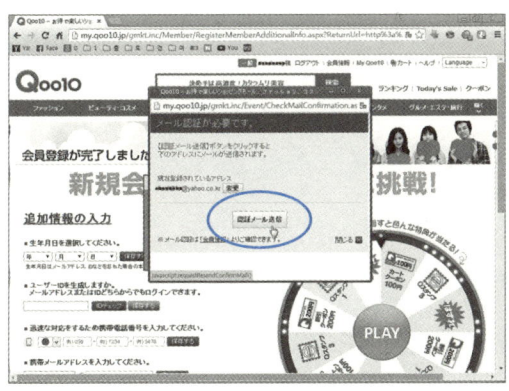

❹ 쿠폰을 받으려면 이메일 인증이 필요합니다. 이메일 인증을 하기 위해 버튼을 누릅니다.

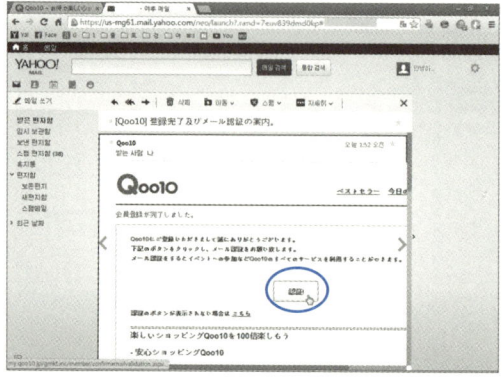

⑤ 바로 자신의 이메일을 확인하면 인증 메일이 도착한 것을 알 수 있습니다. 인증 버튼을 클릭해 인증하면 100엔 쿠폰을 받을 수 있습니다.

⑥ 앞에서 인증 버튼을 누르면 큐텐 홈페이지로 다시 연결되어 100엔 쿠폰이 적립된 것을 알 수 있습니다. 이 쿠폰은 큐텐 재팬에서 상품을 구매할 때 사용합니다.

⑦ 원래의 큐텐 화면으로 이동한 뒤 자신의 추가 정보를 입력합니다.

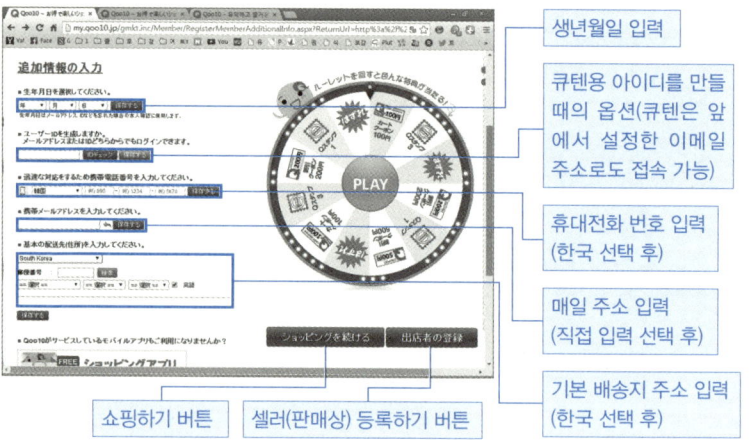

일본 오픈마켓에서 상품 판매하기 2
– 큐텐 재팬 셀러로 등록하기

큐텐 회원은 상품 구매만 할 수 있으므로 상품 판매를 하려면 셀러(판매상) 등록을 해야 합니다.

✕ 큐텐 재팬 셀러 등록 절차

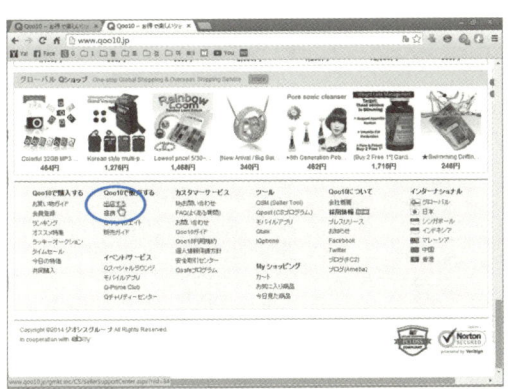

① 셀러 등록은 앞에서 셀러 등록하기 버튼을 클릭하는 방법과 큐텐 메인화면의 제일 하단에서 出店する(출점하기) 버튼을 클릭하는 방법이 있습니다.

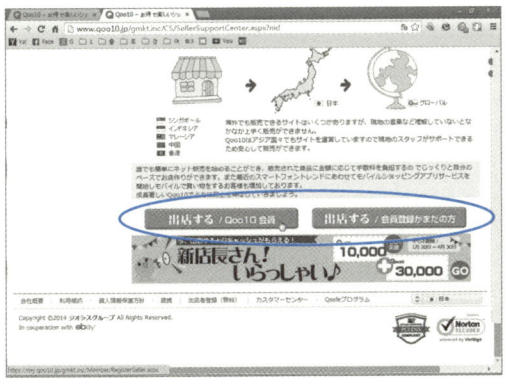

② 큐텐 회원은 왼쪽 버튼을 클릭하고, 회원이 아니면 오른쪽 버튼을 클릭해 셀러 등록을 시작합니다.

③ 다음과 같이 내용을 작성해 셀러로 등록합니다. 크롬 브라우저 사용자는 구글 번역기를 사용해 한국어로 번역하면 서류를 작성하기 쉽습니다.

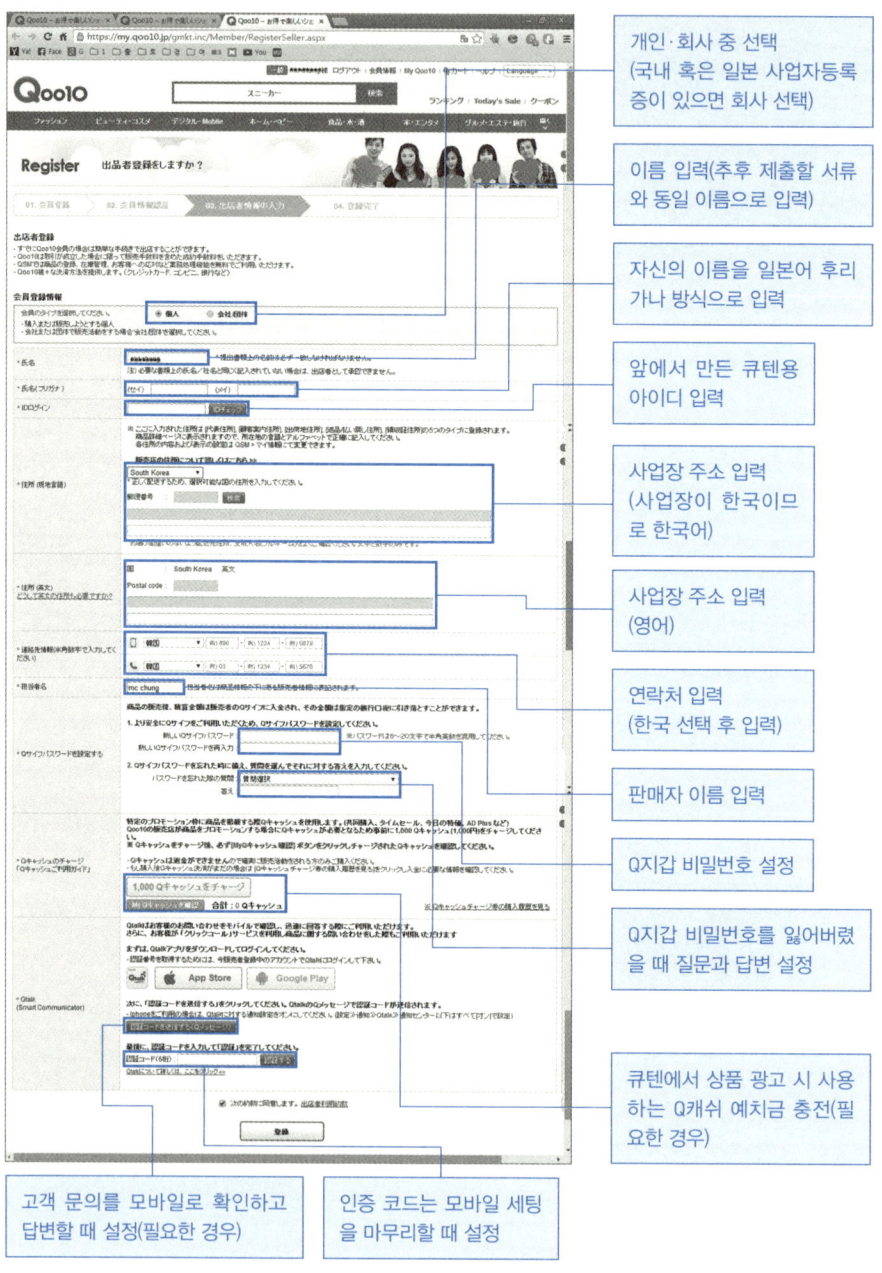

204 인터넷 개인 무역 소자본 창업 쉽게 배우기

큐텐 재팬의 판매 대금 정산 방법

큐텐 재팬은 신용카드 결제 등으로 판매한 대금이 Q지갑으로 들어옵니다. Q지갑으로 예치된 판매 대금은 일정 기간이 지난 후 은행으로 이체할 수 있습니다. 큐텐 재팬은 외국 은행 계좌로도 이체할 수 있도록 지원합니다.

　　큐텐의 매력은 Q지갑에 예치된 돈을 외국 은행 계좌로 이체할 수 있다는 점입니다. 즉 일본 큐텐 홈페이지에서 판매한 판매 대금이 자신의 Q지갑에 예치되면 일정 기간이 지난 후(통상 상품 배송 완료 후 15일 뒤) 국내 은행 계좌로 이체할 수 있습니다.

　　보통 큐텐 재팬에 가입한 뒤 상품 판매를 시작하면 한국어 담당 직원의 안내를 받게 되는데 큐텐 재팬의 뿌리가 한국 지마켓이므로 큐텐 재팬의 한국어 담당 직원이 우리나라 사람인 경우가 많습니다. 따라서 Q지갑에 예치된 돈을 이체하기 위한 국내 은행 계좌를 설정하는 일은 큐텐 재팬의 한국어 담당 직원과 논의하면 됩니다.

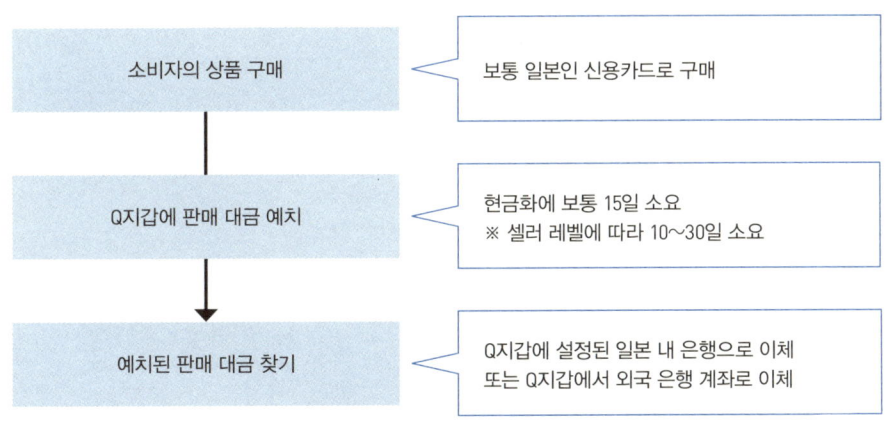

중국의 대표 쇼핑몰 타오바오

타오바오(淘宝网)는 중국의 인터넷 공룡기업인 알리바바 그룹(www.alibaba.com)이 운영하는 오픈마켓 형태의 쇼핑몰입니다.

타오바오는 중국 쇼핑몰 시장의 90%를 장악한 중국 최대의 전자상거래업체로서 알리바바 그룹이 운영합니다. 타오바오는 중국과 한자 문화권의 홍콩, 마카오 등의 소비자들이 많이 사용합니다. 사이트 전체가 한자를 사용하므로 크롬 브라우저로 접속한 뒤 구글 번역기를 실행해 한국어로 번역해 확인하기 바랍니다. 먼저 'www.taobao.com'을 입력해 타오바오에 접속합니다.

타오바오에서의 직구와 상품 판매

타오바오는 중국 내수시장용 쇼핑몰이지만 외국에서 직구할 수 있습니다. 그러나 타오바오 판매상으로 입점하려면 중국에서 만든 은행 계좌가 필요합니다.

타오바오에서 직구하기

타오바오에서 상품을 구매하려면 외국 결제가 가능한 신용카드나 체크카드가 있어야 합니다. 또는 알리페이(www.alipay.com)에 예치금을 넣은 뒤 결제하는 방법도 있습니다. 알리페이는 페이팔과 유사한 방식의 예치금형 결제대행 서비스로서 타오바오의 형제 회사입니다.

타오바오 셀러의 판매 대금 정산 방법

타오바오에서 상품을 판매하면 판매 대금이 알리페이 계정에 예치금으로 들어옵니다. 그러므로 타오바오 셀러가 된 뒤 국내(한국)에서 정산받으려면 먼저 결제대행업체인 알리페이에 가입해야 합니다. 그런 뒤 알리페이 계정에 중국 내 유명 은행(공상은행 등) 계좌를 연동시켜야 합니다. 알리페이 계정을 타오바오 계정에 연동시키면 타오바오에서 판매한 대금이 연동된 알리페이 계정에 예치금 형식으로 들어옵니다.

알리페이에 예치된 돈은 바로 출금할 수 없으므로 인터넷 뱅킹을 통해 연동된 중국 개설 은행 계좌로 이체합니다. 이를 국내에서 자유 출금하려면 해당 중국 은행에서 발급받은 은련카드(Union Card)를 사용해야 합니다.

중국 본토에서 은행 계좌 만들기

중국 본토에서의 은행 계좌는 중국 출장 시 여권을 제출하면 자유롭게 만들 수 있습니다. 중국 은행 계좌를 만든 후 국내에서 인출하려면 인터넷뱅킹을 신청해야 하며, 동시에 은련카드도 신청합니다.

참고로, 국내에서 영업 중인 중국계 은행은 중국 본토 은행과 별도 법인이므로 국내의 중국계 은행에서 만든 은행 계좌는 알리페이에 연동시킬 수 없습니다. 반드시 중국 본토에서 은행 계좌를 개설하고 인터넷뱅킹 및 은련카드를 신청해야 알리페이 계정에 연동할 수 있습니다. 알리페이에서 중국 계좌로 이체시킨 판매 대금은 은련카드로 국내에서 찾을 수 있습니다.

즉 타오바오 셀러가 되려면 다음과 같은 절차를 거쳐야 국내로 판매 대금을 안전하게 가져올 수 있습니다.

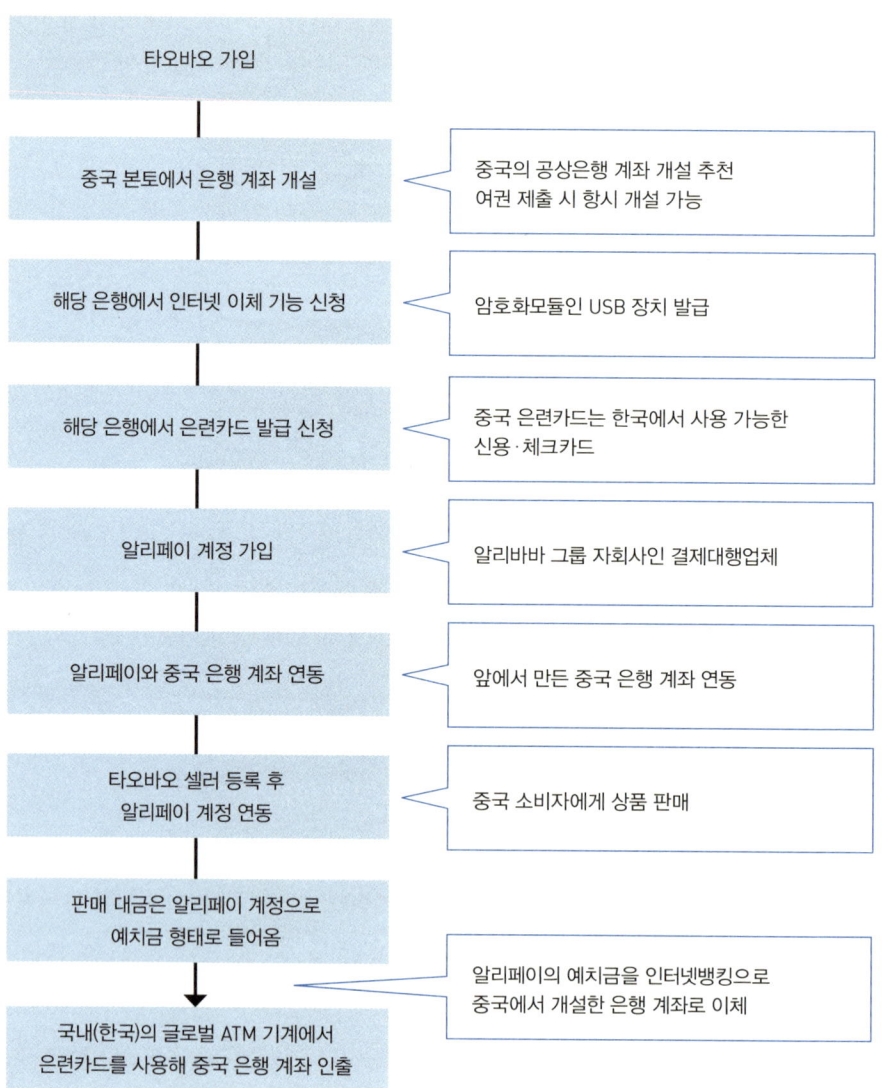

타오바오 가입 시 구글 번역기 사용하기

타오바오 가입 절차는 국내 쇼핑몰 가입과 거의 똑같은 방식입니다. 그러나 한자 때문에 가입 절차를 밟기 어려운 사람은 구글 번역기로 번역한 뒤 가입하기 바랍니다.

타오바오 가입 시 한자 읽기에 자신 없는 사람은 구글 번역기로 화면을 번역하면서 접속하기 바랍니다.

크롬 브라우저에서 구글 번역기를 구동하면 타오바오 화면이 한글로 번역됩니다.
홈페이지의 한자가 대략 번역되므로 가입하기가 수월해집니다.

타오바오 가입 및 상품 직구하기

타오바오에서 직구를 하려면 가입한 후 원하는 상품을 선택한 뒤 배송지를 지정하고 외국 결제가 가능한 신용카드나 체크카드로 결제합니다.

타오바오 직구 절차

① 먼저 'www.taobao.com'에 접속합니다. 회원 가입을 위해 免费注册(면비주책: 무료 회원 가입) 버튼을 클릭합니다.

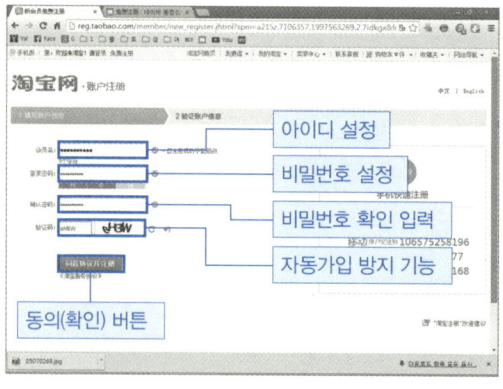

② 아이디를 만든 뒤 비밀번호를 설정하고 가입합니다.

③ 국가 이름은 '한국'을 선택하고 자신의 휴대전화 번호를 국제 전화번호 형식으로 입력합니다. (국가번호 82 앞에 +표시 반드시 입력)

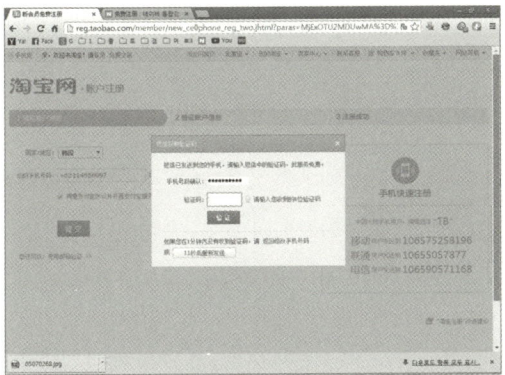

④ 곧바로 휴대전화 인증이 전송되면 인증번호를 입력하여 타오바오 가입을 완료합니다.
이후 국내 쇼핑몰을 사용하듯 타오바오에서 원하는 상품을 장바구니에 넣고 배송지를 한국으로 지정한 뒤 신용카드나 체크카드로 결제하면 직구할 수 있습니다.

 타오바오 가입 시 개설한 아이디(혹은 자신의 이메일 주소)는 타오바오 형제회사이자 결제대행업체인 알리페이에서 공동으로 사용됩니다.

타오바오에서의 상점 개설과 판매 수수료

타오바오 가입 후 타오바오 셀러가 되려면 타오바오 홈페이지에 상점을 개설해야 합니다. 타오바오의 상점 개설비는 약 35만 원 정도입니다.

✕ 입점 비용과 이용료

타오바오에 상점을 내려면 약 35만 원 정도의 입점비와 약간의 연회비가 필요합니다. 상점을 개설하면 타오바오에서 미니홈피를 제공하며 그곳에 자신의 상품을 리스팅하여 판매할 수 있습니다.

✕ 판매 수수료

타오바오는 별도의 판매 수수료가 없습니다. 대신 자신의 상품을 상위에 노출시키려면 광고를 해야 합니다. 타오바오의 수입원은 입점비, 연회비, 판매자가 지급하는 검색 광고비로 구성되어 있습니다.

✕ 판매 정산용 은행 계좌

타오바오는 애초부터 중국 시장을 겨냥한 쇼핑몰이므로 외국 셀러를 위한 외국 은행 계좌 등록이 아예 불가능합니다. 따라서 중국 은행 계좌가 필요합니다.

✕ 타오바오에서 판매 대금 회수하기

타오바오에 리스팅한 상품이 신용카드 결제로 판매된 경우 상품 배송 후 약 15일 뒤 판매 대금의 1% 정도는 해당 신용카드 업체의 수수료로 지급되고, 나머지는 타오바오의 지갑이라 할 수 있는 알리페이 계정에 예치금 형태로 들어옵니다. 만일 현금 이체로 판매한 경우에는 판매 수수료가 발생하지 않으며 판매 대금 전액이 알리페이 계정으로 들어옵니다. 알리페이에 충전 방식으로 예치된 판매 대금을 현금으로 회수하려면 중국 본토에서 만든 은행 계좌가 필요합니다.

타오바오에서 판매 대금 정산 시스템 구축하기
– 알리페이 계정과 중국 은행 계좌 만들기

타오바오 셀러가 판매 대금을 안전하게 정산받으려면 타오바오의 지갑인 알리페이 계정과 알리페이에 등록할 수 있는 중국의 은행 계좌가 필요합니다.

✂ 타오바오 지갑 알리페이 계정 가입하기

알리페이는 이베이의 페이팔과 유사한 방식의 결제대행업체로서 타오바오가 알리바바 그룹 계열사이듯, 알리페이도 알리바바 그룹 계열사입니다. 이 때문에 타오바오에서 만든 아이디는 알리페이에서도 쓸 수 있습니다.

먼저 타오바오에서 만든 아이디로 알리페이(www.alipay.com)에 접속한 뒤 다음과 같이 결제용 비밀번호와 가입자의 여권 이름, 여권 거주지 주소를 영문으로 입력합니다. 이름과 주소는 정산 시스템에 문제가 발생했을 때 알리페이에서 보내오는 우편물을 송달받는 주소이므로 오타 없이 정확히 입력합니다. 자신의 실명 증빙 서류로는 여권을 선택합니다.

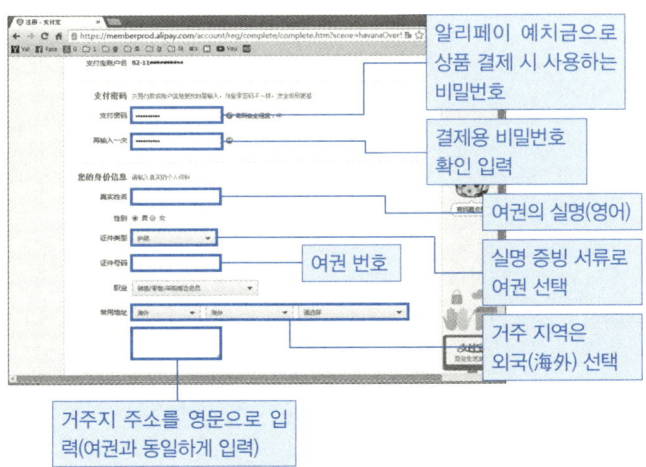

앞의 내용을 작성한 뒤 버튼을 클릭하면 알리페이 계정이 생성됩니다. 알리페이 계정은 타오바오에서 환급을 요청했을 때 환급금이 들어오는 계정이므로 판매상은 물론 직구족도 필요에 따라 만듭니다.

타오바오에서 상품 직구만 하는 이용자는 여기에서 알리페이 가입을 종료합니다.

상품 직구족은 환급이 발생할 때 알리페이 계정으로 환급금이 들어오지만 국내 은행으로 이체할 방법이 없으므로 타오바오바오에서 다른 상품을 구매할 때 재사용합니다.

알리페이 가입을 완료한 모습

❈ 중국 본토의 공상은행 계좌 만들기

타오바오 셀러는 판매 대금을 회수할 때 필요한 중국 본토 은행 계좌를 만들기 위해 한 번쯤 중국 출장을 다녀와야 합니다. 먼저 중국 출장지에서 현지 휴대전화에 가입합니다. 그런 뒤 가까운 공상은행에 방문한 뒤 휴대전화 유심칩과 여권을 제출하여 공상은행 계좌를 개설합니다. 계좌를 개설할 때는 인터넷뱅킹 신청, 국제간 이체

 중국 본토에서 은행 계좌를 개설할 때는 가능한 한 중국 국영은행인 공상은행(工商銀行) 계좌를 개설할 것을 추천합니다. 중국 공상은행은 2014년 현재 세계 1위의 은행이자 중국 도시 가구의 60%가 거래하는 초우량 은행입니다. 국내에 있는 중국 공상은행 지점은 중국 본토의 공상은행과 별도 법인이므로 국내 공상은행에서 만든 계좌는 알리페이 지갑에 연동되지 않습니다.
인터넷뱅킹 신청과 국제 이체 신청을 하는 이유는 국내로 돌아온 뒤 인터넷뱅킹으로 공상은행 계좌의 돈을 국내 은행으로 이체시키려는 목적 때문입니다. 함께 신청한 은련카드는 국내의 글로벌 ATM 기계에서 공상은행 계좌에 들어 있는 돈을 출금할 때 유용합니다.
정상적으로 공상은행 계좌 개설이 완료되면 은행 측에서 동글키(USB 키)와 은련카드(체크카드나 신용카드)를 제공합니다. 종이로 만들어진 통장은 별도로 발급되지 않습니다.

신청, 은련카드 발급 신청을 동시에 진행합니다. 은행에서 언어가 잘 통하지 않을 것을 대비해 조선족 민박집에 투숙한 뒤 조선족 주인의 도움을 받아 계좌를 개설하는 것이 좋습니다.

알리페이 계정에 중국 공상은행 계좌 연동하기

타오바오 셀러일 경우 알리페이 계정에 접속한 뒤 중국 본토에서 개설한 공상은행 계좌를 등록하여 연동시킵니다. 자신의 실명 증명을 위해 필요한 서류는 여권 이미지 파일 두 장입니다. 여권의 얼굴 사진이 있는 페이지와 중국 출입국 도장이 찍힌 페이지를 디카로 찍어서 업로드합니다. 실명 심사 기간은 약 일주일 정도 소요되며 실명이 정상 확인되면 알리페이 지갑으로 예치된 판매 대금을 공상은행 계좌로 자유롭게 이체할 수 있습니다. 국내로 돌아온 뒤 정상 동작하는 것을 확인하기 위해 공상은행 계좌의 돈을 알리페이 예치금으로 충전하면서 테스트해봅니다.

타오바오 계정에 알리페이 계정 연동하기

이번에는 타오바오 계정에 로그인한 뒤 앞에서 개설한 알리페이 계정을 타오바오 계정에 등록합니다. 이렇게 하면 타오바오에서 판매한 대금이 알리페이 계정에 예치금 형태로 들어옵니다. 알리페이 예치금은 바로 출금할 수 없으므로 국내에서 인터넷 뱅킹을 통해 중국 공상은행 계좌로 이체시킵니다. 공상은행 계좌로 이체된 돈은 국제 이체를 통해 국내 은행 계좌로 이체시킵니다. 또는 국내의 시내에서 볼 수 있는 글로벌 ATM 기계를 통해 은련카드로 출금합니다. 공상은행의 개인 간 국제 이체 한도는 연간 5,000만 원이므로 상품 판매량이 많으면 이체 한도를 무제한으로 하기 위해 홍콩 현지에 판매 목적의 현지 법인을 설립하는 것이 좋습니다.

 알리페이 계정에 중국 은행 계좌를 연동시키는 방법과 타오바오 계정에 알리페이 계정을 연동시키는 방법은 인터넷에서 '알리페이 은행 계좌 연동 방법'을 검색해 공부하면 누구나 할 수 있습니다.

SECTION 42

국내에서 외국 판매를 위한 자체 인터넷 쇼핑몰 만들기

외국 오픈마켓의 판매 대금은 해당 국가의 은행을 거쳐야 받을 수 있지만 국내 자체 쇼핑몰은 국내 은행 통장으로 판매 대금이 들어온다는 장점이 있습니다.

외국 오픈마켓에서 판매 실적이 좋으면 아예 외국 고객들을 위한 자체 인터넷 쇼핑몰을 만드는 것이 좋습니다. 이 경우 국내 결제대행업체를 연결하면 외국 신용카드 사용 고객을 손님으로 맞이하여 상품을 판매할 수 있습니다. 단 국내 결제대행업체를 자신의 인터넷 쇼핑몰에 연동시키려면 국내에서 사업자등록을 먼저 해야 합니다.

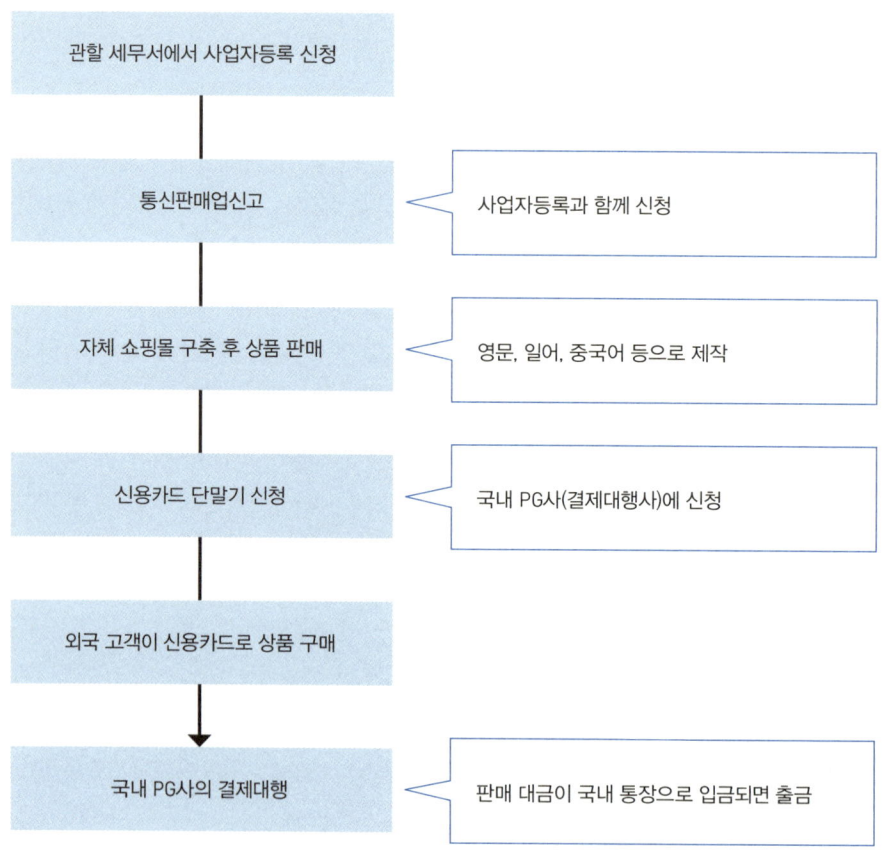

외국 현지 법인 설립하기

외국 오픈마켓에서 판매한 뒤 판매 대금을 안전하게 회수하려면 아무래도 현지 법인 체제가 좋습니다. 현지 법인을 만드는 방식에는 어떤 것이 있을까요?

외국 현지 법인은 국내 법인과 독립적으로 운영됩니다. 즉 해당 국가의 회사와 같은 체계이며 현지에서의 통장 개설 등이 자유롭습니다. 법적 문제가 발생하면 현지 법인이 해결하며 국내 법인에서는 책임지지 않습니다. 국내의 회사들은 외국지사 형태로 현지 법인을 많이 설립하며 요즘은 미국 이베이, 아마존, 일본 라쿠텐, 중국 타오바오 입점을 위해 현지 법인을 만드는 경우가 많습니다.

✖ 미국 현지 법인

국내의 개인 사업 등록자이거나 법인 사업 등록자일 경우 미국 현지 법인을 설립할 수 있습니다.

미국 현지 법인은 주 정부마다 설립 법규가 조금씩 다르지만 법인 설립 제반 비용이 소액인 만큼 사업자등록이 매우 간편합니다. 이 때문에 미국에서는 아무나 사업자등록을 낼 수 있으므로 미국인과 무역을 할 때는 신원이 확실한 업체와 거래하는 것이 좋습니다.

미국 현지 법인 설립에는 대략 3~8주 정도의 시간이 필요하고 절차상 여러 가지 서류가 필요하므로 국내 대행업체를 통해 설립하기 바랍니다. 미국 현지 법인 주재원(L-1비자) 수는 최소한 한 명이 필요하며 파견된 주재원은 현지 법인의 CEO와 임원 등을 겸직할 수 있습니다. 이때 국내 본사의 수출 실적이 어느 정도 있어야 합니다. 신생 회사는 투자비자(B-2) 방식의 미국 현지 법인 설립을 알아보는 것도 좋은 방법입니다.

✖ 일본 현지 법인

일본 현지 법인을 설립하려면 투자경영 비자 형태로 설립해야 하며 총 투자금액이

500만 엔(약 6,000만 원) 이상일 경우에만 현지 법인이나 현지 개인 사업체의 사업자등록이 가능합니다. 법인 설립 서류나 절차는 국내와 비슷하며 일본어로 되어 있습니다.

투자한 사람은 사장이 되어 일본 현지에서 현지 법인(혹은 음식점 같은 개인 사업체)을 운영하거나 주재원을 보내 운영합니다. 일본 내의 영업이익으로 발생한 세금은 일본 현지 법인이 책임지며 국내 본사에서는 책임지지 않습니다. 일본 현지에서 투자경영 비자 형태로 사업자등록을 내면 사업체 명의로 일본 내 유명 은행 계좌를 개설할 수 있을 뿐만 아니라 라쿠텐 등의 일본 오픈마켓에도 입점할 수 있습니다.

 일본 현지에서 사업자등록 없이 은행 계좌를 만들려면 '외국인 등록증'과 일본 내의 거주지 주소, 전화번호가 필요합니다. 외국인 등록증은 매번 체류 기간을 연장해야 하므로 일본의 유명 은행들은 선뜻 계좌를 만들어주지 않습니다. 관광객은 일본 내의 거주지 주소가 없으므로 은행들이 아예 계좌 개설을 해주지 않습니다.

✖ 중국 현지 법인과 홍콩 현지 법인

중국 현지 법인은 미국처럼 지방마다 법규가 다르며 설립에 필요한 시간은 지방에 따라 1~4개월 걸립니다. 또한 설립 준비 서류가 방대하고 절차가 복잡하므로 대행업체를 통해 설립할 것을 권장합니다.

중국 현지 법인을 설립하기 전에 염두에 두어야 할 점은 투자비, 중국 현지인 고용 규정, 세금 문제 등의 여러 난관이 많다는 점입니다. 그러므로 중화권 판매 목적의 현지 법인이라면 중국보다는 홍콩 현지 법인을 설립할 것을 추천합니다. 홍콩 현지 법인 설립 비용은 사무실 임대료를 포함해 몇백만 원으로 가능할 뿐만 아니라 외환 이체나 소득세 면에서도 중국 현지 법인보다 유리합니다. 또한 홍콩 현지 법인 설립에 걸리는 시간도 10여 일 내외이므로 신속하게 법인을 설립할 수 있습니다. 참고로 홍콩 현지 법인명으로 개설한 홍콩 지점 공상은행 계좌는 알리페이 계정에 연동할 수 있으므로 타오바오에서 매출액이 신장되면 홍콩 현지 법인의 창업도 염두에 둬야 합니다.

SECTION 44 수출 상품 국내 사입처에서 발굴하기

국산 상품을 역직구 방식으로 외국 쇼핑몰에서 판매하려면 일정량 이상의 재고를 확보한 뒤 판매하는 방법과 주문받는 즉시 사입하여 외국으로 배송하는 방법이 있습니다.

✵ 국내 도매 상품의 사입처

다음 목록은 국내 제품의 제품별 주요 사입처입니다. 처음 1인 무역업을 시작하면 대량 판매할 거래처가 없으므로 주문을 받을 때마다 사입하여 배송하는 것이 자금 융통 면에서 유리합니다. 일반적으로 주문을 받은 후 3일 이내에 사입하여 배송하면 외국 고객에게 15일 안으로 물품이 전달됩니다. 즉 주문을 받은 뒤 사입하는 시간으로 2~3일 정도의 여유가 있습니다. 만일 대량 사입할 경우에는 '땡처리 제품'보다는 정상 제품을 사입하여 배송할 것을 권장합니다.

의류, 섬유	섬유 사입처	광장시장 포목상가, 제조업체, 인터넷 등
	의류 사입처	동대문시장, 남대문시장, 제조업체, 인터넷 등
	아동복 사입처	남대문시장, 제조업체, 인터넷 등
	스포츠의류, 운동기구 사입처	동대문시장, 제조업체, 인터넷 등
가죽	가죽제품류 사입처	동대문시장, 제조업체, 인터넷 등
	가방류 사입처	동대문 가방상가, 제조업체, 인터넷 등
신발, 제화	구두, 드레스화 사입처	성수동 신발공장, 동대문 신발상가, 제조업체, 인터넷 등
	운동화, 간편화 사입처	동대문 신발상가, 제조업체, 인터넷 등
장신구 패션시계	장신구 사입처	동대문 액세서리상가, 제조업체, 인터넷 등
	패션시계 사입처	동대문·남대문시장, 종로, 제조업체, 인터넷 등

문구·완구	문구, 사무용품 사입처	신설동 완구상가, 제조업체, 인터넷 등
	완구 사입처	신설동 완구상가, 제조업체, 인터넷 등
과자·라면 식품류	과자 사입처	경동시장 도매상가, 각 지역 도매상, 제조업체, 인터넷 등
	라면, 식품, 양념류 사입처	경동시장 도매상가, 각 지역 도매상, 제조업체, 인터넷 등
생활·주방 잡화	안경테류 사입처	남대문시장 안경상가, 제조업체 등 ※ 인터넷의 경우 수입 중국산이 많음
	생활·주방잡화 사입처	남대문시장, 동대문시장, 제조업체, 인터넷 등
전자 IT	폰케이스 사입처	제조업체, 인터넷 등
	가전제품 사입처	용산전자상가, 청계천상가, 제조업체, 인터넷 등
중고차	중고차 사입처	각 지역 중고차 매입 담당 딜러 혹은 자신이 직접 홍보하여 매입
중국산 저가 제품	국내 사입처	인천의 중국산 저가 제품(일명 '천원숍'용 물건) 도매업체, 인터넷 등

소자본 1인 무역업이라 해도 업체의 자존심을 가지고 좋은 물품을 판매하는 것이 단골 확보를 위한 좋은 전략입니다. 물품 사입은 국산 제품을 중심으로 하고, 중국산 제품을 사입했다면 판매 시 생산지를 표기하고 판매합니다.

외국 시장 개척 전략

역직구 시장은 세계인과의 경쟁이자 국내 업자와의 경쟁이기도 합니다. 경쟁자보다 더 탁월하고 차별화된 전략을 짜야 합니다.

✖ 해당 언어로 친절하게 설명

국산 과자 세트를 외국 오픈마켓에 올린다고 가정해봅시다. 과자 포장지 내용을 무미건조하게 번역하여 설명하는 것보다 좀 더 친절한 설명을 덧붙이는 것이 좋습니다. 예를 들면 오리온 '오징어땅콩' 과자를 수출할 때 한국에서 맥주 안주로 즐겨 먹는 국민 과자라는 설명이 더해지면 판매에 효과가 있을 수 있습니다. 상품의 장점, 한국에서 인기 있는 이유 등을 수출 대상 국가의 언어로 친절하게 부가 설명하는 전략을 취하기 바랍니다.

✖ 어느 한 제품만 특화해 수출하는 전략

미국의 모 패션업체는 티셔츠의 라운드와 하단부의 마감을 고급스럽게 처리한 뒤 높은 가격에 판매하여 이름 있는 티셔츠 회사로 성장했습니다. 국내에는 티셔츠를 만드는 봉제공장이 많으므로 좋은 품질과 고급스러운 마감 처리를 한 제품을 발굴해 수출하는 전략도 생각해볼 만합니다.

✖ 대상 국가의 약점 산업 분야의 상품 판매하기

선진국일수록 패션 아이템이 비싸므로 선진국 오픈마켓에서는 저렴한 가격의 고품질 국내산 패션 아이템이나 잡화 상품을 발굴해 판매하는 전략이 필요합니다. 개발도상국에서는 그 나라의 약점 산업 분야를 찾아내 그 상품으로 진출하는 전략이 필요합니다. 가격이 비싸거나 품질적 약점, 아이디어 빈약 품목이 있다면 그것을 대체할 국내 상품을 발굴하여 진출하는 것이 가장 기본적인 시장 개척 방식입니다.

❋ 인구수 많은 국가 우선 진출

외국 오픈마켓에 진출할 때는 국가별 인구수를 보고 진출의 우선순위를 결정합니다. 인구수가 적은 소국의 시장보다 인구수 많은 대국의 시장에서 성공할 확률이 더 높습니다.

서유럽·동유럽 국가별 인구수		
러시아	약 1억 4,300만 명	우선 진출 대상
독일	약 8,200만 명	우선 진출 대상
프랑스	약 6,600만 명	우선 진출 대상
영국	약 6,300만 명	우선 진출 대상
이탈리아	약 6,100만 명	우선 진출 대상
스페인	약 4,600만 명	우선 진출 대상
우크라이나	약 4,570만 명	우선 진출 대상
폴란드	약 3,800만 명	우선 진출 대상
우즈베키스탄	약 2,750만 명	우선 진출 대상
루마니아	약 2,150만 명	우선 진출 대상
네덜란드	약 1,670만 명	우선 진출 대상
카자흐스탄	약 1,650만 명	우선 진출 대상
벨기에, 그리스, 포르투갈, 체코	약 1,010만 명	
헝가리, 벨라루스, 스웨덴	약 1,000만 명	
아제르바이잔, 오스트리아	약 900만 명	
스위스, 불가리아, 세르비아	약 800만 명	
덴마크, 핀란드, 슬로바키아, 스웨덴, 키르기스스탄, 아일랜드, 노르웨이 등	약 550만 명	

※ 언어 번역 문제는 번역기로 해결하거나 해당 나라에 거주하는 재외 한국인의 도움을 받으세요. 발로 뛰어 수출할 경우에는 해당 국가의 코트라 지사의 협조를 받으세요.

CHAPTER 6

고정고객을 만드는
오픈마켓 판매 관리법

배송 물품 파손 시 구매자와 판매자의 대처 방법

배송받은, 혹은 배송한 물품이 파손되었을 때 어떻게 대처해야 할까요? 배송 중 파손된 물품에 대한 대처 방법은 여러 가지가 있습니다.

✖ 구매자의 대처 방법

배송받은 물품이 파손된 경우 구매자는 즉각 판매자에게 이의신청을 해야 합니다. 그 후 판매자의 결정을 기다리고, 결정이 없다면 쇼핑몰 운영업체에 이의신청합니다. 쇼핑몰 운영업체에 이의신청하면 운영업체에서 판매자에게 경고 등의 제재를 가하므로 파손 물품에 대한 보상을 확실히 받을 수 있습니다. 특히 외국에서 배송받은 물품은 쇼핑몰 운영업체(아마존이나 이베이 운영업체)에 이의신청하면 신속하게 보상책이 나옵니다.

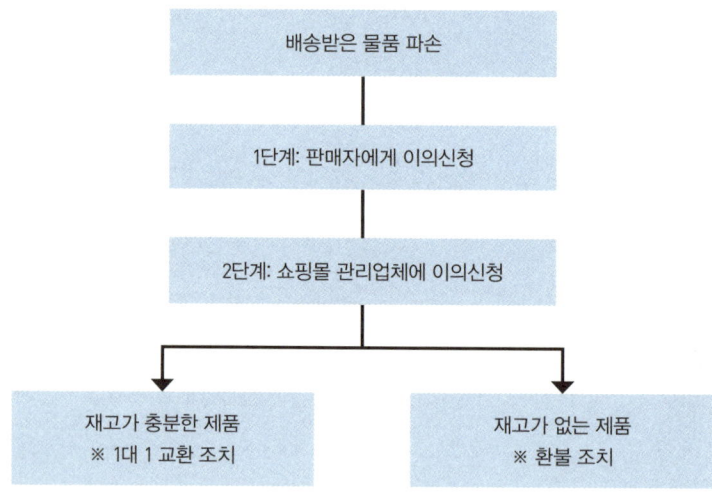

�֍ 판매자의 대처 방법

배송 도중 상품이 파손된 경우 판매자는 파손된 상품을 1대 1로 교환해주는 것이 원칙입니다. 파손된 상품을 반송받는 방법은 두 가지가 있습니다. 제품 가격이 비싼 경우에는 반드시 반송을 받지만 제품 가격이 싸다면 파손된 제품과 해당 제품이 들어 있던 택배 상자를 사진으로 요청해 파손 상태를 확인한 뒤 다시 배송하는 방법을 사용하기도 합니다. 그 후 판매자는 배송업체(배송대행업체)에 파손된 제품 사진을 증거로 제출해 파손 상품에 대한 보상을 요청합니다. 택배업체는 운송장에 기록된 상품 가격을 기준으로 보상하며, 다시 배송하는 데 들어간 비용은 보상하지 않습니다. 만일 재고가 없는 중고제품이 배송 중 파손되었다면 1대 1 교환이 어려우므로 물품 가격 전액을 환불하는 것이 원칙입니다. 그러나 고객과 협상하여 판매 금액의 20% 정도를 환불하는 방식으로 처리하는 것이 좋습니다.

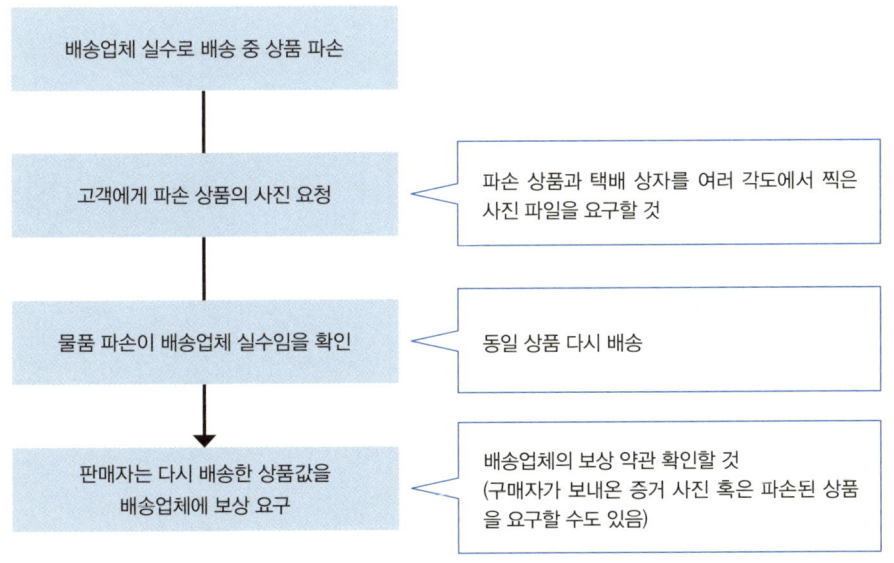

 아마존, 이베이 등 유명 쇼핑몰은 배송 중 파손 상품에 대해 판매자가 AS를 하지 않으면 바로 제재를 해오므로 해외 고객의 이의 제기를 소홀히 하지 말기 바랍니다.

고객을 팬으로 만들기

오픈마켓에서 상품을 판매하는 셀러라면 상품 구매자의 재구매율을 높여야 합니다. 즉 인기 셀러가 되어야 이 시장에서 승리할 수 있음을 염두에 두고 항상 열성적인 팬을 만들기 위해 노력하기 바랍니다.

✣ 고객관리로 재구매 유도하기

오픈마켓에서는 얼굴을 대면하지 않고 판매하므로 고객관리를 하지 않는 경우가 많습니다. 하지만 자신의 판매 정보를 보면 구매자의 아이디, 성명, 전화번호, 구매 내역 등을 확인할 수 있으므로 이를 별도의 데이터베이스로 만들어 고객관리를 하는 것이 좋습니다. 데이터베이스는 각종 이벤트, 신상품 업데이트 정보를 관리 중인 고객에게 보낼 때 유용하며 정보를 받은 고객은 재구매 확률이 높아집니다.

✣ 유연한 CS와 AS

CS는 고객서비스 기능을 말하고 AS는 애프터서비스 기능을 말합니다. 즉 CS는 판매 유도를 위한 고객서비스 기능이고 AS는 판매 후 사후 서비스 기능입니다. 1인 사업자라면 자신이 CS와 AS 업무를 병행해야 합니다. 진상 고객을 만나더라도 고객의 처지에서 생각할 줄 아는 유연한 서비스 정신이 필요합니다.

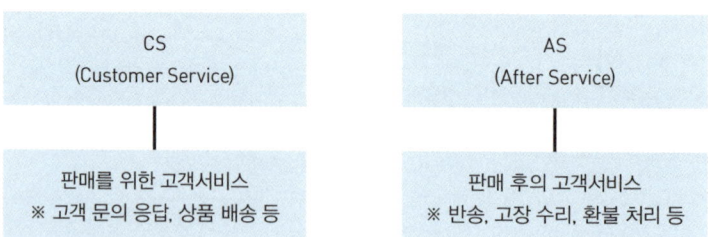

✣ 수출 대상 국가의 언어를 구사하는 CS, AS 직원 상주하기

미국 등의 서구권 오픈마켓에서 상품을 판매한다면 CS나 AS는 대부분 이메일을 통해 이루어집니다. 사업체 전화번호를 등록해도 고객들 대부분은 전화비를 아끼기 위해 이메일을 사용합니다. 이메일로 하는 상담 처리는 시차가 달라 답변하기까지 하루나 이틀 정도의 여유가 있습니다. 하지만 일본이나 중국 오픈마켓에서 판매한다면 국내와 같은 시간대의 국가이므로 신속하게 답변을 처리해야 합니다. 답변을 신속하게 하려면 해당 국가 언어를 구사할 줄 아는 직원이 필요합니다. 예를 들어 일본의 오픈마켓은 고객이 상품 설명 하단에 댓글로 질문하는 경우가 많으므로 일본어를 할 줄 아는 직원이 상주하는 것이 판매에도 유리합니다.

개인 미니숍이나 자체 쇼핑몰 운영하기

오픈마켓의 약점은 자신이 취급하는 모든 제품들을 일괄적으로 보여줄 수 없다는 점입니다. 자신이 취급하는 제품들을 일괄적으로 보여주려면 오픈마켓 안에 개인숍을 개설해야 합니다.

국내의 오픈마켓 안에 있는 미니숍들이 셀러들의 개인숍이고 아마존과 이베이는 스토어가 셀러들의 개인숍입니다. 취급하는 품목 수가 많으면 반드시 개인숍을 개설해야 합니다. 개인숍은 월 이용료가 추가되지만 단골에게 숍에서 취급하는 상품들을 일괄적으로 보여줄 수 있다는 장점이 있으므로 재구매율을 높일 수 있습니다.

오픈마켓과 오픈마켓 안에서 개설한 개인숍은 서로 연동이 되므로 개인숍에서 리스팅한 상품이 오픈마켓에도 리스팅됩니다.

페이스북 혹은 블로그 운영하기

단골이 어느 정도 모이고 판매량도 나날이 높아지면 페이스북이나 블로그를 운영하는 것도 좋은 생각입니다. 특히 의류 판매상일 경우 페이스북 등이 좋은 홍보 수단입니다. 페이스북을 운영하면 신제품을 고객들에게 신속하게 알릴 수 있을 뿐 아니라 페이스북 안에서 광고하여 신규 고객을 오픈마켓으로 끌어올 수도 있습니다.

03 SECTION 고객의 재구매율 높이기

판매율을 높이려면 고객의 재구매율을 높여야 합니다. 고객의 재구매율을 높이는 방법에는 어떤 것이 있을까요?

✕ 땡큐카드(구매 감사 카드) 발송

이베이는 셀러 관리창에 땡큐카드 관련 메뉴가 있습니다. 구매에 감사 인사를 전할 겸 땡큐카드를 택배에 첨부해 배송하면 고객의 재구매율이 높아집니다. 또한 땡큐카드에 제품에 대한 좋은 댓글(Positive Feedback)을 부탁하는 것도 하나의 방법입니다. 땡큐카드는 자체 제작한 뒤 인쇄할 수도 있지만 이베이 상인들이 만들어서 판매하는 것도 있습니다. 이베이 쇼핑몰에서 종이 카드 형태로 제작된 'Thank You Bussiness Card'가 이베이 상인들이 만든 땡큐카드입니다.

이베이 셀러가 제작해서 이베이에서 판매하는 땡큐카드입니다.

이베이 셀러가 제작해서 판매하는 아마존 쇼핑몰용 땡큐카드입니다.

✹ 단골에게 기프트카드 증정

단골이거나 고액 결제 고객에게는 기프트카드를 택배에 첨부해 배송하는 것도 재구매율을 높이는 좋은 방법입니다.

아마존닷컴의 25달러 기프트카드

아마존은 기프트카드를 아마존 본사에서 제작한 뒤 아마존닷컴에서 판매하므로 이 기프트 카드를 일정량 준비한 뒤 단골에게 선물합니다. 만일 제품가를 할인해달라는 요청이 있거나 일부 환불해야 할 경우가 발생하면 할인·환불 금액에 해당하는 기프트카드를 보낼 수도 있습니다.

✹ 인터넷에서 홍보하여 고객 늘리기

자체 쇼핑몰을 운영하는 셀러는 인터넷 광고대행업체에 수수료를 지급한 뒤 자신의 쇼핑몰을 광고해 고객을 끌어들이는 것이 좋습니다. 만일 페이스북 사용자라면 페이스북 안에서 광고하여 고객을 끌어들여야 합니다. 쇼핑몰, 페이스북, 블로그는 아무리 잘 만들어도 홍보가 되지 않으면 방문객이 오지 않으므로 항상 별도의 광고비를 책정하여 운영하는 것이 좋습니다. 자신의 명함 등에도 홈페이지, 페이스북, 블로그 주소를 인쇄해 틈틈이 홍보하는 것이 좋습니다.

인터넷에서 이루어지는 홍보는 클릭 수가 매출에 비례한다고 생각해야 합니다. 물론 잘 짜인 가격 정책과 제품의 다양한 장점이 있다면 알아서 고객이 찾아올 수도 있지만, 일단은 클릭 수를 높일 홍보 및 이벤트 전략이 필요합니다.

❈ 판매 상품에 평생 책임의식 가지기

판매 상품의 품질에 평생 책임의식을 가진다면 양질의 물품을 발굴하고 판매하게 됩니다. 눈에 안 보인다고 박리다매의 저가 상품을 판매하면 재구매율이 떨어집니다. 저가보다는 중저가, 중저가보다는 조금 더 비싸더라도 좋은 자재로 만들어진 튼튼한 제품을 판다면 고객들의 호응을 얻습니다. 본인이 판매하는 제품 품질에 책임의식을 가지면 고객들도 좋은 판매자라고 느낍니다. 판매 상품에 평생 책임지는 사업자라면 고객이 모일 수밖에 없습니다.

❈ 셀러 등급 높이기

외국 오픈마켓 중 이베이는 셀러 등급이 높으면 그만큼 노출 빈도가 상승하는 구조로 이루어져 있습니다. 셀러 등급이 낮으면 상품 노출 빈도도 최악으로 떨어집니다. 상품의 노출 빈도가 높을수록 고객들에게 접근할 확률이 높으므로 양질의 서비스, 신속한 배송으로 본인의 판매 등급을 꾸준히 높여가고 좋은 셀러, 신뢰할 만한 셀러로 인정받을 전략이 필요합니다.

❈ 무료 배송 체제

요즘은 대개 배송료를 상품가에 포함해 무료 배송임을 강조합니다. 소비자들은 유료 배송일 경우 뭔가 찝찝해하고 배송료가 아깝다는 생각으로 구매를 주저하기 때문입니다. 따라서 배송료를 별도 표시하는 것보다는 배송료를 상품가에 포함하는 것이 판매에 도움이 됩니다.

❈ 두 개 이상의 카테고리에 등록하기

제품에 따라 두세 카테고리에 해당하는 제품이 있습니다. 이런 제품들은 두세 카테고리에 동시에 리스팅하는 것이 좋으며 그만큼 노출 빈도가 높아지므로 판매 신장에 도움이 됩니다. 물론 전혀 무관한 카테고리에 등록하거나 똑같은 상품을 몇 시간 간격으로 도배하듯 올리면 곤란합니다. 구매자들은 당신의 상품만 보러 온 것이 아니므로 게시물을 연달아 올려 불쾌감을 주는 일은 피해야 합니다.

외국 구매자에게 보내는 땡큐카드 예문

Thank You for Your Purchase!

Thank you for your purchase. Your business is greatly appreciated. Please leave positive Feedback, so I knew you have received your item and are satisfied with your purchase. If you have any Problems or concerns, Please Email me before leaving feedback and I will quickly resolve any issue.

(구매해주셔서 감사드립니다. 부디 좋은 댓글을 남겨주길 부탁드려요. 구매한 제품에 문제점이 있다면 댓글을 남기기 전에 저에게 직접 이메일을 주세요. 문제점을 빠르게 해결하도록 조치하겠습니다.)

Thank You for Your Purchase!

Dear Mr. [구매자 이름]

Thank you for your recent purchase. Our wish is to delight our customer in every way we possibly can. Any way I can be of assistance, don't hesitate to ask.

Sincerely

[사인]
[판매자 이름]
[직책]

(구매해주셔서 감사드립니다. 우리의 소망은 우리가 할 수 있는 모든 힘을 동원해 고객을 기쁘게 하는 것입니다. (구매하신 제품에 대해) 주저 없이 질문해주시면 어떤 문제든 도움을 드리겠습니다.)

CHAPTER 7

상품 배송의
모든 것

01
SECTION

국내 배송과 외국 배송의 중요성 - 고객 만족도와 이익률 높이기

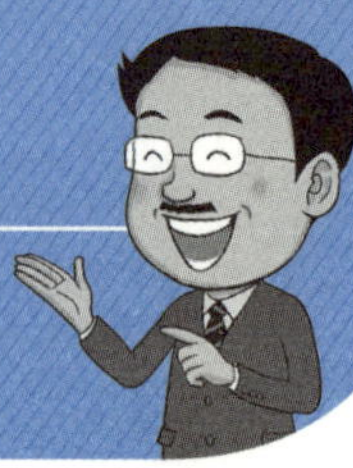

오픈마켓 판매자는 무엇보다 배송의 중요성을 인식해야 합니다. 배송은 판매와 이익률에 직접적 영향을 줄 뿐 아니라 사업의 성장에도 영향을 미칩니다.

신속하고 정확한 배송의 중요성

신속하고 정확한 배송은 구매자들에게 판매자에 대한 믿음을 가지게 합니다. 그 결과 사업 면에서 여러 가지 이점이 발생합니다.

1 : 구매자의 만족도 상승

좋은 배송업체로 배송하면 외국 구매자들이 배송 위치를 추적할 수 있어 사기일지도 모른다는 의심을 지울 수 있습니다.

2 : 피드백 향상

신속하고 정확한 배송은 구매자의 만족도를 상승시키므로 판매자에 대한 좋은 피드백과 평가가 나옵니다.

3 : 판매 실적 상승

판매자에게 만족한 구매자는 판매자가 취급하는 상품을 재구매할 확률이 높으므로 향후 판매량을 높이는 데 도움이 됩니다.

4 : 판매자 등급 상승

양질의 배송은 구매자의 좋은 피드백을 유도하고 이로써 판매자의 셀러 등급을 상승시킵니다.

5 : 사업 성장

좋은 배송 시스템은 판매자의 사업을 성장시키는 데 도움을 줍니다. 이런 면에서 좋은 상품을 수급하는 것만큼이나 배송 시스템 역시 오픈마켓 사업의 중요한 요소라고 할 수 있습니다.

국내 배송의 시작, 국내 배송업체 선택

국내 배송업체는 우체국 택배가 가장 안전하고 유명합니다. 하지만 배송 가격 면에서 이점을 찾으려면 여러 사설 택배업체와 협상하는 것도 좋습니다.

✖ 개인으로 배송업체 이용

일반적으로 개인이 배송업체에 연락하거나 찾아가서 택배를 직접 보내는 것을 말합니다. 가격이 높다는 단점이 있습니다.

✖ 사업자 계약으로 배송업체 이용

사업자라면 배송업체와 사업자 계약을 한 뒤 배송하는 것이 좋습니다. 이 경우 개인으로 택배를 보내는 것보다 훨씬 저렴한 비용으로 국내 배송을 할 수 있습니다. 건당 배송 가격은 수량을 기준으로 협의합니다. 일단 가까운 배송업체 지점을 찾아가 협의하면 건당 배송 가격 협상 및 확정을 바로 할 수 있습니다. 보통 처음으로 사업하는 사람들은 건당 4,000원대에 배송 가격이 결정됩니다. 계약이 체결된 이후에는 배송할 물건이 있을 때마다 배송 기사에게 연락하면 가지러 옵니다.

국내의 5대 배송업체는 다음과 같습니다.

우체국(EMS)택배	국내 및 외국 배송	parcel.epost.go.kr
CJ대한통운택배	국내 및 외국 배송	www.doortodoor.co.kr
한진택배	국내 및 외국 배송	hanex.hanjin.co.kr
로젠택배	국내 및 외국 배송	www.ilogen.com
현대택배	국내 및 외국 배송	www.hyundaiexpress.com

✖ 배송대행업체 이용

집코리아(ZipKorea)같은 외국 배송대행업체를 이용해 미국에서 직구한 상품을 자신의 집으로 배달시킬 수 있습니다.

03 SECTION

외국 배송의 시작, 외국특송업체 선택

이베이, 아마존, 타오바오, 라쿠텐 등은 자체 배송 시스템이 있지만 자국인 셀러 기준의 배송 시스템입니다. 따라서 외국 오픈마켓에서 판매한 경우 국내의 외국 배송업체를 통해 배송해야 합니다.

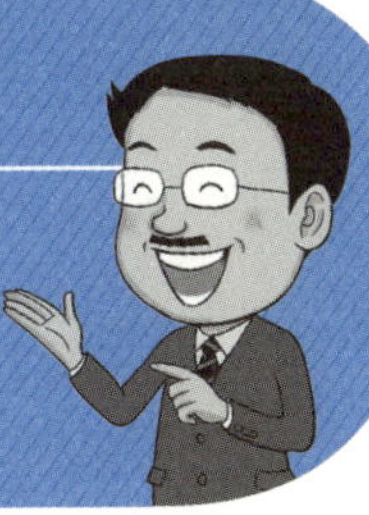

외국특송업체

외국 배송 중 가장 빠른 것은 외국특송(국제간 특급 우편)입니다. 인기 있는 특송업체는 국내의 중견 택배업체와 우체국 EMS, 페덱스코리아, DHL 등이 있습니다. 특송의 장점은 배송이 매우 신속하고 물품 파손 시 변상을 보장한다는 점입니다. 또한 배송 추적을 정확히 할 수 있고 잘못 배송되는 경우가 거의 없습니다. 외국 셀러는 배송비가 이익률에 많은 영향을 주므로 외국 배송에서 경쟁력을 기르는 것이 중요합니다. 각 배송업체의 홈페이지에 가입하면 온라인 접수 및 배송 예약을 할 수 있습니다. 온라인에서 배송장을 접수하면 배송업체에서 예약된 시간에 물품을 가지러 옵니다.

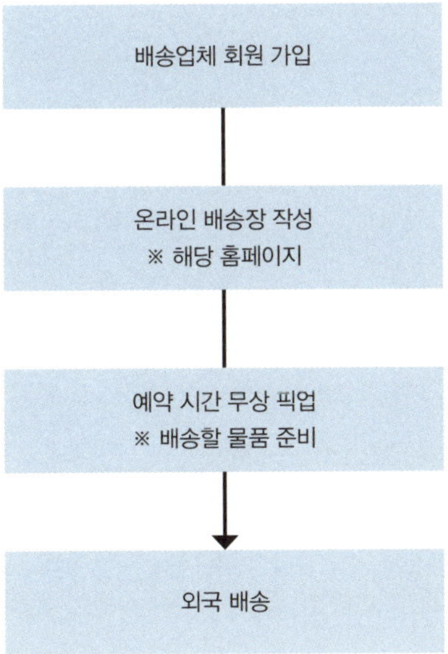

⁙ 국내에서 외국 배송이 가능한 배송업체

우체국(EMS) 택배 parcel.epost.go.kr	업무	국내 및 외국특송
	규격	박스당 0.1~30kg
	지역	전 세계
	기간	전 세계 3~5일 소요
	배송료	높음
	특징	온라인 접수, 픽업, 배송 추적, 할인율 있음
페덱스코리아 www.fedex.com/kr	업무	외국특송
	규격	무제한 지원
	지역	전 세계
	기간	전 세계 3~5일 소요
	배송료	높음
	특징	온라인 접수, 픽업, 배송 추적, 할인율 있음
DHL코리아 www.dhl.co.kr	업무	외국특송
	규격	무제한 지원
	지역	전 세계
	기간	전 세계 3~5일 소요
	배송료	높음
	특징	온라인 접수, 픽업, 배송 추적, 할인율 있음
CJ대한통운택배 www.doortodoor.co.kr	업무	국내 및 외국특송
	규격	무제한 지원
	지역	전 세계
	기간	빠른 편
	배송료	높음
	특징	온라인 접수, 픽업, 배송 추적 등

한진택배 hanex.hanjin.co.kr www.ehanex.com	업무	국내 및 외국특송
	규격	박스당 0.1~30kg
	지역	전 세계
	기간	빠른 편
	배송료	높음
	특징	온라인 접수, 무상 픽업, 배송 추적 등
로젠글로벌(로젠택배) www.logenglobal.com	업무	국내 및 외국특송
	규격	박스당 0.1~30kg
	지역	전 세계
	기간	옵션에 따라 배송 소요 시간 차등
	배송료	높음~보통(옵션에 따라 배송료 차등)
	특징	온라인 접수, 픽업, 배송 추적, 할인율 있음
현대택배 www.hlc.co.kr	업무	국내 및 외국특송
	규격	무제한
	지역	전 세계
	기간	옵션에 따라 배송 소요 시간, 배송료 차등
	배송료	높음~보통(옵션에 따라 배송료 차등)
	특징	온라인 접수, 무상 픽업, 배송 추적 등
e판토스 www.epantos.com	업무	외국 배송
	규격	무제한
	지역	미국, 호주, 영국, 독일, 홍콩, 싱가포르 등 주요 국가, 그 외 국가는 주요 도시만
	기간	7~10일 소요
	배송료	보통
	특징	온라인 접수, 무상 픽업, 배송 추적 등

K-Packet (우체국 우정사업본부) koreapost.go.kr	업무	외국 배송
	규격	0.1~2kg
	지역	전 세계
	기간	전 세계 7~10일 소요
	배송료	보통
	특징	온라인 접수, 무상 픽업, 일부 배송 추적, 할인율 있음
국제등기우편(RR) (우체국 우정사업본부) koreapost.go.kr	업무	국내 및 외국 등기우편(항공, 선편)
	규격	무제한
	지역	전 세계
	기간	전 세계 7~14일 소요(항공우편 기준) ※ 선편 우편은 거리에 따라 장시간 소요됨
	배송료	높음~보통~저가(옵션에 따라 배송료 차등)
	특징	우체국에서 접수, 일부 배송 추적

외국특송료와 소요 시간 미리 알기

외국특송은 업체 및 옵션에 따라 배송료가 다릅니다. 가격 조건과 업체의 신뢰성을 비교해 배송업체를 선택하기 바랍니다.

다음은 국내에서 외국으로 특송할 경우의 배송료와 배송 기간입니다. 우체국 외국특송(EMS) 기준이며 무게별로 배송료 차이가 발생합니다. 평균 3~5일 후에 외국 구매자에게 상품이 도착합니다.

미국, 캐나다	0.5kg	2만 5,600원	3~5일 소요 ※ 캐나다는 미국과 요금 동일	※ 비서류 기준 ※ 서류일 경우 약간 더 저렴 ※ 4,500원 추가 시 일본 도쿄, 오사카, 홍콩, 싱가포르는 초특급 EMS로 배송됨(접수 후 다음 날 도착)
	1kg	3만 4,900원		
	5kg	8만 100원		
	10kg	12만 900원		
	30kg	29만 500원		
일본	0.5kg	1만 6,600원	2~4일 소요	
	1kg	1만 8,300원		
	5kg	3만 700원		
	10kg	4만 2,900원		
	30kg	9만 400원		
중국	0.5kg	1만 6,800원	3~5일 소요 ※ 홍콩은 중국과 요금 동일	
	1kg	1만 8,800원		
	5kg	3만 3,100원		
	10kg	4만 7,800원		
	30kg	10만 3,000원		

지역	무게	요금	소요기간	비고
호주, 뉴질랜드	0.5kg	1만 9,900원	3~5일 소요	
	1kg	2만 6,500원		
	5kg	6만 4,500원		
	10kg	9만 3,300원		
	30kg	21만 8,100원		
싱가포르	0.5kg	1만 6,800원	1~3일 소요	
	1kg	1만 8,600원		
	5kg	3만 3,800원		
	10kg	5만 100원		
	30kg	11만 2,800원		
베트남, 동남아시아	0.5kg	1만 7,100원	3~5일 소요 ※ 태국, 캄보디아, 필리핀, 인도 등은 베트남과 요금이 비슷하거나 동일	※ 외국특송은 최고 30kg까지 보낼 수 있음 ※ 폴란드, 멕시코 등의 일부 국가는 최고 20kg까지만 특송 가능 ※ 아프리카의 일부 국가는 인프라 특성상 현지에서 10일 이상 배송이 지연될 수 있음 ※ 외국 배송 소요 시간은 오전 11시 이전 접수분 기준. 오후에 접수하면 하루 더 소요
	1kg	1만 9,700원		
	5kg	3만 5,100원		
	10kg	5만 6,200원		
	30kg	12만 5,400원		
터키, 중동	0.5kg	2만 3,200원	3~5일 소요 ※ 중동 지역은 터키와 요금이 비슷하거나 동일	
	1kg	2만 9,900원		
	5kg	6만 8,100원		
	10kg	10만 1,400원		
	30kg	23만 4,200원		
폴란드, 동유럽	0.5kg	2만 3,200원	3~5일 소요 ※ 동유럽 지역은 폴란드와 요금이 비슷하거나 동일	
	1kg	2만 9,900원		
	5kg	6만 8,100원		
	10kg	10만 1,400원		
	20kg	16만 7,000원		

영국, 서유럽	0.5kg	2만 3,100원	4~6일 소요 ※프랑스, 독일 등의 서유럽은 영국과 요금 동일
	1kg	2만 9,800원	
	5kg	6만 7,700원	
	10kg	10만 700원	
	30kg	23만 2,700원	
러시아	0.5kg	2만 3,200원	5~7일 소요 ※구 러시아 연방 국가는 러시아와 요금 동일
	1kg	2만 9,900원	
	5kg	6만 8,100원	
	10kg	10만 1,400원	
	30kg	23만 4,200원	
브라질, 멕시코, 중남미	0.5kg	2만 6,500원	3~5일 소요 ※남미, 멕시코는 브라질과 요금 동일
	1kg	3만 3,600원	
	5kg	9만 5,400원	
	10kg	16만 7,300원	
	30kg	45만 6,400원	
나이지리아, 아프리카	0.5kg	2만 6,500원	5~7일 소요 ※그 외 아프리카의 국가는 나이지리아와 요금이 비슷하거나 동일
	1kg	3만 3,600원	
	5kg	9만 5,400원	
	10kg	16만 7,300원	
	30kg	57만 1,400원	

※ 상세한 정보는 인터넷 우체국 → EMS → EMS 국가별 요금 안내 메뉴에서 확인할 수 있습니다.

외국특송 시 제품 품목별 무게 미리 파악하기

국내에서 외국으로 배송할 때 최소 무게 기준은 0.5킬로그램이며 0.25킬로그램당 배송료가 올라갑니다. 제품 품목별 무게는 다음과 같습니다.

무게 분류	내용	외국특송료
~0.5kg ※ 외국 배송 최소 무게 단위는 0.5kg	반팔 티셔츠 한 벌: 약 0.17kg 라면 한 봉지: 약 0.13kg 스프레이 한 개: 약 0.3kg MP3 플레이어(상자 포함): 약 0.2~0.5kg 와인잔 한 개: 약 0.2kg 2.5인치 HDD(외장케이스 포함): 약 0.3kg DVD 한 장(케이스 포함): 약 0.13kg	일본 1만 6,600원 중국 1만 6,800원 미국 2만 5,600원 영국 2만 3,100원 남미 2만 6,500원
0.5~0.75kg	소설책(400쪽 분량) 한 권: 약 0.65kg 태블릿 한 대(상자 포함): 약 0.5~0.8kg 스킨로션 한 개(상자 포함): 약 0.5kg	일본 1만 7,400원 중국 1만 7,800원 미국 3만 200원 영국 2만 6,500원 남미 3만 원
0.75~1kg	신사구두 한 쌍: 약 0.95kg 신사양복 상의: 약 0.8kg 토스터기(상자 포함) 한 대: 약 0.95kg 일반 전화기(상자 포함) 한 대: 약 0.9kg 도자기 접시 큰 것: 약 0.9kg	일본 1만 8,300원 중국 1만 8,800원 미국 3만 4,900원 영국 2만 9,900원 남미 3만 3,600원
1~1.25kg	DSLR (렌즈, 충전기 포함) 한 세트: 약 1.2kg 커피포트(상자 포함) 한 대: 약 1.1kg 롤화장지 10개 묶음: 약 1.2kg 생수(500ml) 두 병: 약 1.1kg 와인 한 병: 약 1.2kg	일본 1만 9,400원 중국 2만 원 미국 3만 9,800원 영국 3만 4,400원 남미 3만 8,200원

※ 그 외: 스마트폰(0.2~0.3kg), 컴퓨터 책, 700쪽 분량, 흑백(1.8kg), 22인치 LCD 모니터(3kg), 34인치 LCD 모니터(7~8kg), 전기밥솥(7kg), PC 본체(7~10kg), 세탁기(40~80kg), 고급 냉장고 (120~130kg), 승용차(1~1.6t), 버스(10~12t)

국제 등기우편으로 소포 배송하기

국제 등기우편은 EMS 같은 외국특송에 비해 저렴한 편이고, 배송 추적이 가능한 등기우편과 배송 추적이 불가능한 국제우편이 있습니다.

국제 등기우편은 우체국에서 담당하며 이용료는 우체국 홈페이지(www.epost.kr)에서 확인할 수 있습니다. 보통 무게가 많이 나가거나 멀리 떨어진 나라에 소포를 보낼 때는 배송료가 저렴한 우체국 등기우편을 이용하는 것이 좋습니다.

우체국 국제 등기우편

EMS 같은 특송에 비해 10~20% 정도 저렴하고 배송 추적이 가능합니다. 그러나 배송 기간이 약 3~4일 더 소요됩니다. 국내에서는 EMS 외국특송 다음으로 인기 있는 배송 방법입니다.

우체국 국제 항공우편

등기가 아닌 항공우편으로 보내는 것을 말합니다. EMS 같은 외국특송에 비해 20~30% 저렴하지만 배송 추적이 불가능하고 배송 시간도 3~4일 더 소요됩니다.

우체국 국제 통상우편

통상우편이란 개인이 개인에게 보내는 편지 등을 말하며 소포는 개인이 개인에게 보내는 간단한 선물 등을 포함합니다. 이용료는 50% 저렴합니다. 옵션에 따라 항공우편, 선편우편, 등기우편으로 보낼 수 있는데 반드시 등기 처리를 하는 것이 좋습니다.

우체국 국제 선편우편

선박으로 소포를 배송하기 때문에 이용료는 40% 이상 저렴하지만 배송 기간은 EMS 특송의 3~6배가량 소요됩니다.

07 SECTION
우체국이 만든 특별 외국 배송 우편 – 케이패킷 외국 우편

온라인 상품의 외국 배송을 위해 우체국에서 만든 특별우편입니다.

케이패킷(K-Packet)은 2킬로그램 이하의 소형 소포에 한해 이용할 수 있으며 월 50건 이상을 외국으로 보낸다면 케이패킷 이용자로 등록할 수 있습니다. 이용 요금은 EMS 외국특송보다 저렴하고 국제우편보다는 조금 비쌉니다.

우정사업본부(www.epost.kr)를 통해 우편물 접수를 신청하면 우체국에서 방문 접수하여 픽업해 배송합니다. 주소 및 세관신고서(CN22)를 한 장의 기표지로 통합할 수 있도록 정보시스템 및 주소 기표지를 무료로 제공합니다. 추적 정보 교환 국가는 2013년 기준 68개국입니다.

보통 2킬로그램 이하의 소포를 외국에 배송할 때 유용한 케이패킷 요금은 제휴 국가로 보낼 때는 5% 감액, 월 50만 원 이상 배송할 때 다시 5% 감액됩니다. 케이패킷의 약점이라면 EMS 특송을 우선으로 처리한다는 점입니다. 만일 구매자에게서 배송 불만이 발생하면 국제 등기우편이나 EMS 특송을 사용할 것을 권장합니다.

케이패킷 우편요금표

중량별	지역별 케이패킷 요금			
	1지역 중국, 일본, 대만, 홍콩, 마카오	2지역 동남아시아	3지역 서남아시아, 중동, 북미, 유럽	4지역 중남미, 아프리카, 남태평양
0.1kg	4,170원	4,680원	4,870원	5,070원
0.25kg	5,610원	6,310원	6,990원	7,700원
0.5kg	8,560원	9,160원	1만 810원	1만 1,150원
1kg	1만 2,920원	1만 4,460원	1만 6,580원	1만 8,120원
1.5kg	1만 6,810원	2만 470원	2만 4,880원	2만 7,320원
2kg	1만 9,140원	2만 6,470원	3만 2,320원	3만 5,570원

※ 지역별 국가 리스트는 우체국 홈페이지(www.koreapost.go.kr)에서 케이패킷 메뉴를 확인하기 바랍니다.

국제우편 요금 미리 조회하기

국내에서 전 세계로 발송되는 국제우편(항공우편, 국제 등기우편, 선편우편)의 이용 요금을 미리 파악하는 방법을 알아봅니다.

1 우정사업본부(www.koreapost.go.kr)로 접속합니다.
[업무마당 → 우편] 메뉴를 클릭합니다.

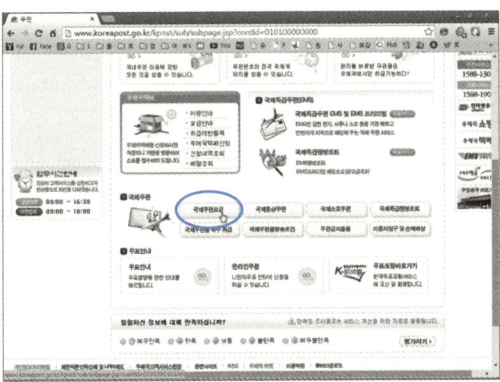

2 국제우편 요금 버튼을 클릭합니다.

CHAPTER 7 상품 배송의 모든 것 **247**

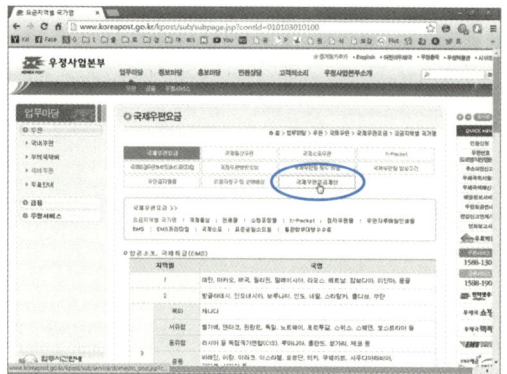

❸ 국제우편 요금 계산 버튼을 클릭합니다.

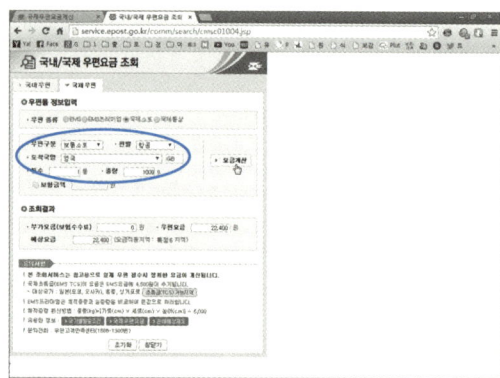

❹ '국제우편 종류', '도착국명', '운송편별', '우편 통수', '용량'을 입력한 뒤 요금 계산 버튼을 클릭하면 국제우편 요금이 산출되어 표시됩니다.

EMS 국제특송보다 10~50% 저렴하지만 배송 시간이 2~3배 이상 걸리고 때에 따라 배송 추적이 안 된다는 단점이 있습니다.

09 SECTION 외국 배송 송장 작성 방법 1 – 상업송장

상업송장이란 수출입 거래 시 판매자(수출자)가 구매자(수입자)에게 보내는 물품 명세서, 계산서 등을 겸한 선적서류로 계약 이행을 보여주는 서류입니다.

상업송장은 인보이스(Commercial Invoice)라고도 불리며 국제 배송업체마다 송장 양식과 디자인이 조금씩 다르지만 반드시 꼭 들어가 있는 기본 양식이 있습니다. 여기서는 기본 양식을 기준으로 상업송장을 작성하는 법을 알아봅니다.

✖ 상업송장의 목적과 개수

상업송장은 국제간 이동하는 물품의 내용물을 일목요연하게 보여주고 통관을 신속히 처리하게 합니다. 또한 관세 등을 정확히 산출할 목적으로 사용됩니다. 일반적으로 상업송장은 원본을 세 장 작성합니다. 물품(소포) 부착용 한 부, 발송지(수출국 세관) 통관용 한 부, 목적지(수입국 세관) 통관용 한 부가 필요하기 때문입니다.

✖ 상업송장의 작성 언어와 그 내용

상업송장은 영문으로 작성하며 기본적으로 발송인 주소, 수취인 주소, 국가, 출발 일자, 물품명, 수량, 원산지, 지급 조건, 개별 가격, 총가격 등이 표시됩니다.

> 무역 언어는 대개 영어를 사용해야 하지만 일본은 상업송장 외의 다른 서류를 작성할 때 일본어로 작성해주면 매우 좋아합니다.

SECTION 10
외국 배송 송장 작성 방법 2
– 상업송장 기본 내용 작성법

외국 배송업체를 지정하면 해당 배송업체의 양식으로 상업송장을 작성해야 합니다. 기본적으로 들어가 있는 항목은 아래와 같습니다.

✱ 상업송장(인보이스) 항목 예제

COMMERCIAL INVOICE

① Shipper/Seller (발송인 성명, 전화, 주소) PSY TRADING COMPANY. 1110-11, PSY B/D 771HO, SINSA-DONG, GANGNAM-GU, SEOUL, KOREA	⑧ Invoice No. and date (송장 번호와 송장 발행 일자를 업체 규칙에 맞게 작성) FEB, 18 2015 EM222222222KR
② Consignee (수취인 성명, 전화, 주소) NIP CORP. 388-71-11, SHINJUKU TOWER B/D, NISHI-SHINJUKU, SHINJU-KU, TOKYO, JAPAN	⑨ L/C No. and date (신용장 번호, 개설 일자) (현금 결제면 생략)
	⑩ L/C Issuing bank (신용장 개설 은행 정보) (현금 결제면 생략)
③ Notify Party (수취인 외 제3자에게 통보하거나 물품을 전달해야 할 때 제3자의 성명, 전화, 주소)	⑪ Buyer(if other than consignee) (수취인과 수입자가 다를 경우 실제 수입자의 성명, 상호, 주소)
④ Departure date (출발 예정 일자) FEB, 21 2015	⑫ Other references (그 외 사항 입력하되 보통 원산지 정보 입력)

⑤ From (화물 출발 예정 공항 혹은 항구) INCHEON KOREA	⑥ Vessel / Flight (항공, 선박의 고유 번호나 이름 기재)	⑬ Terms of delivery and payment (기타 요구사항, 지급 조건 입력) Bank Information : Bank Name : Swift Code : 물품 대금의 정산을 요구할 경우 Bank Address : 입금 은행 계좌 정보를 옆과 비슷한 순서로 입력 Account No : Account Name :
⑦ To (화물 도착지 예정 공항이나 항구) NARITA, TOKYO		

⑭ Shipping Marks (화인 기재)	⑮ No.&kind of packages (개수, 포장 방법)	⑯ Goods description (물품 명세서)	⑰ Quantity (물품당 수량)	⑱ Unit price (물품당 가격)	⑲ Amount (수량×가격)
4	Box Case Bale	leather shoes a hand mirror dry grapes	2 Box 5 Piece 3 kg	USD 45.00 USD 5.00 USD 12.00	USD 90.00 USD 25.00 USD 12.00

⑳ Total (총가격)	USD 127.00
(필요하면 이 공란에 발송자의 주소, 우편번호, 팩스, 전화번호를 입력하지만 생략해도 상관없음)	㉑ Signed by

✖ 상업송장 작성 방법

상업송장의 상세한 작성 방법은 아래와 같습니다. 외국 쇼핑몰에서 판매한 물품을 배송하기 위해 국제특송업체의 홈페이지에서 온라인으로 예약할 때 송장을 함께 작성하므로 아래를 참고해 작성하기 바랍니다.

1 : Shipper/Seller
발송인(판매자, 수출자)의 성명(상호), 주소, 연락 가능한 전화번호를 작성합니다.

2 : Consignee
수취인(구매자, 수입자)의 성명(상호), 주소, 연락 가능한 전화번호를 작성합니다.

3 : Notify Party
수취인 외 수취한 사실을 제3자에게 통보하거나 수취한 물품을 제3자에게 전달해야 할 때 제3자의 성명, 전화, 주소 등을 입력합니다.

4 : Departure Date
화물을 선적할 비행기나 선박의 출발 일자를 작성합니다. 이때 우편물 기표지의 일자와 일치시켜야 합니다. 송장 작성 시점에서는 정확한 날짜를 알 수 없으므로 우편물 접수 예상 일자의 7일 전후로 기재하기 바랍니다.

5 : From
화물을 선적하기로 예정된 공항이나 항구 이름, 국가명을 작성합니다.
'발송 공항명+국가명' 또는 '발송 항구명+국가명'.

6 : Vessel / Flight
항공운송일 경우 항공기 고유 번호를, 선박운송일 경우 선박 이름을(예를 들면 'SEWOL') 입력합니다.

7 : To

해당 화물이 도착 예정된 목적지 공항이나 항구 이름, 국가명을 기재합니다.
'도착 공항명+국가명' 또는 '도착 항구명+국가명'.

8 : Invoice No. and Date

발송인이 상업송장에 부여한 참조번호 및 송장 작성 일자를 작성합니다.

9 : L/C No. and date

신용장 번호 및 개설 일자를 작성합니다. 수출 대금을 신용장 방식으로 결제하면 그 신용장 번호를 입력하는 칸입니다. 오픈마켓으로 판매한 경우 송장에 이 항목이 없을 수 있습니다.

10 : L/C Issuing bank

신용장 발행 은행 정보를 입력합니다. 오픈마켓으로 판매한 경우 이 항목이 없을 수 있습니다. 이 항목은 일반 무역업자들이 신용장 방식으로 거래할 때 입력하는 난입니다.

11 : Buyer(if other than consignee)

물품 수취인과 수입자(구매자)가 다른 경우, 실제 수입자의 성명(상호) 및 주소를 작성합니다.

12 : Other reference

기타 요구 사항이나 참조 사항을 작성합니다. 입력할 내용이 없다면 물품의 원산지(Country of origin) 등을 기재합니다.

13 : Terms of delivery and payment

인도 조건이 있다면 인도 조건, 지급 조건이 있다면 지급 조건을 작성합니다. 예를 들어 물품 대금을 아직 안 받았다면 물품 대금을 받을 수 있는 계좌번호를 기재합니다. 자신의 거래 은행 영문 표기법과 스위프트 코드(Swift Code: 각 은행에 부여된 고유 식별 번호)는 거래 은행에 문의하면 알 수 있습니다.

14 : Shipping marks

쉬핑 마크란 판매자(수출자)가 동시에 여러 포장 화물을 보낼 때 화물을 손쉽게 인수할 수 있도록 포장 단위마다 표시하는 것으로, '화인'이라고도 합니다. 순서대로 '1, 2, 3…' 등으로 화인이 표시되는데 그 화인 번호를 작성합니다. 화인이 없다면 공란으로 둡니다.

15 : No. & kinds of packages

포장 개수와 포장 형태를 기재합니다.

16 : Goods description

하나의 배송 박스 안에 여러 물품이 있을 때 해당 물품의 명세서를 정확하게 작성합니다. 물품명 역시 영문으로 작성합니다. 물품명의 영문 이름을 모른다면 우체국 EMS 홈페이지(ems.epost.go.kr)에 접속한 뒤 [EMS → 유용한 국제특송 정보 → 주요 물품 영문 표기 메뉴]에서 검색하기 바랍니다.

우체국 EMS에서 주요 물품의 영문 표기법을 검색한 모습

17 : Quantity

물품의 단위당 수량을 작성합니다. 단위당 수량은 개수 혹은 장수(Piece), 세트(Set), 상자(Case), 포대(Bag), 더미(Bale), 무게(kg 혹은 ton) 등의 단위로 표시할 수 있습니다. 상품에 맞게 표시하면 됩니다.

18 : Unit price

각 물품의 한 개 단위당 가격(단가)을 작성합니다. 개당 단가이든 무게 단가이든 상황에 맞게 입력합니다. 화폐 단위는 일반적으로 달러(USD) 단위를 사용합니다.

19 : Amount

물품의 개당 단가에 수량을 곱한 총 합산 금액을 작성합니다.

20 : Total

배송하는 물품 전체의 총 합산 금액을 작성합니다. Total 항목 아래의 공란에는 필요하다면 발송자의 주소, 우편번호, 팩스, 전화번호를 입력하지만 생략해도 무방합니다.

21 : Signed by

판매자(수출자)의 서명을 기재합니다.

페덱스코리아 항공 송장 작성 예제

송장 작성 시에는 볼펜으로 꾹꾹 눌러 깔끔하게 작성하거나 프린터로 인쇄해 작성합니다. 다음은 국제적으로 유명한 특송업체인 페덱스코리아의 국제 항공 운송장 작성 예제입니다.

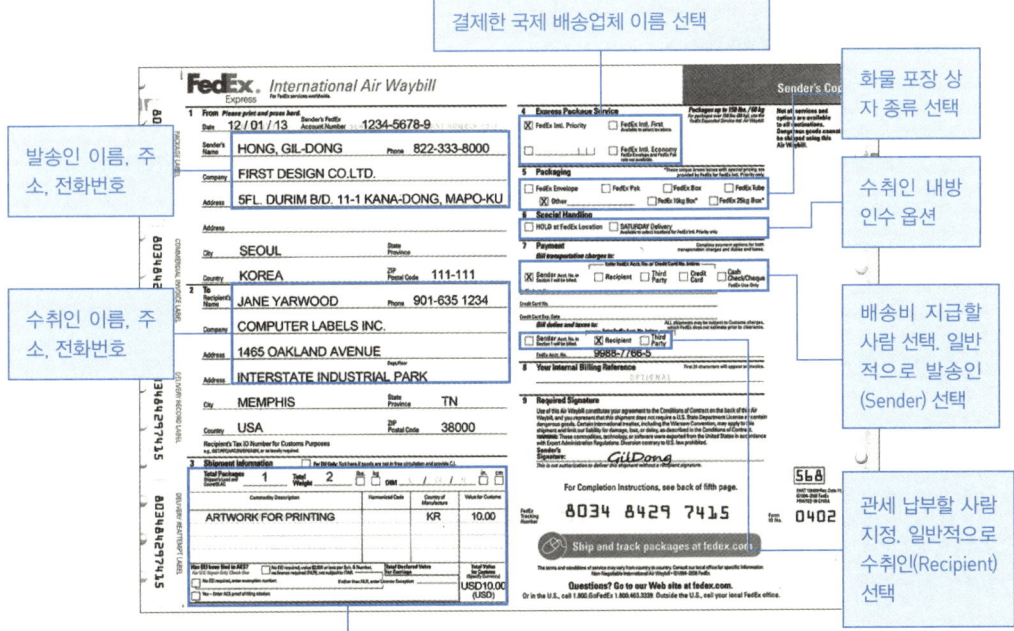

- 결제한 국제 배송업체 이름 선택
- 발송인 이름, 주소, 전화번호
- 화물 포장 상자 종류 선택
- 수취인 내방 인수 옵션
- 수취인 이름, 주소, 전화번호
- 배송비 지급할 사람 선택. 일반적으로 발송인(Sender) 선택
- 관세 납부할 사람 지정. 일반적으로 수취인(Recipient) 선택

화물에 대한 상세한 내용 작성
- Total Packages: 화물 상자 안 물건 총 개수
- Total Weight: 화물 총 무게
- DIM: 화물 상자 크기(가로·세로·높이)
- Commodity Description: 상세하게 품목별 명세 기재. 품목 명세를 다 적을 공간이 없다면 상업송장에 기입
- Country of Manufacture: 각 품목별 제조국
- Total Value for Customs: 총가격. 상업송장에 기재된 금액과 같아야 함
- Total Declared Value for Carriage: 항공사 총 신고 금액. 발송물에 대한 최대 보상 금액으로 위의 총가격을 넘을 수 없음

SECTION 12 외국 배송 주소 영문으로 작성하는 방법

외국 구매자에게 배송할 때 영문 주소를 작성하는 방법을 알아봅니다.

미국은 물론 외국 곳곳에서 영문 주소가 통하므로 외국 배송지 주소를 작성할 때는 보통 영문으로 작성합니다. 영문으로 주소를 작성할 때 흔히 하는 실수는 구매자의 이름을 보고 남자 혹은 여자라고 착각하는 경우입니다. 예를 들어 구매자의 이름이 여성인 경우 'Mrs'나 'Miss'라고 쓰는데 구매자가 남자라면 큰 실수를 범하는 것입니다. 따라서 영문 주소를 작성할 때는 구매자의 성별을 추측할 필요 없이 'To. 성명'이나 'Dear. 성명' 혹은 'Dear. 구매자의 아이디'로 작성하는 것이 좋습니다.

미국 주소는 기본적으로 아래 규칙으로 작성하고 자신의 한국 주소를 영문으로 작성할 때도 아래 규칙으로 작성합니다.

	외국 주소 작성 순서	국내 주소 작성 순서
1	Dear '구매자의 쇼핑몰 아이디' 또는 To '구매자의 이름'	Kim, Pal-Bong
2	회사 이름.	A Cool Company,
3	방 번호(혹은 층 번호). 건물 이름.	3FD. Cool B/D.
4	번지수 거리(스트리트) 이름.	201-1012 Mia-Dong, Dobong-Gu.
5	도시 이름(로스엔젤레스 등).	SEOUL
6	주 이름(캘리포니아, 2문자 약식)	도 이름
7	Zip Code(해당 국가 우편번호)	우편번호

SECTION 13 외국으로 배송 시 국가별 통관 유의사항

국가마다 통관불가 상품이 있습니다. 외국 오픈마켓에서 판매할 때는 해당 국가의 통관불가 상품의 판매를 가능한 한 하지 않는 것이 좋은데, 그래야 미리 환불 요청을 피할 수 있습니다.

우체국 외국 특송(EMS) 메뉴에서 알 수 있는 외국 각국의 통관 유의사항입니다. 여기서는 주요 4개국의 통관 유의사항을 알아봅니다.

미국	* 푸에르토리코, 괌, 사이판, 알래스카는 EMS 접수 불가(하와이는 EMS 접수 가능) * 화장재는 EMS로만 발송 가능 * 학교(입학 서류 등) 공공기관행 우편물은 메일룸, 우편수발실, 사무실로 배달되며 최종 수령자 파악 불가(EMS) * 김치, 건조식품(오징어 등), 인삼액, 건강식품, 약 등은 세관에서 수취인에게 폐기처분 통지 없이 폐기 가능 * 주소 기재 시 P.O.BOX 기재하면 우편 발송되어 확인 불가 * 주소 변경·환불 청구 불가 * 우편물 배달, 주소 변경, 세관계류, 재배달 요청 등은 수취인이 콜센터로 확인 및 요청 가능(세관계류 시 세관번호가 있어야 확인 가능) * 우편번호 및 물건의 원산지를 반드시 기재(우편번호 미기재 시 교환국 반송, 가능하면 원산지 증명서 제출) * APO 및 군사시설행 우편물은 종적 확인 및 행방 조사 불가 * 수입 금지 품목: 담배, 위험한 물건, 복권 및 복권 관련 광고 * 제한 품목: 주류, 칼, 채소류 및 기타 식물제품, 동물제품, 의약품, 무기류, 모피, 양모, 짐승의 가죽, 육가공품, 비알코올 음료, 혈액(Airfreight mode), 의류(Multilation 및 Marking 필요), 개별 진공 포장된 한약(Health Drink)은 나무 포장하여 발송 가능, 전자제품은 수취인이 FCC 740 Form(제품 내용과 사용 용도를 간단히 명시한 수입신고서 양식의 하나) 제출, 인삼류는 건삼일 때 소량 발송 가능 * 주류는 수취인이 캘리포니아 주류 수입 허가서를 제출해야만 통관 가능 * 서비스 미제공 지역 우편번호 취급 지역 참고 * 면세 한도: 선물 100달러까지, 상품 200달러까지 * 통관 허용 한도: 2,000달러까지 * 제한 규격: 최장 길이 1.5m 이내, 최대 길이+둘레=2.74m이내 * 우편번호 미기재 시 지연 배달 우려 * 우편물 배달, 주소 변경, 세관 계류 상황, 재배달 요청은 미국 콜센터에서 처리하므로 수취인이 콜센터와 연락해야 함

중국	* 사서함 앞 우편물 접수 불가
* 화장품, 기계부품, 인쇄물(책, 판촉물) 등은 관세 대상, 제품 부자재(의류, 기계 등) 등은 세관에 계류됨(자체 폐기, 세관 지연), 남경세관(상하이)에서는 건물 자체 폐기
* 전자제품(휴대전화, 카메라, 노트북 등)은 세관에서 수입 제한 및 중과세 대상
* 종교적인 내용의 서적 및 자료, 위성 수신 기계 등은 통관 불가
* 분말, 액체류는 통관 계류되며, 수취 거절 시 중국 내 항공기 탑재 불가로 폐기될 수 있음(광조우교환국으로 액체류를 발송하면 육로 운송하므로 지연)
* 주소 변경, 반환 청구 불가(단, 동일 시의 경우 주소 변경 가능)
* 면세 한도: 2010년 9월 1일 이후 면세 기준이 모두 폐지되고 전량 과세 적용
* 제한 품목: 전자계산기 연간 한 대, 마그네틱 카세트테이프 다섯 개, 폭 130cm 이내 화학섬유 및 면 제품 10m, 우취용 우표 100장, 40위안의 중국 약에 사용된 약품 및 물질, 자동차나 오토바이 관련 부품, 전자제품, 컴퓨터, 수입승인서 제출, 가죽제품은 50%가량 과세, 개인용 음식물은 30kg 미만 발송 가능
* 국가는 중국(CN)이지만 도착국 약호가 다른 지역
HK: 홍콩, MO: 마카오, CN: 중국, TW: 타이완(대만)
* 개인 물품은 1,000위안(약 17만 원) 이상이면 통관 진행 불가(단, 회사는 가능). 1,000위안 이하로 물품을 맞추어 통관하거나, 폐기 또는 반송해야 함
* 수입 금지 품목: 중독성 마약 및 독극물, 동물, 자전거, 카메라, 헌 옷, 침대보, 오염 지역 및 비위생 지역 식품, 선풍기, 식물 및 식물제품, 비방성 출판물, 전파 송수신기, 레코드, 재봉틀, 녹음기, TV, 총기류, 손목시계, 주류, 혈액 샘플, 개인 선물, 곡류, 귀금속, 칼, 여권, 정치적 간행물, 포르노 물품, 중국 내국인에게 보내는 선물
* 개인 수입 한도: 1,000위안(초과 시 정식 수입 절차요)
* 통관 수수료: 개당 50위안
* 분유제품: 한 캔당 1kg 이하의 제품으로 다섯 개 이하로 발송, 캔 하나는 200위안으로 간주, 다섯 개(1,000위안) 초과 발송 시 수취인이 정식으로 통관 거쳐야 함. 다섯 개 이하 발송 시에는 세금 납부 후 배달될 수 있음
* 제품 부자재(의류, 기계 등)는 세관에 계류됨: 정식 통관 절차 필요(고객 안내 요망), 통관에서 3~7일 소요
일본	* 요리되지 않은(육류, 생선, 달걀 또는 유제품) 냉동식료품, 훈제품 또는 생식품 접수 금지
* 가방, 벨트, 화장품은 통관 대상 우편물
* 김은 1회 허용량이 1,000장이며 초과 시 관세 부과 혹은 폐기됨
* 모든 상품이나 선물은 상업송장 사본 두 장 동봉, 상업송장은 영문으로 기재되어야 하고 우편물 외관에 부착(상업송장에 문제가 있으면 통관이나 배달에 지연이 있을 수 있음)
* 1회 배달 시도 후 수취인의 요청 시 배달(배달 전 전화통보는 필수사항이 아님)
* 배달 시도는 2회로 수취인 부재 시 배달 통지서를 남김(수취인 연락이 없으면 재배달 시도 후 반송)
* 상품 및 샘플은 송장 사본 첨부
* 20만 엔 이상 물품은 원산지 증명서 첨부
* 면세 한도: 선물 1만 엔까지, 상품 1만 엔까지(단 가죽제품, 스웨터, 티셔츠 및 실크는 세금 부과)

일본	* 주요 물품(1만 엔 이하) 관세율 의류 10~20%, 가죽 가방 8.5~14.9%, 액세서리(금,은,백금) 5%, 담배·라이터: 5%, 장난감·인형류 3%, 우롱차 20%, 녹차류10%, 커피 10.3%, 주류 110~200% * 통관 수수료: 200엔 * 주소 기표지 작성 시: 샘플, 선물, 상품 표시 철저 * 건축용 대리석은 발송할 수 있지만, 건축용 모래는 일반 항공화물로만 가능 * 세관신고서(관세신고서인 CN23 2매 첨부) 정확히 기재(내용품명 및 가격) * ¥을 넘는 발송품에 관련 상업송장 첨부 * 배달 전 전화통보는 필수사항이 아님(사서함 배달 가능) * 면세 한도(우편요금 포함): 1만 엔 * 관세 지불 시기: 배달 동시 * 관세 납부 방법: 현금만 가능 * 관세 납부 우편물 수령 방법(배달 또는 세관 방문): 관세가 30만 엔 이하 시 배달, 30만 엔 초과 시 배달국 방문 * 통관 회부료: 200엔 * 통관 업무 대표 웹사이트: tokyp.int.ipc@ymb.ip-post.ip * 비고: 내용품 가액 20만 엔 이상(자체 평가 관세 시스템 적용, 상업송장 사본 반드시 동봉)

프랑스	* 상업 물품 및 개인 물품도 면세 한도와 상관없이 상업송장을 반드시 작성, 부착해야 함
	* 도어코드(Door Code) 및 우편번호 기재(미기재 시 반송 또는 배달 지연)
	* 수취인 휴대전화 기재 시 통관 안내, 종적 정보 등이 SMS로 수취인에 제공되므로 반드시 기재
	* 비취급 지역: Paris 우편번호 00000 to 00299, 00370 to 00449, 00500 to 00999 지역
	* 사서함 앞 우편물 접수 불가(불어로 사서함을 의미하는 BP((Boite de Postale)/Cedex가 기재된 주소)
	* 1회 배달 시도 후 미배달 시 재배달이 불가하며 4주간 배달 우체국에 보관(반드시 수취인 전화번호 기재)
	* 금지 품목: 청소년 및 공공질서에 해로운 물건, 향수, 색소물, 도박용 물품, 목재, 밤(식용), 의류, 광물성제품, 전기 매트 및 장판(통관 불가), 알코올, 약
	* 장난감·안전모자, 자전거와 모터 자전거는 적합성 인증서 필요
	* 국가는 프랑스(FR)이지만 도착국 약호가 다른 지역
	  GP: 과데루프 섬, GF: 기아나, NC : 뉴칼레도니아 섬
	  RE: 르위니용섬, MQ: 마르티니크섬, PM: 쌍뻬에르미켈론섬
	  WF: 왈리스푸투나제도, PF: 폴리네시아
	* 수입 금지 품목: 나무껍질, 청소년 및 공공질서에 해로운 물건, 향수, 색소물, 도박용 물품, 목재, 밤(식용), 의류, 부도덕한 내용의 서류, 광물성 제품, 외설비디오, 외설적인 음반, 전기 매트 및 장판, 알코올, 약
	* 수입 제한 품목: 총기류(수입허가증), 의약품, 혈액(보건당국 승인), 유골(1cm 이상의 금속 혹은 나무상자로 포장), 산식물, 장난감, 식물의 일부(농림당국 승인), 주류, 동물제품, 곡류, 과일, 헬멧, 측증기구, 보석류, 귀금속, 진주, 식물뿌리, TV수상기, 음식(캔류만/4kg)

프랑스	* 면세 한도: 선물 300프랑스프랑(FRF), 상품 150프랑스프랑까지(500프랑스프랑 이상 상업송장 첨부)
	* 관세: 3%~5%, VAT 20.6%
	* 통관 수수료: 14프랑스프랑
	* 기타 주요 사항: 가격, 상품 생산지를 반드시 기재
	* 재배달 요청 불가
	* 면세 조건: 상품 견본, 선물, 상품 22유로(EUR) 이하
	* 비상업용 물품에 견적 송장 3매 첨부, 필요 시 원산지 증명서 3매 첨부
	* 전기 매트, 장판 등 통관 불가
	* 통관 기초 정보[국제사업과-772(2012.06.12.카할라 국가에 대한 통관 기초 정보 제공)]
	  -면세 한도(우편요금 포함): B2B 및 B2C 우편물(22유로 미만), C2C 우편물(45유로 미만)
	  -관세 지급 시기: EMS(배달 때 납부), 소포(우체국 방문 납부)
	  -관세 납부 방법: EMS(현금, 수표), 소포(현금, 신용카드)
	  -관세 납부 우편물 수령 방법(배달 또는 세관 방문): EMS(배달), 소포(배달국 방문)
	  -통관 회부료: EMS(18유로), 소포(세금 2,300유로 이하 3.15유로, 세금 2,300유로 이상 63.27유로)

※ 위의 자료는 인터넷 우체국(www.epost.go.kr)의 EMS 관련 자료를 인용했습니다.

우체국 EMS에서 국가별 통관 유의사항

이번에는 국가별 통관 유의사항을 우체국 EMS에서 자세히 확인하는 방법을 알아봅니다.

① 인터넷 우체국(http://www.epost.go.kr)에 접속한 뒤 EMS 메뉴를 클릭합니다.

② [국가별 발송 조건 안내 → EMS/EMS 프리미엄] 메뉴를 클릭합니다.

CHAPTER 7 상품 배송의 모든 것 **261**

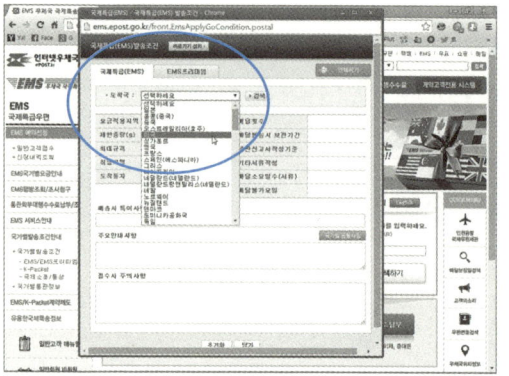

③ 국제특급(EMS) 탭에서 도착 나라로 '미국'을 선택합니다.

④ 검색 버튼을 클릭하면 미국 통관 시 유의사항을 볼 수 있습니다. 이 유의사항에 해당하는 물품은 미국에서 통관되지 않습니다. 미국 아마존이나 이베이에서 상품을 판매할 때는 미국 통관 규정에 맞지 않는 상품을 판매하지 않는 것이 좋습니다.

통관 규정에 맞지 않은 제품을 판매한 뒤 고객이 통관되지 않는다는 이유로 환불 요청을 해온다면 막대한 손실이 발생합니다. 따라서 외국에 물품을 판매할 때는 각국 통관 규정에 맞는 제품을 판매하여 환불 요청이 발생할 일을 미리 피하기 바랍니다.

SECTION 15
외국 직구족을 위한 안전한 주소지 – 배대지란?

배대지란 배송대행 장소를 뜻하며 자신의 외국 가상 주소입니다. 외국 직구족들이 즐겨 사용합니다.

미국 쇼핑몰에서 마음에 드는 물품을 찾아 직구를 하고 싶은데, 쇼핑몰 중에는 종종 외국 배송을 하지 않는 곳이 있습니다. 이때 필요한 것이 배대지입니다. 먼저 국내 배송대행업체에 가입한 후 미국에 자신의 가상 주소를 만들고 구매한 물품을 가상 주소로 배송시킵니다. 그런 뒤 국내 배송대행업체에 접속해 미국 가상 주소로 도착한 화물을 본인의 국내 주소로 배송되도록 입력하면 배송대행업체가 가상 주소에서 물건을 환수해 국내 주소로 배송합니다. 배대지를 거치므로 미국에서 국내까지의 배송 기간은 10~20일 소요됩니다. 단 배송비가 10% 정도 저렴하다는 장점이 있습니다.

국내의 유명 배송대행업체로는 몰테일(post.malltail.com) 등이 있는데, 몰테일은 미국, 독일, 일본, 중국에서 국내로 배송을 대행하고 있습니다.

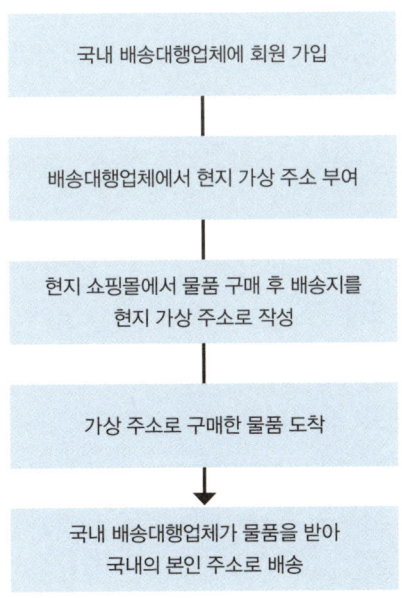

수출업 오픈마켓 셀러의 가격 책정

국내에서 외국으로 배송할 때 외국 구매자에게 배송비를 별도로 받아야 합니다. 그런데 배송비가 비싸면 외국 구매자들이 구매를 망설일 것입니다. 해결책은 무엇일까요?

✖ 상품 가격에 배송비 포함하기

우리나라와 가까운 일본, 대만, 중국의 오픈마켓에서 판매하는 셀러들은 일반적으로 상품 가격에 배송비를 포함합니다. 의류 셀러의 경우 의류 판매가에 배송비를 포함한 뒤 외국 오픈마켓에 리스팅합니다.

일본, 대만, 중국, 싱가포르, 동남아 오픈마켓에서 판매할 경우	의류, 신발, 액세서리는 보통 상품 판매가에 배송비를 포함합니다. 상품 판매가=상품가+외국 배송비 ※ 이윤이 없는 공산품은 배송비를 별도로 표시합니다. 배송비가 있는 제품은 일정 금액(5~10만 원) 이상 구매자에게 무료로 배송하기도 합니다.

✖ 배송비 별도로 표시하기

우리나라와 먼 나라는 일반적으로 상품 가격과 배송비를 분리해 표시합니다. 미국, 남미, 유럽, 러시아 오픈마켓에서 판매할 경우 일반적으로 상품 가격과 배송비를 별도로 표시합니다. 배송업체는 국내 판매자가 지정할 수 있거나 외국 구매자가 선택할 수 있게 합니다.

✖ 외국 구매자의 관세 처리는?

외국 구매자의 관세는 외국 구매자가 처리할 문제이므로 국내 셀러는 관여하지 않습니다. 물론 외국도 국내와 마찬가지로 10~15만 원대 이하 상품은 무관세로 구매할 수 있습니다. 또한 우리나라와 FTA 체결을 맺은 국가는 관세 면제 혜택이 조금 더 높은 편이므로 무관세 상품 위주로 판매하는 것도 좋은 전략입니다.

CHAPTER 8

대량 수출입 무역은 어떻게 할까

외국 바이어 발굴 방식 1
– 코트라에 의뢰하기

바이어를 발굴하는 방식은 크게 직접 발굴하기, 코트라에 의뢰해 발굴하기, 인터넷으로 발굴하기, 에이전트를 통해 발굴하기가 있습니다.

대량 수출입을 하려면 거래 업체의 신용도 조사를 해야 합니다. 신용 없는 회사와 잘못 거래하다가는 사기를 당할 수 있기 때문입니다. 그런데 과연 개인 업체가 외국 업체의 신용도까지 조사할 여력이 있을까요? 이때 필요한 것이 코트라의 힘입니다.

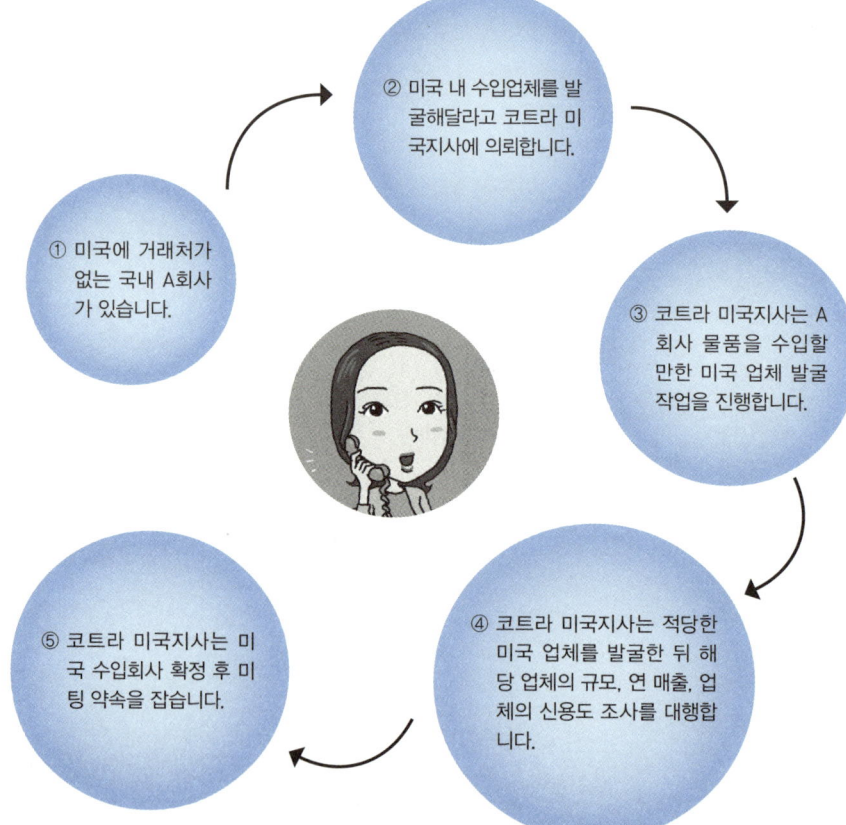

① 미국에 거래처가 없는 국내 A회사가 있습니다.

② 미국 내 수입업체를 발굴해달라고 코트라 미국지사에 의뢰합니다.

③ 코트라 미국지사는 A회사 물품을 수입할 만한 미국 업체 발굴 작업을 진행합니다.

④ 코트라 미국지사는 적당한 미국 업체를 발굴한 뒤 해당 업체의 규모, 연 매출, 업체의 신용도 조사를 대행합니다.

⑤ 코트라 미국지사는 미국 수입회사 확정 후 미팅 약속을 잡습니다.

⑥ 미팅 날짜, 미팅 장소는 물론 필요한 경우 코트라 미국지사에서 통역도 대행합니다.

⑦ 미팅 날짜에 미국으로 날아가 코트라에서 발굴한 업체와 미팅합니다.

⑧ 수출 상담 및 정식 수출 계약서를 작성합니다.

⑨ 신용장을 수령합니다.

⑩ 수출 계약된 상품을 발주(생산)합니다.

⑪ 물품을 선적합니다.

⑫ 수출 대성공! 수출 대금 입금!

코트라 외국지사에 해당 국가 수입업체 발굴 및 신용도 조사를 대행시킬 때는 소정의 수수료가 필요합니다. 우리나라는 수출산업이 국가 정책이므로 코트라의 대행수수료는 매우 저렴하며 국내 수출업자를 위해 최대한 편의를 제공합니다.

외국 바이어 발굴 방식 2
– 인터넷에서 발굴하기

A회사가 인터넷으로 외국 거래 업체를 발굴하려면 영문으로 된 홈페이지를 만들고 코트라에 수출하고 싶은 물품을 게시합니다.

① A회사는 수출 혹은 수입을 목적으로 영문 홍보 홈페이지를 만듭니다.

② 그런 뒤 코트라, 코참, EC 프라자(EC Plaza)에 회원 가입합니다.

③ 코트라, 코참, EC 프라자 등의 '사자팔자' 게시판에 수출하고 싶은 품목에 대한 게시글을 올린 뒤 자신의 영문 홈페이지를 링크시킵니다.

④ 외국에서 게시글을 본 외국 업체가 A회사의 홈페이지로 들어온 뒤 판매 중인 물품을 보고 A회사에 연락합니다.

⑤ A회사는 준비해둔 종이 카탈로그와 거래 조건을 해당 업체에 발송합니다.

⑥ 최근엔 종이 카탈로그 대신 전자 카탈로그(PDF)를 이메일로 전송하는 경우가 더 많습니다.

⑦ 카탈로그와 계약 조건을 본 외국 업체에서 정식 수입하겠다고 청약이 오고 승락합니다.

⑧ 쌍방 계약 조건을 조율합니다.

⑨ 계약서를 작성합니다.

⑩ 신용장을 수령합니다.

⑪ 수출 성공! 수출 대금 입금!

위의 경우처럼 인터넷에서 거래처를 발굴하는 방법은 요즘 가장 흔한 수출 방법입니다. 단, 서로 첫 거래이므로 반드시 신용장 방식으로 거래를 터야 합니다. 신용장은 수출 대금에 대한 유일무이한 보증서입니다.

SECTION 03 외국 바이어 발굴 방식 3
– 에이전트가 되어 수출입 대행하기

의류 전문인 A회사의 외국 거래처에서 다른 품목을 수입하고 싶어한다면 대행 수출하여 중개료를 취할 수 있습니다.

① 어느 날 갑자기 의류 전문 회사인 A회사에 외국 단골 거래처인 C회사에서 기계류를 수입하고 싶다는 문의가 옵니다.

② A회사는 기계류 수출에 관해 문외한이지만 기계류를 생산하는 국내 B회사의 정보를 가지고 있습니다.

③ A회사는 국내 B회사에 연락해 외국 C회사가 수입하려는 기계류 품목에 대한 수출 가능성 여부를 타진합니다.

④ B회사에서 그 품목을 수출할 수 있다는 긍정적인 답변이 왔습니다.

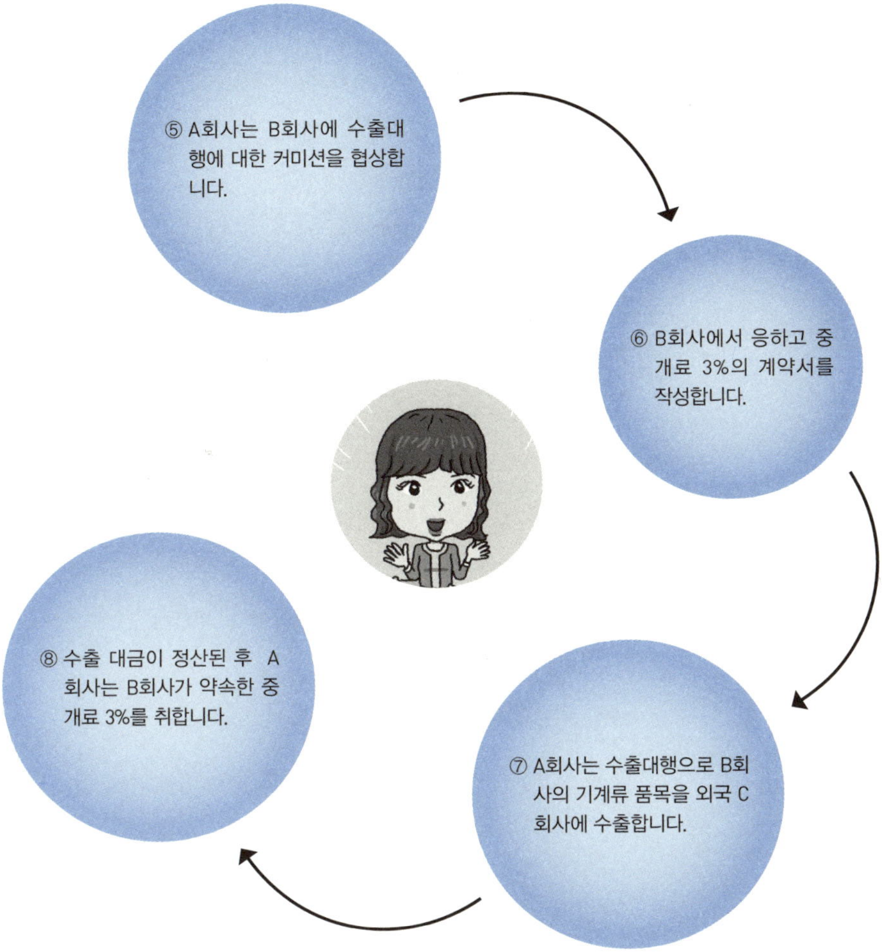

⑤ A회사는 B회사에 수출대행에 대한 커미션을 협상합니다.

⑥ B회사에서 응하고 중개료 3%의 계약서를 작성합니다.

⑧ 수출 대금이 정산된 후 A회사는 B회사가 약속한 중개료 3%를 취합니다.

⑦ A회사는 수출대행으로 B회사의 기계류 품목을 외국 C회사에 수출합니다.

위의 경우처럼 자신이 취급하지 않는 물품을 외국 단골 거래처에서 수입하는 예도 있습니다. 이럴 때 에이전트가 되어 국내에서 수출 가능한 업체를 발굴하여 외국 단골 거래처에 수출할 수 있도록 대행하고 중개료를 취할 수 있습니다.

04 SECTION 수출입 매매 거래제안서 1
– 외국으로 거래제안서(수출) 보내기

코트라 또는 여러 인터넷 사이트에서 발굴한 업체와 거래를 개시하려면 영문으로 된 거래제안서를 보내야 합니다.

✻ 신용도 파악

거래하고자 하는 업체의 신용도, 국가 상태, 환율 등을 조사합니다. 해당 국가가 쿠데타 등으로 혼란한 상태이면 당연히 거래를 피해야 합니다.

✻ 거래제안서

거래처를 만들고자 보내는 편지가 거래제안서입니다. 통상 영문으로 작성하지만 일본 등의 나라는 자국어로 거래제안서를 보내면 호응도가 높습니다. 이메일, 팩스 등 다양한 방법으로 보낼 수 있지만 요즘은 대부분 이메일로 보냅니다.

✻ 상품 팸플릿

판매하고자 하는 상품 팸플릿을 PDF 파일 등으로 만들어 이메일에 첨부합니다.

✻ 제안 가격

판매하고자 하는 상품의 가격을 제안합니다.

✻ 장점

판매하고자 하는 상품의 장점을 소개합니다.

이후 외국 바이어가 관심을 보이면 가격과 결제 방법 등에 대한 세부 조건을 협상한 뒤 정식으로 계약서를 체결합니다. 이때 권유할 것은 상대 나라에 직접 출장을 가서 바이어와 한 번쯤 만나보라는 것입니다. 직접 만나서 상담하는 것이 거래 관계를 개설할 때의 성공률을 높이는 방법입니다. 만일 언어에 자신이 없다면 통역 아르바이트생이나 직원을 대동합니다. 또한 코트라를 통해 통역관을 고용하는 경우도 많습니다.

거래제안서 예시

다음 거래제안서는 한글판 예시입니다. 이와 비슷한 내용을 영문판으로 작성한 뒤 거래하고자 하는 업체에 팸플릿을 첨부해 이메일로 보냅니다. 물론 자사의 영문 홈페이지 주소도 함께 공개하면 거래처 개척에 훨씬 유리합니다.

회사명(보내는 사람)
회사 주소(보내는 사람)

업체명(받는 사람)
업체 주소(받는 사람)

Dear Sirs :

당사는 여러 경로를 통해 귀사가 매우 믿을 만한 회사임을 알고 있습니다.
당사는 신발을 전문적으로 제조하는 회사로서 베트남 등의 여러 국가에 자체 공장이 있습니다.
당사가 취급하는 품목은 신발, 운동화, 스키화 등의 전반적인 신발 품목이며 풍부한 제작 및 기술로 이미 미국 등의 여러 국가에 수출하고 있습니다.
당사의 최고 품질의 신발을 좋은 가격으로 상호 신뢰하에 귀사와 거래를 하고자 합니다.
거래 조건은 취소불능신용장(L/C)과 현금(T/T) 등을 취급하며 당사의 거래 조건이 가능하다면 당사 제품의 상세 정보와 가격을 제시할 수 있습니다.
상호 이익이 되는 거래가 되길 희망하며 귀사의 우호적인 회신을 기다리겠습니다.

감사합니다.

SECTION 05

수출입 매매 거래제안서 2
– 외국에서 보내오는 거래제안서(수입) 받기

외국 수출상이 자신의 제품을 구매해달라고 제안서를 보내올 때도 있습니다. 이때는 수출상이 보내온 카탈로그를 보면서 다음 내용을 문의합니다.

✖ 샘플 체크

샘플 상품을 받을 수 있는지 문의합니다. 샘플을 받은 뒤 국내 소화가 가능한 상품이라고 판단되면 가격 협상에 들어가고 마음에 들지 않으면 거래를 포기합니다.

✖ OEM 가능 여부 문의

해당 상품을 OEM으로 생산할 수 있는지 문의합니다.

✖ 독점 여부 문의

해당 상품을 독점 수입할 수 있는지 문의합니다. 혹시 본인 외 국내의 다른 업체가 수입하고 있는지 문의합니다.

✖ MOQ와 MPQ 확인

MOQ와 MPQ 수량을 문의합니다. 처음 거래이므로 보통 MOQ 수량만 문의해도 상관없습니다.

MOQ	최소 주문 수량으로 발주할 수 있는 최소 수량
MPQ	최소 구매 수량으로 계속 거래를 유지할 때 평균적으로 구매해야 하는 수량

확인이 끝나는 동시에 외국 수출상에 대한 신용도 조사도 마무리합니다. 가격 및 인도 조건 등의 모든 협상을 마무리한 뒤에는 정식으로 매매계약서를 작성하고 주문서를 보냅니다.

06 SECTION
대량 무역 시작하기 1 – 수출 진행 절차

새 거래처를 발굴한 뒤에는 매매할 물품과 계약 조건에 대해 협의하기 시작합니다. 그 후부터의 수출 진행 방법을 알아봅니다.

다음은 일반적인 수출 진행 절차이며 수출 물량이 조금 많으면 신용장 결제 방식을 사용합니다.

새 거래처 발굴 및 거래 제안	바이어 승낙
카탈로그, 샘플 발송	카탈로그를 본 바이어의 요청이 있으면 견적서(Offer Sheet) 발송
매매 조건 협상	가격, 납기일, 결제 방식, 선적 조건 등 협상
매매계약서 체결	매매계약서가 생략된 경우 견적송장(P/I)이나 구매주문서(P/O)가 계약서
구매주문서 접수	바이어가 보낸 구매주문서에 셀러는 자신의 서명을 추가한 후 돌려보내는 방식으로 정식 계약 되었음을 알림
신용장 접수	바이어가 자국 거래 은행에서 신용장을 발행하면 국내 셀러는 자신의 거래 은행을 통해 신용장을 받음

CHAPTER 8 대량 수출입 무역은 어떻게 할까 275

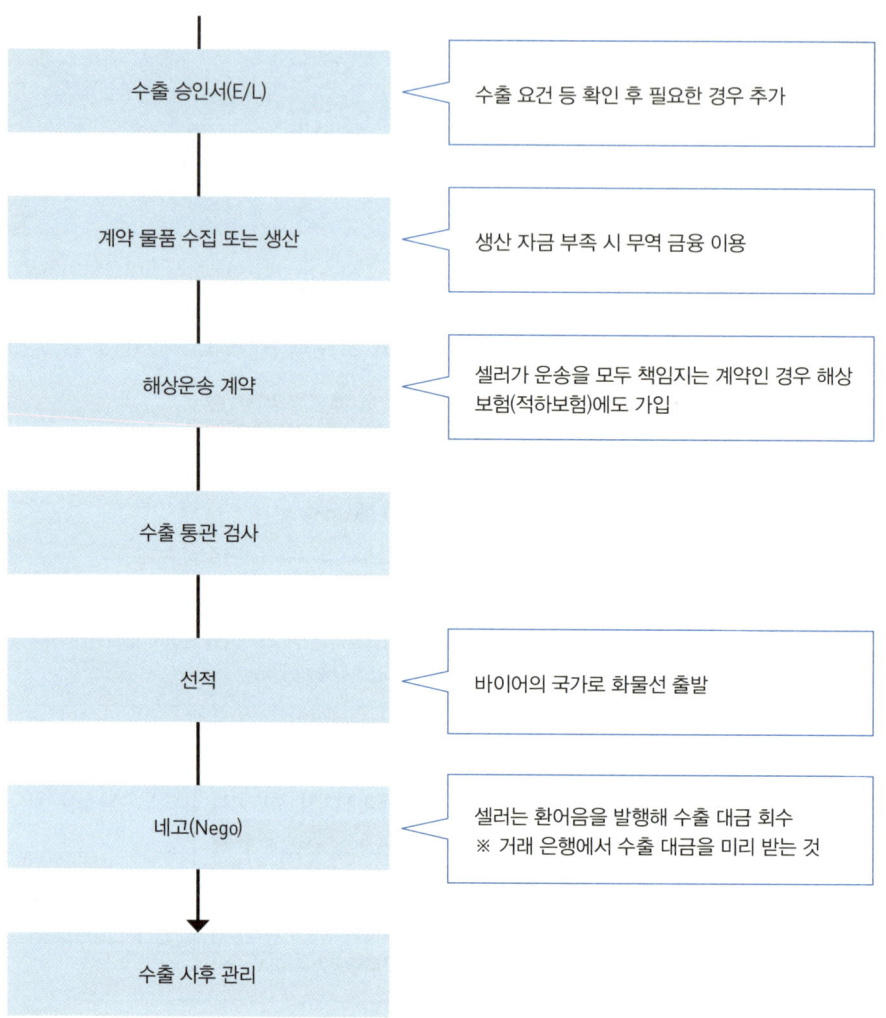

07 대량 무역 시작하기 2
– 수입 진행 절차

어떤 물품을 외국에서 수입할 때의 절차입니다. 수출 진행 방법을 반대로 진행한다고 생각하면 됩니다.

일반적인 수입 진행 절차입니다. 수입할 때도 결제 조건은 일반적으로 신용장 방식을 사용합니다.

상품 발굴 후 구매 제안	셀러가 승낙하고 카탈로그를 보내옴.
카탈로그, 샘플 확인	수입할 물품의 내용, 가격, 판매 조건을 확인하기 위해 견적서(오퍼시트) 요청
매매조건 협상 요구	가격, 납기일, 결제 방식, 선적 조건 등 협상
매매계약서 체결	계약서를 작성하지 않고 견적송장이나 구매주문서로 대신할 때도 있음
구매주문서 발송	셀러가 서명 추가한 후 다시 보내주면 매매계약 정식 체결
수입승인서 신청	수입 요건 등 확인 후 필요한 경우 신청하고 허가가 필요한 품목이면 허가필증 취득

CHAPTER 8 대량 수출입 무역은 어떻게 할까

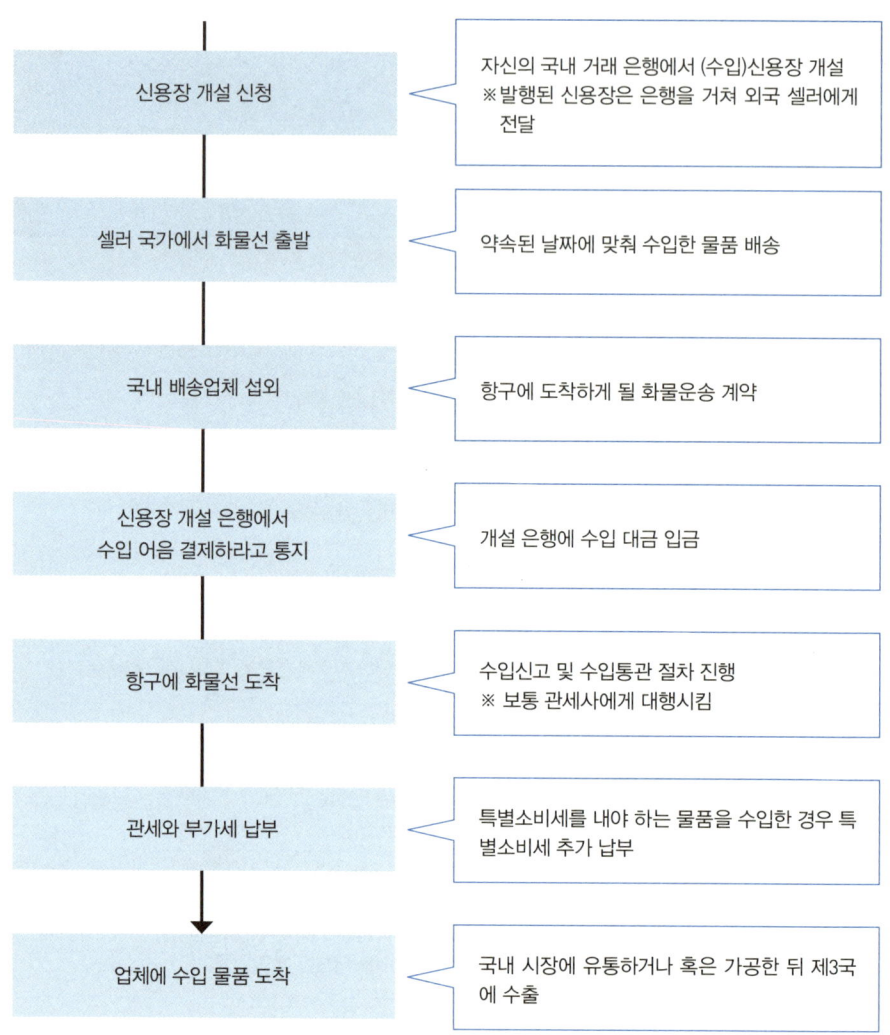

수출 대금의 결제 방식

수출 대금 결제 방식은 L/C, T/T, D/A, D/P, CAD, COD 등이 있습니다. 거래 계약서를 작성하거나 견적서를 보낼 때 상호 협의하여 결제 방식을 미리 조율합니다.

수출 대금 결제는 첫 거래일 경우 신용장(L/C) 방식을 권장합니다. 거래처가 믿을 만하고 소액이라면 현금 송금(T/T)이나 페이팔로 결제할 수도 있습니다.

✼ 신용장(Letter of Credit, L/C)

수출 및 수입 시 가장 일반적인 대금 결제 방식이지만 요즘은 현금 송금 결제가 많아지고 있습니다. 신용장은 수출 대금 지급을 은행에서 보증하는 방식입니다. 가장 일반적이고 안전한 수출 대금 결제 방식이지만 거래 관계가 오래된 사이이면 신용장 개설 절차가 번거로워서 보통 현금 송금 결제를 사용합니다.

신용장 거래는 수출 물품을 배에 선적하면 선적 완료를 증빙하는 선하증권이 발급되는데 이를 관련 서류와 함께 자신의 거래 은행에 제출하면 은행에서 수출 대금을 미리 지급합니다. 이때 수입상의 신용도가 낮으면 은행에서 수입상에게 추심한 뒤 지급하기 때문에 지급일이 미루어질 수도 있습니다.

신용장 이용수수료는 은행별, 업자 신용별로 조금씩 다릅니다. 신용장 이용수수료는 일반적으로 수출 대금의 0.2~0.4% 정도입니다.

✼ 현금 송금(Telegraphic Transfer, T/T)

수입업자가 물품 대금을 송금하는 방식입니다. 소액 거래이고 물품 확보가 시급할 때 선택합니다. 요즘은 거래 관계가 오래되고 서로 신뢰하는 사이이면 금액에 상관없이 현금 송금 거래를 많이 합니다. 단, 송금한 뒤 물품을 못 받거나 물품을 보낸 뒤 송금을 못 받을 확률도 있으므로 처음 거래하는 사람과는 현금 송금 거래를 피하는 것이 좋습니다.

현금으로 송금할 때는 상업송장에 적힌 금액과 동일한 금액을 송금해야 합니다. 상업송장에 적힌 대금과 송금 금액이 다르면 외환 거래법을 위반하게 되어 당국의 조사를 받습니다. 또한 송금 시 사용하는 통장은 개인 통장이 아닌 외환 통장이어야 합니다.

선적 서류 지급도(Documents Against Payment, D/P)

수입업자가 선적 서류를 받은 뒤 대금을 결제하는 방식입니다. 수입업자 신용도가 높을 때 선택합니다. 신용장보다 은행 수수료가 저렴합니다.

선적 서류 인수도(Documents Against Acceptance, D/A)

수입업자가 선적 서류를 받은 후 일정 기간이 지난 후 대금을 지급하는 완전 외상 거래입니다. 본사와 외국지사 거래에서 흔히 사용합니다.

페이팔

국제적으로 통용되는 전자화폐로 결제하는 방식입니다. 최근 소액 수입 물품 결제에서 많이 사용되고 있습니다. 수출업자와 수입업자가 서로 잘 아는 사이이고 몇백만 원 단위의 소액일 때 사용합니다. 자신의 페이팔 계정에 있는 예치금을 상대방 계정으로 이체시키면 상대방은 자신의 은행 통장으로 이체한 뒤 현금을 인출할 수 있습니다.

페이팔 이체는 환전 수수료를 아낄 수 있다는 장점이 있으며 실제로 돈으로 이체하는 것보다 약 1% 정도의 절약 효과가 있습니다.

서류 인도 결제 방식(Cash Against Documents, CAD)

물품 선적 서류(선하증권) 등이 수입업자에게 인수되면 현찰로 결제하는 방식입니다. 수입상에게는 불리하고 수출상에게는 유리한 방식입니다.

✕ 상품 인도 결제 방식(Cash On Delivery, COD)

수입업자가 자국에서 물품을 받은 후 현찰로 결제하는 방식입니다. 보석 등 육안으로 감정이 필요한 상품의 무역 거래 시 선택하는 결제 방식입니다. 수출상으로서는 물품에 하자가 있을 시 대금을 아예 못 받을 확률이 높으므로 매우 위험한 방식입니다.

09 SECTION 수출입 매매계약서와 주문서(P/O) 양식

수출입 문서는 일반적으로 영어로 작성해야 합니다. 영어는 세계 곳곳에서 통용되는 무역 언어이기 때문입니다.

✕ 견적서

셀러가 바이어에게 보내는 서류로서 취급하는 물품 내역과 가격, 자신이 원하는 결제 방법 등 여러 가지를 상세하게 표시한 서류입니다. 이때 바이어는 견적서에서 수입할 물품과 결제 방법을 고르고, 가격을 깎은 뒤 역제안을 하는 등 셀러와 협상을 합니다.

✕ 매매계약서

수입할 물품을 결정한 바이어는 매매계약서에 물품, 가격, 결제 조건 등을 작성해 서명한 뒤 팩스나 이메일로 보냅니다. 매매계약서를 받은 셀러가 자신의 서명을 하고 다시 바이어에게 팩스로 보내면 양측의 거래 계약이 정식으로 이루어집니다.

매매계약서는 보통 직접 만나서 작성하는 경우가 많으며 팩스나 이메일로 작성하기도 합니다. 오랫동안 거래한 관계이면 매매계약서 없이 바이어가 곧바로 구매주문서를 넣는 경우가 많습니다.

✕ 구매주문서, 견적송장

수입할 물품을 결정한 바이어는 구매주문서에 자신이 구매할 물품, 가격, 결제 조건 등을 작성해 서명한 뒤 팩스나 이메일로 보냅니다. 주문서를 받은 셀러가 서명하고 다시 바이어에게 팩스로 보내면 양측의 거래 계약이 정식으로 성립됩니다. 주문서에는 셀러와 바이어 양측의 서명이 들어가므로 굳이 매매계약서를 쓰지 않아도 됩니다.

셀러는 구매주문서에 서명하지 않고 그 대신 견적송장을 바이어에게 보내기도 하는데 견적송장은 "당신이 이 견적송장에 적힌 조건으로 내 물건을 사는 게 맞지요?"

라고 묻는 것과 같습니다. 견적송장을 받은 바이어가 회사 도장을 찍어서 보내오면 이 역시 정식 계약서로 인정됩니다.

다음은 매매계약서와 구매주문서가 포함된 샘플 서류입니다. 매매계약서는 정해진 양식이 없으므로 이와 비슷하게 작성하면 됩니다. 이 샘플 서류는 한국수출입은행 홈페이지에서 다운로드할 수 있습니다.

한국수출입은행 홈페이지: www.koreaexim.go.kr

SALES AGREEMENT (매매계약서)
(PURCHASE ORDER FORM) (구매주문서)

MESSRS. (셀러 회사명)　　　Date : [•] (발송 일자)
　　　　　　　　　　　　　Contract No. : [•] (계약서 번호)

(바이어 업체명) CORPORATION as Buyer, hereby confirms having purchased from you as Seller, the following goods by contract of purchase made on the above date and on the terms and conditions hereinafter set forth. Seller is hereby requested to sing and return the original and if any discrepancy be found by Seller, Buyer should be informed immediately by FAX to be subsequently confirmed by registered airmail.

NO.	COMMODITY & SPECIFICATION	QUANTITY	UNIT PRICE	TOTAL AMOUNT
1 2 3 4 5 ...	구매 상품명	수량	개별 단가 (달러)	합계 단가 (달러)

Time of Shipment : [•]　　　　　　(선적 기한 작성)
Origin : [•]　　　　　　　　　　　(원산지명 작성)
Port of Shipment : [•]　　　　　　(선적항 명칭, 선적 국가명)
Port of Destination : [•]　　　　　(도착항 명칭, 도착 국가명)
Payment :　　　　　　　　　　　　(BY L/C AT SIGHT라고 쓸 경우 신용장 방식, 선적 확인되면 즉시 지급)
Insurance : [•]　　　　　　　　　 (적하보험 관련 내용 작성)
Packing : [•]　　　　　　　　　　 (패킹, 포장 관련 내용 작성)
Special Terms & Conditions : [•]　(특별계약 조건이 있을 때 작성)

This contract is subject to the general terms and conditions set forth on back hereof :

Accepted by : (셀러 업체명)　　　　　　　　　　　　　　　[(바이어 업체명) CORPORATION]

on _____ (Seller)　　　　　　　　　　　　　　(Buyer)
　　(수신받은 셀러가 서명 후 팩스로 되돌려보내면 매매계약 공식 체결)　　(담당자 이름, 서명)

GENERAL TERMS AND CONDITIONS

(부록으로 첨부하는 일반 거래 조건 협정서)

The purchase specified on the face hereof shall be subject to the following terms and conditions :
(이 구매계약은 다음 조건을 따라야 함)

Licenses : (샐러는 수출 허가가 필요한 제품일 경우 자신의 비용으로 취득할 것)
Seller, at its own expense, shall obtain any and all necessary permits or licenses to export the Goods from the country of shipment and/or to import, sell, use or otherwise dispose of the Goods, including but not limited to the safety standard, in any countries where such Goods are imported, sold, used, or otherwise disposed of.

Shipment : (선적 기한을 어기면 그 보상책이 있어야 하며 수입 취소도 할 수 있음)
Time of shipment is the essence of this Contract. Should Seller delay shipping the Goods for other reasons than those set forth in Clause Force Majeure hereof, Buyer may : (a) cancel this Contract in whole or in part, and/or (b) request to Seller, any Seller shall pay to Buyer, compensation for any and all damages incurred to Buyer and any special premium transportation or other costs required for the Goods to arrive at the destination as if the Goods be shipped as schedules.

Packing : (물품 포장 방식 관련 내용. 적절한 나무 포장 등을 사용해야 하며……)
Seller shall pack the Goods in strong wooden(s) or in carton(s), suitable for long distance ocean/parcel post/air freight transportation and for change of climate, well protected against moisture and shocks. Seller shall be liable for any damage of the Goods and expenses incident thereto on account of improper packing and/or improper protective measures taken by Seller in regard to the packing.

Price : (동일 물품을 다른 사람에게 수출할 때 낮은 가격으로 수출하면 문제 삼겠음)
Seller warrants that the prices sold to Buyer hereunder are no less favorable than the prices Seller currently extends to any other customer of the same Goods or similar goods and/or services in similar quantities. If Seller reduces its prices to others during the term of this Contract for such goods and/or services including but not limited to the Goods, Seller shall reduce the prices to Buyer for such Goods correspondingly.

Extra Expenses : (선적 후 운임, 보험료 등이 예기치 않게 추가되면 셀러가 책임질 것)
Should the freight, insurance premium and other expenses, at the time of shipment on this Contract be raised or charged owing to unexpected changes of circumstances after this Contract is executed, such differences and/or additional expenses shall be borne by Seller.

Insurance : (보험에 관한 내용. 매매가 CIF, CIP 등의 운임 및 보험 포함 가격일 때 운송 중 선박사고로 물품 소실 시 셀러는 상업송장 금액 기준 110% 금액을 보상할 의무)

In the event of CIF or CIP Contract, insurance shall be effected by Seller. Such insurance shall be effected at one hundred ten percent (110%) of the invoice amount, and shall be issued by a first class underwriter and cover all risks.

Any insurance not set forth herein shall be arranged by Seller whenever requested by Buyer at the cost of Seller.

Adjustment : (이 계약서에 명기된 내용을 어기면 바이어는 미리 예고하지 않고 결제 대금을 공제하거나 결제를 미루겠음)

Buyer may at any time and without any notice deduct or set-off Seller's claims for money due or to become due from Buyer against any claims that Buyer has or may have arising out of this or any other transaction between the parties hereto.

Parts : (셀러는 바이어가 수입한 제품의 부품 공급을 오랫동안 유지할 것)

Seller shall supply to Buyer the parts so long as Buyer continues to purchase the Goods pursuant to the terms and conditions of this Contract and for [•] years after the last shipment of the Goods to Buyer.

Inspection : (수입 검사 시 이상 있을 경우의 반품 문제와 관련된 내용)

Inspection of the Goods shall be carried out at the place or port of unloading at Buyer's expense. Inspection may be done in the presence of Seller if Seller so desired. Provided, however, notwithstanding any inspection or payment made by Buyer, Buyer may without limiting its remedies reject, required corrections or refuse acceptance of the Goods which are not in conformity with the specifications or Seller's express or implied warranty. The Goods not accepted by Buyer shall be returned to Seller at Seller's account and risk or disposed of by Buyer at a time and price which Buyer deems reasonable and Seller shall reimburse Buyer any and all damage incurred to Buyer due to the Goods which are rejected.

Warranty : (제품보증과 관련된 내용)

Seller represents and warrants that all Goods to e sold by Seller under this Contract shall conform full to the specifications, analysis and other information furnished to Buyer and shall be merchantable, of good material and workmanship and free from any defects for at least [•] months from the date of unloading and further represents and warrants that the Goods shall be fit and sufficient for the purpose intended by Buyer and/or end users and that on delivery Buyer shall receive the title to the Goods, free and clear of all liens and encumbrances. Seller's warranty under this Contract as stated above shall be an essential condition of this Contract and any breach of the said warranty shall give Buyer the right(a) to reject the Goods so affected, without prejudice to any right to damages for such breach or to any other right arising from such breach of this Contract and/or (b) to
terminate this Contract in whole or part.

Any and all warranty herein shall be in addition to any warranties express or implied by law or otherwise made by Seller and will survive acceptance and payment by Buyer.

Remedy : (약속된 기간에 선적 못 하거나 선적에서 빠진 물품이 있을 때 해결책과 보상책)
If Seller shall be in default of this Contract or shall fail to ship the Goods at the time scheduled, Buyer may be written notice to Seller exercise any of the following remedies:(a) terminate this Contract: or(b) terminate this contract as to portion of the Goods in default only and purchase an equal quantity of the Goods of same kind and grade and recover from Seller the excess of the price so paid over the purchase price set forth in this Contract, plus any incidental loss or expense: or (c) terminate this Contract as to any unshipped balance and recover from Seller as liquidated damages, a sum of five(5) percent of the price of the balance.
Further, it is agreed that the rights and remedies herein reserved to Buyer shall be cumulative and in addition to any other or further rights and remedies available at law.

Infringement : (물품이 저작권 침해 물품일 경우 셀러가 무한 배상 책임진다는 내용)
Seller shall be responsible for any infringement with regard to patent, utility model, trademark, design or copyright relating to the Goods in any country where the Goods are sold, used or otherwise disposed of. In the event of any dispute with regard to the said intellectual or industrial property right, Buyer may cancel this Contract. Seller shall be responsible
for and shall defend, reimburse, indemnify and hold Buyer harmless from any and all liabilities, claims, expenses, losses and/or damages sustained thereby.

Force Majeure : (불가항력, 전쟁, 천재지변으로 발생한 문제는 면책된다는 내용)
In the event of any prohibition of import, refusal to issues an import license, act of Goods, war, blockade, embargo, insurrection, or any other action of governmental authorities, civil commotion, plague or other epidemic, fire, flood, or any other unforeseeable causes beyond the control of a party, the party shall not be liable for any default arising therefrom in performance of this Contract.

Arbitration : (계약서 이행에 대한 논쟁 및 중재가 필요한 경우 '한국' 법정에서 함)
All disputes, controversies, or differences which may arise between the parties hereto, out of or in relation to or in connection with this Contract, shall be finally settled by arbitration in [국가명] in accordance with the Commercial Arbitration Rules of The [국가명] Commercial Arbitration Board.

Trade Terms : (이 계약서의 용어 해석에 이견이 있다면 국제상공회의소 최신 용어 규칙을 따름)
All trade terms provided in this contract shall be interpreted in accordance with the latest Incoterms of the International Chamber of Commerce.

수출 대금 지급보증서인 신용장 개설 방법

신용장은 수출 대금을 받을 수 있는 지급보증서입니다. 외국의 바이어에게 사기를 당하지 않으려면 신용장 방식으로 수출하는 것이 가장 좋습니다.

신용장은 무역업에서 흔히 사용하는 증서입니다. 수입업자의 지급 능력을 보증할 목적으로 수입업자의 거래 은행에서 발행하는 수입 대금에 대한 보증서입니다. 수입업자가 신용장을 개설하면 이것이 수출업자의 거래 은행으로 통지됩니다. 수출업자는 수출 물품을 선적한 후 신용장이 내도된 은행(자신의 거래 은행)에서 수출 대금을 받습니다.

✖ 매매계약서 혹은 주문서 작성

바이어와 셀러 사이에서 물품 매매계약서 혹은 주문서를 작성한 뒤 상호 서명을 하면 계약이 체결됩니다. 매대 대금 지급 방법은 현금 송금 대신 신용장 방식으로 할 것을 권장합니다.

✖ 수입업자의 신용장 요청

매매계약서가 작성되었다고 수출업자가 무작정 물건을 보낼 수는 없습니다. 수출업자가 안심하고 물건을 선적하려면 수입업자가 신용장을 개설해야 합니다. 수입업자는 자신의 거래 은행에서 신용장 발행 신청을 합니다.

✖ 수입업자의 거래 은행에서 신용장 발행

수입업자의 거래 은행은 수입업자의 지급 능력을 보증하기 위해 신용장을 발행합니다. 이것이 수입신용장입니다. 수입신용장을 발행한 은행은 신용장 발행 은행(Issuing Bank)이 됩니다.

✽ 신용장 발행 통지

신용장 발행 은행은 수출업자의 거래 은행에 신용장이 발행되었음을 통지하면서 발행한 신용장을 보냅니다.

✽ 신용장 내도 통지

통지받은 은행(수출업자의 거래 은행)은 수출업자에게 신용장이 내도하였음을 통지하고 내도한 신용장을 전달합니다. 이것을 수입신용장과 구별하기 위해 수출신용장 혹은 '마스터 신용장'이라고 부릅니다. 신용장을 통지받은 은행은 매입 은행(Negotiating Bank)이 됩니다.

✽ 수출 물품 선적

수입업자의 거래 은행과 수출업자의 거래 은행을 거쳐 수출업자에게 신용장이 통지되면, 수입업자의 지급 능력을 은행이 보증한 것이므로, 수출업자는 안심하고 수출 물품을 선적합니다. 이때 선적 증명서인 선하증권(B/L)을 발부받습니다.

✽ 수출 물품 선적 완료

수출상은 선하증권 등을 포함한 선적 서류를 거래 은행에 넘기는 동시에 거래 은행 양식의 환어음을 발행하고 수출 대금을 미리 회수합니다.

✽ 매입 은행에서 발행 은행으로 추심

수출업자의 거래 은행은 신용장 발행 은행(수입업자 거래 은행)으로 선하증권을 보내고 수출업자에게 지급한 대금을 추심합니다.

✽ 신용장 발행 은행은 수입업자에게 추심

신용장 발행 은행은 신용장 개설자인 수입업자에게 선하증권을 보내면서 수입 대금을 입금받습니다.

⁙ 수입업자

수입업자는 선하증권이 내도하면 7일 내 수입 대금을 신용장 발행 은행에 입금하고 선하증권을 인수합니다.

⁙ 수입 물품 인수

수입업자는 화물이 자국 항구에 도착하면 선장에게 선하증권을 넘기고 화물을 인수합니다.

⁙ 수입신고 및 세관통관

수입업자는 수입신고를 하고 세관 통관을 진행합니다. 거래하는 관세사가 있을 경우 관세사에게 화물 인수, 수입신고, 세관 통관 작업을 대행시킬 수 있습니다.

11 신용장 발행, 수출 대금의 결제 흐름도

무역업에서 사기 방지를 위한 가장 적절한 결제 수단은 신용장입니다. 은행은 신용장 취급 수수료로 수출 대금의 0.2~0.4%를 취합니다. 다음은 신용장의 발행과 결제 흐름도입니다.

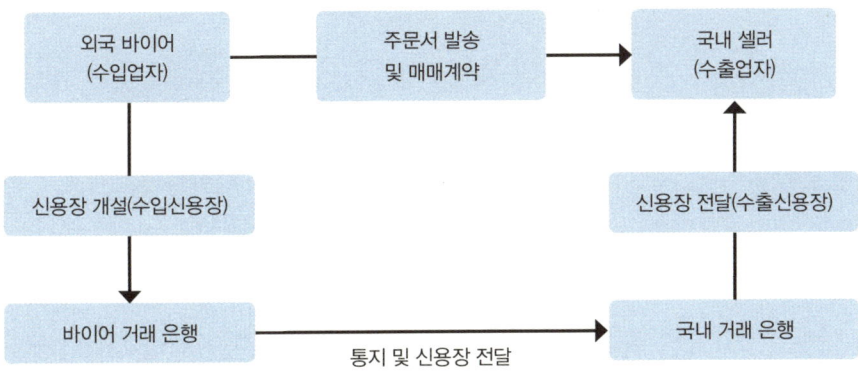

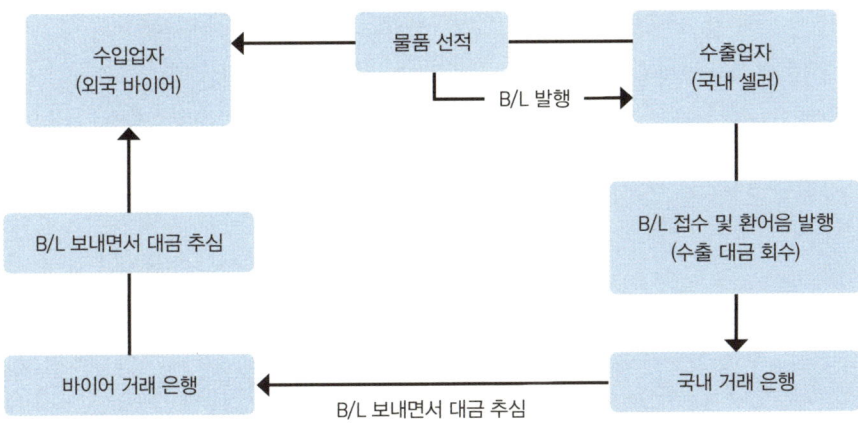

수입업자를 위한 신용장 개설 방법

신용장 방식으로 수입 대금을 결제하기로 한 경우, 수출업자가 선적하게 하려면 수입업자는 한국수출입은행, 외환은행 등에서 신용장 발행 신청을 해야 합니다. 신용장 발행 신청에 필요한 서류는 약 다섯 가지가 있습니다.

❋ 신용장발행신청서(Application for Commercial Letter of Credit)

신용장은 물품을 수입할 때 개설하므로 다른 신용장과 구별하기 위해 '수입신용장'이라고 말합니다. 또한 '취소불능화환신용장'이라고도 말하는데 여기서 '취소불능'은 셀러, 셀러 거래 은행, 바이어, 바이어 거래 은행이 서로 합의하여 취소하지 않는 한 절대 취소할 수 없는 신용장이란 뜻입니다. 서로 이해관계가 달라도 일단 취소불능신용장을 개설하면 절대 취소할 수 없고 수출 대금에 대한 지급 보증을 은행에서 완벽하게 지원합니다. '화환신용장'은 신용장에 명기한 서류가 갖춰졌을 때 대금을 지급하는 신용장입니다. 따라서 '취소불능화환신용장'은 쉽게 취소할 수 없는 동시에 신용장에 명기한 서류 제출이 이루어지면 은행에서 수출 대금을 지급하는 신용장을 뜻합니다. 수출 대금에 대한 가장 완벽한 지급보증서이므로 수입신용장을 작성할 때는 대부분 취소불능화환신용장을 개설해야 합니다.

취소불능화환신용장 발행 신청서는 문서 양식이 은행별로 약간 다르지만, 작성 내용은 거의 비슷합니다. 기본적으로 수입 물품 내역, 수입 금액의 총액, 신용장의 유효 기간 등을 작성합니다.

❋ 외국환거래약정서

외국환거래약정서는 무역업자가 신용장 개설 및 무역 행위로 발생하는 외국환거래를 할 때와 관련된 은행과의 약정서입니다. 기본적으로 수입 거래에 대한 특약, 수출 거래에 대한 특약, 내국 신용장 발행에 관한 특약, 수출 금융에 대한 특약, 수출 대금 채권 매입 거래에 대한 특약 등이 있습니다. 또한 수수료율 등이 약정되어 있습니다.

✖ 수입승인서

외국으로부터 수입하는 물품이 수출입 승인 품목으로 지정된 품목이라면 관련 정부 기관에서 수입 승인을 받아야 수입할 수 있습니다. 거래 개설을 하기 전에 자국에서 수입 승인이 가능한 물품인지 확인바랍니다.

수입승인서는 수입자 무역업 신고번호, 상호, 주소, 이름, 위탁자, 원산지, 선적항, 도착항, 수입 품목의 면세, 승인번호, 단가, 금액, 결제 기간, HS 코드 등의 항목으로 이루어져 있습니다. 수입 물품에 따라 승인 기관이 두 개 이상일 수도 있습니다.

✖ 물품매도확약서(Offer Sheet)

반드시 물품매도확약서가 필요하진 않지만 수입 승인이 필요한 물품일 경우 수입승인서와 비교하기 위해 은행에서 물품매도확약서를 요구할 수도 있습니다. 수출업자가 판매할 물품 상세 명세서를 수입업자에게 제공하고 수입업자는 검토한 뒤 서명해 수출업자에게 돌려준 구매주문서입니다. 이렇게 구매주문서를 작성하면 수출업자와 수입업자 사이에 거래가 성사됩니다. 흔히 오퍼시트라고도 말하며 물품매도확약서가 없다면 견적송장을 대신 제출합니다.

✖ 보험서류

선박으로 수출입 물품을 운송하다가 해난사고 등으로 물품이 소실되면 보험금을 받는 것이 적하보험입니다. 계약 조건이 CIF(Cost, Insurance and Freight: 운임보험 포함 가격)라면 수출업자가 적하보험에 가입합니다. 쉽게 말하면 CIF는 수출업자가 물품 가격, 운임, 보험료를 모두 포함해 수출 대금으로 받기로 한 거래입니다.

FOB, C&F(CFR) 가격으로 수출 계약을 했다면 FOB(Free On Board: 본선인도 가격)는 수출상의 의무가 선적을 끝내면 사라지므로 그 후 운송 과정은 수입상의 의무가 됩니다. 따라서 적하보험에 가입하는 사람은 수출업자가 아닌 수입업자입니다. 신용장을 개설할 때는 때에 따라 은행에서 적하보험 가입 서류를 요구할 수도 있습니다.

취소불능화환신용장 양식

APPLICATION FOR IRREVOCABLE DOCUMENTARY CREDIT (취소불능화환신용장 발행신청서)		원 본
Please advise by ▢Air mail ▢Short telex, and air mail ▢Telex		Credit number(신용장번호, 은행에서 지정)
I/L number(수입승인 신청서(I/L) 번호)		Date and place of expiry(신용장 유효기간, 즉 신용장 결제 만기일)
Applicant(바이어 영문 이름, 주소, 연락처)		Beneficiary(셀러 영문 이름, 주소, 연락처)
Advising bank(통지 은행명, 지점명, 도시명, 국가명)		Amount(신용장 금액, 즉 셀러에게 결제할 금액)
Settling bank(매입 은행에 대금을 지불하는 제3의 은행)		
Partial shipments ▢ allowed ▢ not allowed	Transhipment ▢ allowed ▢ not allowed	Tenor of draft/payment at: (일람불, 환어음 발행 시 즉시 수출 대금 지급)
Loading on board / dispatch / taking in charge from / at (선적지 항구명) not later than(선적 기한을 월, 일, 년으로 입력) for transportation to(도착지 항구명, 국가명)		(Usance L/C only) ▢ Banker's usance ▢ Shipper's usance ▢ Domestic usance

DOCUMENTS : (매입 은행이 수출업자에게 대금 지급 시 요구 서류에 체크함)
▢ Signed commercial invoice in _____ fold
▢ Full set of clean on board ocean bills of lading made out to the order of THE EXPORT-IMPORT BANK OF KOREA marked 'Freight _____' and 'Notify
▢ Airway bill consigned to THE EXPORT-IMPORT BANK OF KOREA marked 'Freight ' and 'Notify _____ '
▢ Insurance policy or certificate in duplicate, endorsed in bland for 110% of the invoice value, expressly stipulating that claims are payable in _____ and it must include:
▢ Packing list in _____ fold
Covering:

HS No.	Description of Goods	Quantity	Unit Price	Amount
	Origin:		Price Terms:	

Special conditions and other required documents (if any):
1.
2.
3.
4.

Unless otherwise expressly stated, all banking commissions and charges outside Korea are for account of

Documents to be presented within days after the date of issuance of the transport documents but within the validity of the credit

This Documentary Credit is subject to the Uniform Customs and Practice for Documentary Credits(1993 Revision, International Chamber of Commerce, Paris, France, Publication No. 500).

위와 같이 신용장 발행을 신청함에 있어서 위 기재 사항이 수입 승인 사항과 틀림없음을 확인하고 따로 제출한 외국환거래 약정서의 각 조항에 따를 것을 확약하며, 아울러 위 수입 화물에 관한 모든 권리를 귀행에 양도하겠습니다.

2015년   월   일   신청인
                                              주 소
한국수출입은행 _____ 부(실,지점) 앞

회 전 한 도	설정금액		지 급 보 증	승인금액		설정금액		
	사용잔액			사용잔액				
	사용가능액			사용가능액				
	설정금액			본건금액				

※ 이 수입신용장(취소불능화환신용장) 양식은 한국수출입은행 공식 양식이며 한국수출입은행 홈페이지에서 다운로드할 수 있습니다.

SPECIAL TIP

신용장에 작성하는 그 외 내용

Partial shipments/Transhipment 항목
Partial shipments 항목은 화물의 분할선적 가부를 지정합니다. Transhipment 항목은 화물의 환적 가부를 지정합니다.

DOCUMENTS 항목
수출업자는 선적을 완료한 후 매입 은행에서 환어음으로 수출 대금을 청구합니다. 매입 은행이 수출 대금을 지급할 때 요구할 서류를 수입업자가 지정할 수 있습니다. 일반적으로 아래 다섯 개 항목은 모두 요구해야 합니다.

☐ Signed commercial invoice in ___3___ fold
-서명된 상업송장 세 장을 요구한다면 3이라고 입력하고 체크박스에 표시합니다.

☐ Full set of clean on board ocean bills of lading made out to the order of THE EXPORT-IMPORT BANK OF KOREA marked 'Freight _____' and 'Notify _____'
-풀세트의 하자 없는 선하증권을 요구하려면 체크박스에 표시합니다. 선하증권의 CONSIGNEE 항목은 한국수출입은행(THE EXPORT-IMPORT BANK OF KOREA)으로 입력하고 운임(Feight)은 선불(Prepaid)과 후불(Collect) 중 원하는 것을 기재합니다. 통지처(Notify)는 보통 신용장 개설자(수입자)를 뜻하는 Accountee로 기재합니다. 이 신용장은 한국수출입은행 발행이므로 거래 은행이 한국수출입은행으로 되어 있습니다.

☐ Airway bill consigned to THE EXPORT-IMPORT BANK OF KOREA marked 'Freight _____' and 'Notify _____'
-항공배송장일 때 CONSIGNEE 항목에 한국수출입은행(THE EXPORT-IMPORT BANK OF KOREA)으로 입력하고 운임(Feight)은 선불(Prepaid)이나 후불(Collect) 중 하나를 입력하고, 통지처(Notify)는 신용장 개설자(수입자)를 뜻하는 Accountee로 기재합니다.

☐ Insurance policy or certificate in duplicate, endorsed in bland for 110% of the invoice value, expressly stipulating that claims are payable in [   ] and it must include :
–해상사고 시 보험금 문제를 다루는 내용이므로 체크박스에 표시합니다. "송장 금액의 110%를 지급하는 백지배서의 해상보험증권을 2부 제출해야 하며 해상보험증서에는 [   ] 라는 내용이 반드시 포함되어 있어야 한다"라는 뜻입니다. [   ] 내용은 수입업자가 임의로 작성하는데 보통 '보험금 지급사로 셀러 국가의 보험 업체가 기명되어 있어야 하고 보험금은 환어음 표시 통화로 지급한다' 등의 내용으로 작성합니다.

☐ Packing list in   5   fold
–패킹리스트, 즉 포장명세서 다섯 장을 요구한다면 5라고 입력하고 체크박스에 표시합니다.

HS No, 혹은 HS CODE(국제통일상품분류체계)
관세율과 보험료율 계산 등에 용이하도록 상품별로 분류한 코드입니다. 수입한 물품의 관세율은 HS 코드에 따라 달라집니다. 자세한 HS 코드는 관세청 홈페이지의 '품목 분류/관세 평가' 메뉴를 참고하기 바랍니다.

Special conditions and other required documents (if any) :
수입업자가 수출업자에게 추가 요구할 서류가 있을 때 1, 2, 3, 4에 요구할 서류에 대해 입력합니다.

회전 한도·지급 보증
신용장 개설인의 신용이나 담보력 등에 의해 회전 한도 금액과 지급 보증 금액이 결정됩니다.

수출 물품 선적 후 즉시 수출 대금 받기
– 수출 대금 환수와 부가세 환급받기

선적을 완료한 셀러는 거래 은행에서 환어음을 발행해 수출 대금을 받습니다. 외국 바이어의 지급 능력이 신용장으로 보증된 상태라서 가능합니다.

셀러(수출자)가 수출 대금을 거래 은행에서 받으려면 신용장에 기재되어 있는 각종 증빙 서류들을 갖춘 뒤 환어음을 발행해야 합니다. 은행은 신용장에서 요구하는 서류가 모두 준비되었는지 확인하고, 문제가 없으면 이용수수료를 제한 수출 대금을 지급합니다. 수출 대금을 받으려면 보통 아래와 같은 증빙 서류가 필요합니다.

마스터신용장 (수출신용장)	외국 바이어가 현지에서 신용장(수입신용장)을 개설하면 국내 거래 은행을 통해 받게 되고 명칭은 '수출신용장'으로 바뀝니다. 헷갈리므로 보통 마스터 신용장이라고 부릅니다.
선하증권(B/L)	선사에서 발행한 물품 선적을 증명하는 증권입니다.
상업송장(인보이스)	물품 리스트, 단가, 발송자, 수신자 등이 나와 있는 송장입니다.
패킹리스트	물건 포장 방식, 실린 내역, 무게가 일목요연하게 나와 있는 포장명세서입니다.
수출신고필증	수출신고 시 받을 수 있으며 세관에서 발급합니다.
수출환어음매입신청서	은행마다 정해진 양식이 있습니다. 신청서를 작성하면 환어음 발행이 완료되어 수출 대금을 받습니다.
원산지증명서	간혹 신용장의 요구 서류 중 원산지증명서 첨부 요구가 있을 수 있습니다. 원산지증명서는 상공회의소를 참조합니다.

수출환어음매입신청서를 작성하는 것을 '환어음 발행' 혹은 수출업자가 은행에 '네고(NEGO)'한다고도 말합니다. 모두 같은 뜻이며 수출 대금을 자신의 거래 은행(신용장 매입 은행)을 통해 받는다는 뜻입니다.

수출 대금 수령 후 부가세와 관세 환급받기

수출 상품은 부가세나 관세에 영세율이 적용되므로 부가세와 관세를 환급받을 수 있습니다. 수출 사실을 서류로 증빙한 경우에만 환급받을 수 있다는 점을 유념하기 바랍니다.

✖ 수출품 준비에 들어간 부가세 환급

수출업자는 수출품 준비나 생산에 들어간 부가세를 환급받을 수 있습니다. 예를 들어 동대문에서 10%의 부가세를 주고 옷을 200벌 구매한 뒤 200벌 모두 수출했다면, '수출실적명세서'를 세무서에 제출해 구매 시 지급한 200벌에 대한 부가세 10%를 다음 달 10일에 전액 환급받을 수 있습니다. 또한 수출품의 원자재 구매에 들어간 부가세도 수출 후 증빙하면 다음 달 10일에 전액 환급받을 수 있습니다.

참고로 수출품에 대한 부가세를 환급받으려면 수출용 자재, 재료, 물품을 구매할 때 반드시 세금계산서를 받아야 하며 그렇지 않고 거래한 물품을 수출한 경우에는 환급받을 수 없습니다.

수출업자 종류	부가세 환급에 필요한 증빙 서류 (세무서에 신고 시 다음 달 10일 환급. 자동 환급 안 되므로 주의)
직접 수출업자 제조 수출업자 무역 수출업자	수출실적명세서 ※ 수출실적명세서에 수출신고번호가 있으므로 전산 확인됨
수출대행업자	수출실적명세서 또는 수출대행계약서, 수출신고필증, 수출대금입금증명서 사본

✖ 수출품 준비에 들어간 관세 환급

수출품 생산에 사용하기 위한 원자재를 외국에서 수입한 뒤 그 원자재를 2년 내 사용하여 수출품 제조에 사용했다면 원자재 수입 때 납부한 관세를 환급받을 수 있습니다. 관세 환급은 관할 세관에서 진행합니다.

SECTION 15
수출품 생산비용이 부족할 경우 – 무역 금융(수출 금융)과 내국 신용장

수출 계약을 성사시켰지만 어쩌다 보니 수출품을 생산할 비용이 부족합니다. 이럴 때에는 수출 금융을 사용해 융자를 당길 수 있습니다.

✱ 무역 금융과 내국 신용장 사용 조건 및 내용

무역 금융은 수출대행업자는 이용할 수 없고 수출할 물품을 직접 생산하는 제조업체를 국내에 소유한 업체만 이용할 수 있습니다. 중개 무역업자나 수출대행업자는 제조업체를 가지고 있지 않으므로 무역 금융 대상자가 될 수 없습니다. 보통 다음과 같이 두 가지 방식으로 무역 금융을 당겨올 수 있지만 업체의 신용도가 높을 때만 가능하며 수출 실적이 낮은 초보 무역회사는 담보를 설정해야 합니다.

	무역 금융	내국 신용장
내용	수출품 제조에 들어가는 원자재 구매 자금, 수출용 완제품 구매 자금, 수출품 생산 및 수출품 가공 자금의 융자 가능	수출업자가 수출품 제조에 들어가는 원자재, 완제품을 국내에서 조달할 때 은행 측이 조달비를 지급 보증하는 보증서. 국내에서 원자재를 조달하거나 생산할 때만 개설 가능
자격	* 과거 수출 실적이 있는 자 * 현재 수출을 진행 중인 자(마스터 신용장 소유자)	* 과거 수출 실적이 있는 자 * 현재 수출을 진행 중인 자(마스터 신용장 소유자)
서류	* 과거 수출 실적 기준으로 무역 금융 융자 가능 * 수출을 확인할 수 있는 서류. 예를 들면 수출 신용장, 기한부환어음(D/A) 혹은 일람불환어음(D/P) 계약서, P/O, 내국 신용장 등	* 내국 신용장 개설 신청서 * 마스터 신용장. 마스터 신용장의 결제 방식은 반드시 일람불(at Sight)이어야 함 * P/O(외국 바이어의 구매주문서) * 국내 공급자의 물품매매계약서
담보	무역 금융을 사용하려면 기본적으로 부동산(아파트) 담보나 신용보증기금 담보가 필요함	수출 실적이나 업체 신용도가 낮으면 부동산(아파트) 담보나 신용보증기금 담보가 필요함

수출할 때 흔히 작성하는 수출 관련 서류들의 실물을 확인해봅시다. 다음 사진은 10년 전 자료이다 보니 지금과는 서류 디자인이 조금 다르지만 용도나 내용은 같습니다.

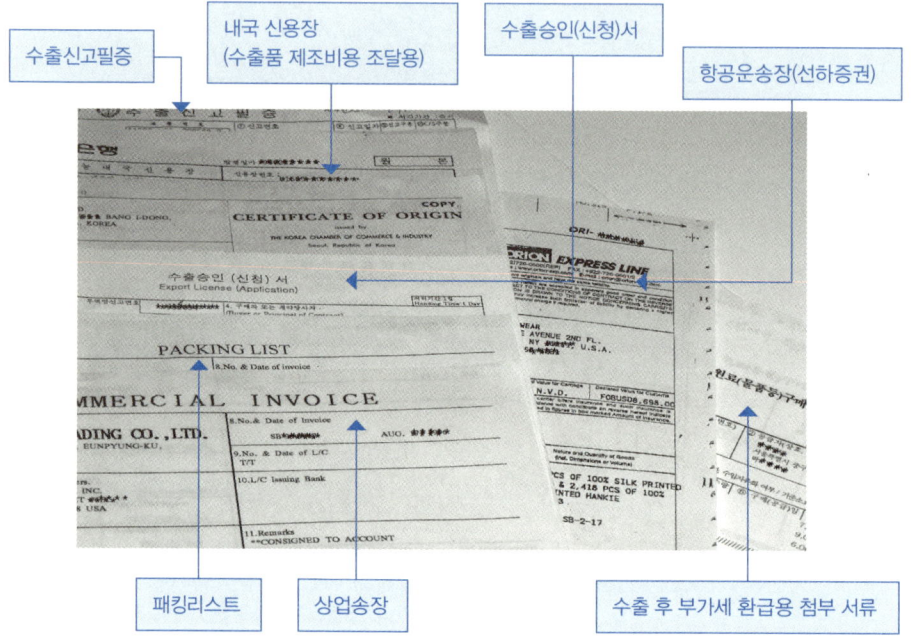

 항공운송장(Air Waybill)은 선박이 아닌 비행기에 수출품을 선적했을 때 발행되는 증서입니다. 선박에 수출품을 선적할 때 발행되는 선하증권(Bill of Landing)과 같은 개념입니다.

CHAPTER 9

수출입 신고와 통관, 세금 이야기

수출입 통관 검사 종류

수출입 통관 심사 방법은 P/L 신고, 일반 서류 신고, 자동수리 신고가 있으며 세관 전자시스템의 무작위 선별, 세관 직원의 수작업 선별로 결정되어 진행합니다.

✖ 수출입 신고서는 거짓 없이 작성

세관에서 수출·수입품을 통관할 때 무작위 선별을 하는 이유는 모든 물품을 심사할 수 있는 인력이 없기 때문입니다. 따라서 수출입 신고서 내용을 기준으로 특별히 추가 서류가 필요한 경우는 일반 서류 제출 대상이 되며, 추가 서류가 필요 없는 물품들, 예컨대 간소한 물품들은 검사 생략 대상이 되어 통관됩니다. 관세 절약 목적 혹은 불법 물품을 수입할 목적으로 수입신고서를 허위로 작성하기도 하는데 세관 전자시스템이 육안 검사 대상으로 지정하면 허위로 작성한 것이 들통 납니다. 기본적으로 수출입 신고서는 한치의 허위 없이 사실 그대로 작성해야 합니다.

✖ P/L 신고

수출입 신고서를 제출하면 그 외 추가 서류나 육안 검사 없이 통관되는 방식입니다. 보통 간단한 물품들은 화면 검사로 대신하고 통관시킵니다.

✖ 일반 서류 신고

수출입 신고서를 제출한 뒤 추가 서류 제출이 필요한 물품이 있을 때 해당 서류를 추가로 제출해야 통관됩니다. 전자제품을 다량 수입해 국내 시장에 판매할 때 국내 기준에 맞는 전자파 인증 등의 추가 서류를 제출하기 전까지는 수입통관이 보류됩니다.

✖ 자동수리 신고

수출입 통관을 할 때 세관 전자시스템이 수검사 여부를 자동 결정합니다. 육안 심사 대상자로 결정되면 신고서 내역과 화물 내용을 비교하며 검사합니다. 신고서 내역과 통관 물품이 서로 다르면 허위 신고서를 작성한 것이므로 불이익을 당합니다. 간혹 관세를 절약하기 위해 물품명을 속이거나 수량 줄이기, 언더밸류(셀러와 바이어가 서로 합의하고 매매가를 낮춰 수출입 신고서를 작성하는 것) 등을 하는데, 육안 검사에서 들통 나면 관세포탈죄가 성립됩니다.

02 SECTION 외국으로 배송되는 물품의 통관 절차

수출신고서는 수출 품목, 가격, 무역 거래의 당사자 정보를 세관에 신고하기 위해 작성합니다. 세관은 불법 수출품과 허위 작성된 물품을 찾아내 적발합니다. 통관이 정상적으로 이루어지면 선적할 수 있습니다.

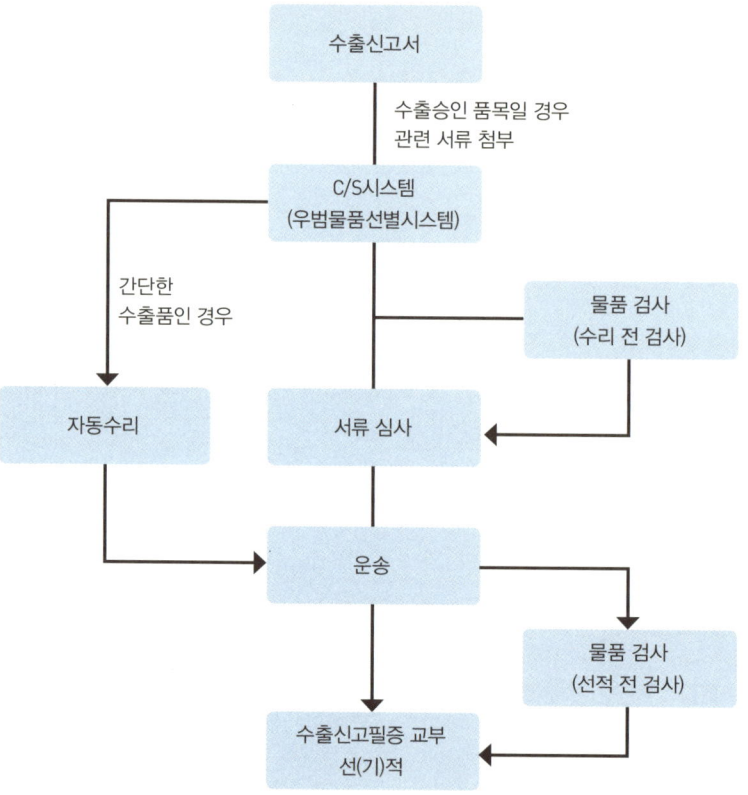

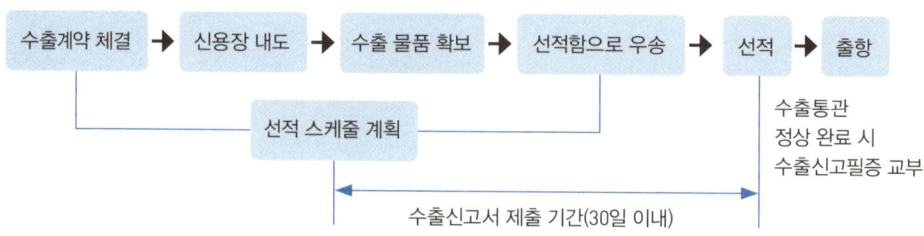

수출신고서 작성

SECTION 03

수출신고서는 관세청 인터넷망인 UNI-PASS 전자통관 홈페이지에서 전자 신고서로 작성합니다. 관할 세관에 설치된 PC나 서면 신고서로도 작성할 수 있습니다.

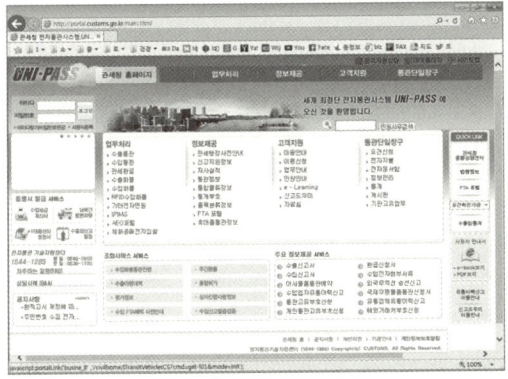

관세청 산하 UNI-PASS 전자통관 홈페이지(portal.customs.go.kr)로 접속합니다.
신규 사용자로 가입하고 공인인증서 등을 설치하면 전자 신고를 할 수 있습니다.

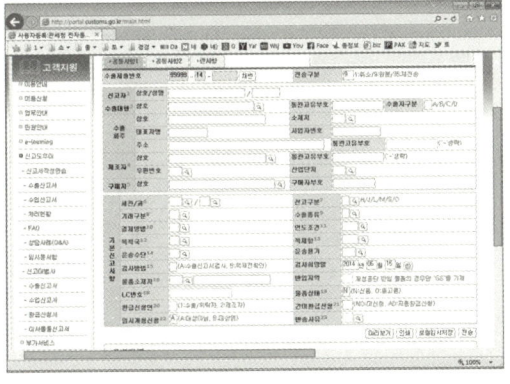

수출신고, 수입신고 외의 관세 관련 업무와 부가세 환급 관련 업무를 인터넷으로 할 수 있습니다.
옆 그림은 수출신고서 작성 설명 화면입니다.

다음의 수출신고서는 서면 신고서 양식이며 관세청 공식 양식입니다. UNI-PASS 전자통관에서 볼 수 있는 전자 신고서 양식과 동일합니다. 수출신고서가 통과되면 '수출신고필증'이 교부되어 수출품을 배나 비행기에 선적할 수 있습니다.

수출신고서의 주요 항목별 작성법은 관세청 UNI-PASS 전자통관 홈페이지에서 [고객지원 → 자료실 → 일반자료실 → 수출신고서 작성 요령] 자료를 읽은 뒤 작성합니다. 예를 들어 수출신고서의 초반부 작성법은 다음과 같습니다.

1 : 신고자

수출신고자의 상호와 대표자 성명 기재. 개인은 개인 성명을 기재합니다.

-제출번호: 신고자 부호, 연도 및 신고서 작성 일련번호를 기재합니다.

-상호가 없는 기타(개인)는 제출번호 기재를 생략합니다.

2 : 수출대행자

신고자가 대행자일 경우 대행자의 상호 또는 성명을 기재합니다.

-통관고유부호: 수출대행자의 통관고유부호를 기재합니다. 통관고유부호는 관세청장(세관장)이 지정한 부호를 기재합니다.

-통관고유부호는 처음 수출입을 할 때 관세청에서 지정하며 이후 이 번호는 그 사람(업체)의 개인통관고유번호가 되어 수출입할 때 주민등록번호처럼 사용합니다.

-사업자등록번호: 사업자는 사업자등록번호를 추가 입력합니다.

3 : 제조자

수출품을 제조 가공한 자의 상호를 기재합니다.

-제조 장소: 수출품 제조공장의 우편번호 앞 세 자리 번호 기재. 제조 장소가 미상일 때는 수출화주의 주소지 우편번호 앞 세 자리를 기재합니다.

-산업단지부호: 수출품 제조 장소의 산업단지부호를 기재합니다(통계부호표 참조).

4 : 구매자

상업송장에 명시된 외국의 구매 회사 이름을 영문으로 기재합니다.

-구매자부호: 관세청에서 부여하는 외국 거래처 부호를 기재. 등록된 외국 거래처 부호가 없는 경우에는 관세청에서 자동 부여받아 기재됩니다.

이하 수출 품목, 가격 등을 상세하게 입력합니다.

SECTION 04

수입품 및 외국 직구 물품 통관 절차

수입품 통관은 아래와 같은 절차로 진행됩니다. 일반 수입상은 물론 인터넷에서 직구로 배송받은 물품도 아래와 같은 절차로 통관 검사가 진행됩니다.

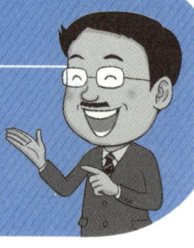

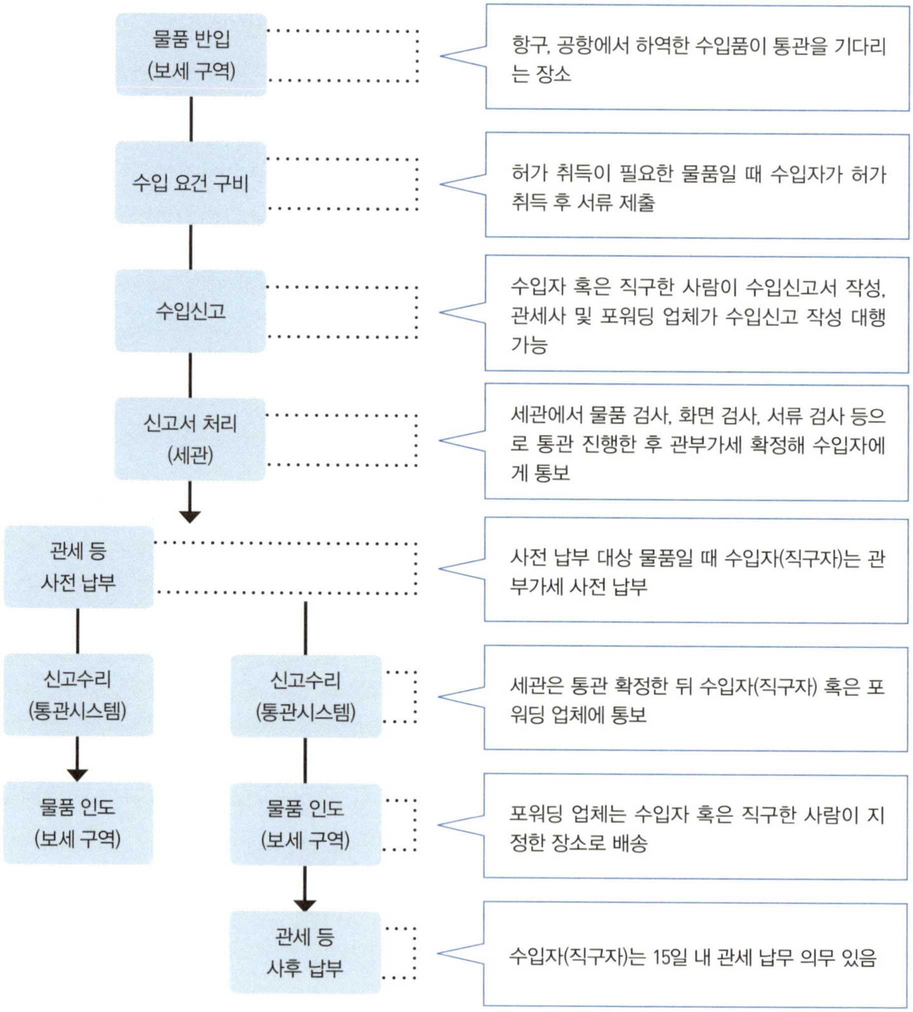

물품 반입 (보세 구역)
항구, 공항에서 하역한 수입품이 통관을 기다리는 장소
수입 요건 구비
허가 취득이 필요한 물품일 때 수입자가 허가 취득 후 서류 제출
수입신고
수입자 혹은 직구한 사람이 수입신고서 작성, 관세사 및 포워딩 업체가 수입신고 작성 대행 가능
신고서 처리 (세관)
세관에서 물품 검사, 화면 검사, 서류 검사 등으로 통관 진행한 후 관부가세 확정해 수입자에게 통보
관세 등 사전 납부
사전 납부 대상 물품일 때 수입자(직구자)는 관부가세 사전 납부
신고수리 (통관시스템)
물품 인도 (보세 구역)
신고수리 (통관시스템)
세관은 통관 확정한 뒤 수입자(직구자) 혹은 포워딩 업체에 통보
물품 인도 (보세 구역)
포워딩 업체는 수입자 혹은 직구한 사람이 지정한 장소로 배송
관세 등 사후 납부
수입자(직구자)는 15일 내 관세 납무 의무 있음

수입신고서 작성하기

수입신고서는 수입한 물품이나 직구한 물품의 품목명, 가격, 수입업자 정보, 수출업자 정보 등을 일목요연하게 정리하여 제출합니다. 세관은 통관 검사를 하면서 불법 수입품을 걸러내고 수입품에 대한 관세를 책정합니다.

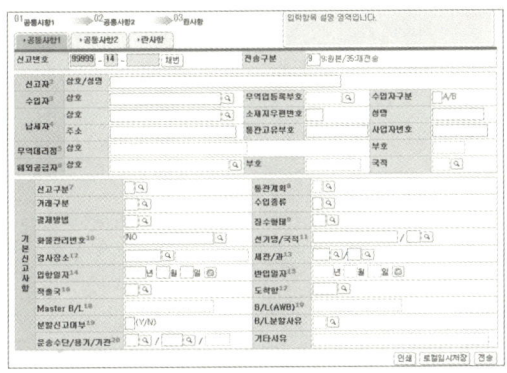

수입신고 역시 인터넷에서 할 수 있습니다. 왼쪽의 사진은 관세청의 UNI-PASS 전자통관 홈페이지 'portal.customs.go.kr'에서 수입신고서를 작성하는 모습입니다.

수입신고를 할 때 부대 서류가 필요한 경우 UNI-PASS 전자통관 홈페이지에서 부대 서류를 추가로 작성할 수 있습니다. 만일 다른 관공서에서 수입 허가를 취득한 서류라면 Jpg 포맷의 사진 파일로 첨부해 제출합니다.

다음의 수입신고서는 서면 신고서 양식이며 전자 신고서 양식과 동일한 내용입니다. 직구 상품의 수입신고는 배송업체 고유의 수입신고서 양식으로 작성하며, 면세 물품을 직구한 경우에는 배송업체에서 대행 처리하므로 별도의 수입신고 없이 배송받을 수도 있습니다.

(갑지)

수 입 신 고 서 (보관용)

①신고번호 99999-99-9999999-9	②신고일 YYYY/MM/DD	③세관.과 999-99	⑥입항일 YYYY/MM/DD	※ 처리기간 : 3일
④B/L(AWB)번호 XXXXXXXXXXXXXX(XXXX)	⑤화물관리번호 YYXXXXXXXXX-9999-999		⑦반입일 YYYY/MM/DD	⑧징수형태 99

⑨신 고 자 XXXXXXXXXXXXXXXXXXXXXX	⑭통관계획 X XXXXXXXXXXX	⑱원산지증명서 유무 X	㉑총중량 9,999,999,999,999 XX
⑩수 입 자 XXXXXXXXXXXXXXXXXXXXXX (99999999 X)	⑮신고구분 X XXXXXXXXXXX	⑲가격신고서 유무 X	㉒총포장갯수 99,999,999 XX
⑪납세의무자 (XXXXXXX-9-99-9-99-9 / 999-99-99999)	⑯거래구분 99 XXXXXXXXXXX	⑳국내도착항 XXX XXXXXXXXX	㉓운송형태 XX-XXX
(주소) XXXXXXXXXXXXXXXXXXXXXXXXXXXXXX	⑰종류 X XXXXXXXXXXX	㉔적출국 XX XXXXXXXXXXX	
(상호) XXXXXXXXXXXXXXXXXXXXXX		㉕선기명 XXXXXXXXXXXXXX XX	
(성명) XXXXXXXXXXXX	㉖MASTER B/L 번호 XXXXXXXXXXXX	㉗운수기관부호 XXXX	
⑫무역대리점 XXXXXXXXXXXXXXXXXXXX (9999999)			
⑬공 급 자 XXXXXXXXXXXXXXXXXXXX(XX) / XXXXX9999X			

㉘검사(반입)장소	99999999-XXXXXXXXX XXXXXXXXXXXXXXXXXXXXXX

● 품명·규격 (란번호/총란수 : 999/999)

㉙품 명	XXXXXXXXXXXXXXXXXXXXXXXXXX	㉛상 표	XXXXXXXXXXXXXXXXXXXXXX
㉚거래품명	XXXXXXXXXXXXXXXXXXXXXXXXXX		XXXXXXXXXXXXXXX

㉜모델·규격	㉝성분	㉞수량	㉟단가(XXX)	㊱금액(XXX)
XXXXXXXXXXXXXXXXXXX XXXXXXXXXXXXXXXXXXX XXXXXXXXXXXXXXXXXXX	XXXXXXXXXXXXXXXXX XXXXXXXXXXXXXXXXX XXXXXXXXXXXXXXXXX	9,999,999.9999XX	9,999,999.999999	99,999,999.9999
XXXXXXXXXXXXXXXXXXX XXXXXXXXXXXXXXXXXXX XXXXXXXXXXXXXXXXXXX	XXXXXXXXXXXXXXXXX XXXXXXXXXXXXXXXXX XXXXXXXXXXXXXXXXX	9,999,999.9999XX	9,999,999.999999	99,999,999.9999

㊲세번부호	9999.99-9999	㊳순중량	9,999,999,999.9 XX	㊷C/S 검사	X XXXXXXXXXXXX	㊹사후확인기관	
㊴과세가격(CIF)	$999,999,999,999 ₩999,999,999,999	㊵수 량 ㊶환급물량	9,999,999,999 XX 9,999,999,999 XX	㊸검사변경 ㊹원산지표시	X XXXXXXXXXX XX-X-X-X	㊺특수세액	999, 999, 999 99,999,999.99

㊻수입요건확인 (발급서류명)	9-999-99-99-99999999 (XXXXXXXXXXXXXX) 9-999-99-99-99999999	9-999-99-99-99999999 (XXXXXXXXXXXXXX) 9-999-99-99-99999999	9-999-99-99-99999999 (XXXXXXXXXXXXXX) 9-999-99-99-99999999	9-999-99-99-99999999 (XXXXXXXXXXXXXX) 9-999-99-99-99999999

㊽세종	㊾세율(구분)	㊿감면율	㉑세액	㉒감면분납부호	감면액	*내국세종부호
XX	9,999.99(XX XXXX) 9999999999	9,999.99	999,999,999	XXXXXXXXXX	999,999,999	
XX	9,999.99(XX XXXX)	9,999.99	999,999,999	XXXXXXXXXX	999,999,999	XXXXXX
XX	9,999.99(XX XXXX)	9,999.99	999,999,999	XXXXXXXXXX	999,999,999	
XX	9,999.99(XX XXXX)	9,999.99	999,999,999	XXXXXXXXXX	999,999,999	
XX	9,999.99(XX XXXX)	9,999.99	999,999,999	XXXXXXXXXX	999,999,999	

㉓결제금액(인도조건-통화종류-금액-결제방법)	XXX-XXX-999,999,999,999-XX	㉕환 율	99,999.9999

㊴총과세가격	$999,999,999,999 ₩999,999,999,999	㉖운임 ㉗보험료	999,999,999,999 999,999,999,999	㉘가산금액 ㉙공제금액	999,999,999,999 999,999,999,999	㉚납부번호 ㉛부가가치세대표	999-99-99-9-999999-9 999,999,999

㉠세 종	㉡세 액	※관세사기재란	※세관기재란
관 세	999,999,999	XXXXXXXXXXXXXXXXXXXXXXXXXXX XXXXXXXXXXXXXXXXXXXXXXXXXXX	XXXXXXXXXXXXXXXXXXXXXXXXXXXXXXXXXXXXX XXXXXXXXXXXXXXXXXXXXXXXXXXXXXXXXXXXXX
특 소 세	999,999,999		
교 통 세	999,999,999		
주 세	999,999,999		
교 육 세	999,999,999		
농 특 세	999,999,999	XXXX	
부 가 세	999,999,999		XXXXXXXXXXXXXXXXXX
신고지연가산세	999,999,999		
㉢총세액합계	999,999,999	㉣담당자 XXXXXXXXXX 999999	㉥접수일시 YYYY/MM/DD,HH:MM	㉦수리일자 YYYY/MM/DD

06 수입신고서 구비 서류

수입신고서를 제출할 때는 아래의 첨부 서류가 필요할 때도 있습니다. 물품에 따라 수입허가가 필요한 경우에는 반드시 해당 허가 서류를 첨부해야 수입신고필증이 교부됩니다.

직구로 배송받은 물품이 배송료 포함 15만 원(일반통관 상품) 이하이거나 20만 원(목록통관 상품) 이하이고 자가 사용이 인정되는 물품이라면 관세가 면제됩니다. 이때 포워딩 업체가 물품을 배송하면서 가져온 간이 수입신고서를 간단히 작성해도 수입통관이 허가됩니다. 만일 직구로 배송받은 물품이 배송료 포함 15만 원 및 20만 원 이상이면 관세가 부가되므로 수입신고서 작성 후 15일 안에 관세를 납부하기 바랍니다.

송장(인보이스)	수입신고 시 반드시 송장 제출. 직구 물품은 소포 포장지에 송장이 붙어 있음. 잠정 가격으로 수입신고를 할 때 송장이 외국에서 도착하지 않았으면 '수입계약서'로 대신할 수 있음. 이 경우 송장은 확정 가격 신신고 시 제출
가격신고서	가격신고서 제출이 필요한 물품에 한함
선하증권(B/L) 부본 또는 항공운송장(AWB) 부본	인터넷으로 신고 시 첨부 제출할 수 있음
포장명세서(패킹리스트)	포장박스별 품명(규격)·수량이 기재된 서류 ※ 세관이 제출을 요구하지 않으면 예외 ※ 인터넷으로 신고 시 첨부 제출할 수 있음
검사·검역·허가·추천 등 수입 요건 구비서	해당 물품에 한함
관세감면(분납)/용도세율적용신청서	해당 물품에 한함
원산지증명서	해당 물품에 한함
합의세율적용승인(신청)서	해당 물품에 한함
지방세 납세담보확인서	해당 물품에 한함
킴벌리프로세스증명서	다이아몬드 원석을 수입한 경우 제출
할당·양허관세 및 세율 추천 증명서류 및 종축·치어의 번식·양식용 해당 세율 증명 서류	해당 물품에 한함 ※ 인터넷으로 신고 시 첨부 제출할 수 있음

수입품의 관세, 부가세 산정 방법
– 자신이 수입한 물품의 관세 미리 확인하기

관세란 국제간 교역품에 부과되는 국세입니다. 무분별한 수입을 규제하고 자국 산업을 보호하기 위해 대부분 국가에서 국제간 무역에 관세를 부과합니다.

✖ 외국 쇼핑몰에서 직구 시 관세 면제 물품 근거

직구로 구매한 물품이 소액이며 자가 사용할 목적으로 수입하는 물품이면 관세가 면제됩니다.

소액 화물	일반통관 상품 (일반 소액 상품)	총금액이 15만 원 이하이고 자가 사용 인정되는 물품일 때 면세	총금액(직구 구매가+현지 세금+현지 배송료+과세 운임 포함)이 15만 원 이하이면 면세. ※15만 원 초과면 총금액의 약 23%에 해당하는 관세와 부가세 붙음
	목록통관 상품 (보통 의류, 신발)	총금액이 200달러 (약 20만 원) 이하이고 자가 사용 인정되는 물품	총금액(직구 구매가+현지 세금+현지 배송료)이 200달러 이하이면 면세. ※200달러 초과면 총금액의 약 23%에 해당하는 관세와 부가세 붙음
	서적류 등	기본적으로 관세 면세 대상임	

✖ 수입 상품 관세와 부가세 기본 계산 방법

일반 수입 상품(직구 포함) 총금액이 15만 원 이상일 경우 총금액에 대한 관세와 부가세가 붙습니다. 목록통관 상품은 총금액이 200달러 이상일 때 총금액에 대한 관세와 부가세가 붙습니다.

관세율은 물품에 따라 다르고 국가별로도 다릅니다. 예를 들어 FTA 협정을 맺은 나라에서 제조한 물품을 수입할 때는 수입 관세가 낮거나 없을 수도 있지만, FTA 협정을 하지 않은 국가에서 수입한 물품은 관세율이 높은 편입니다.

외국에서 도착한 소액 화물의 성격이 자가 사용 물품으로 인정되지 않는 제품이면 금액과 상관없이 관부가세가 부과됩니다.

면세 금액 초과 시 관부가세 부과	관세와 부가세로 납부할 돈
일반통관 상품 총금액이 15만 원 초과 시 총금액(직구 가격+현지 세금+현지 배송료+과세 운임)	총금액의 약 23% ※ 관세: 평균 13% 부가세: 10%
목록통관 상품 총금액이 200달러 초과 시 총금액(직구 가격+현지 세금+현지 배송료)	총금액의 약 23% ※ 관세: 평균 13% 부가세: 10%
간이통관 대상 물품이 면세 금액 초과 시 ※ 보통 국제우편물이 간이통관 대상임	총금액의 20% ※ 관세: 10% 부가세: 10%

✖ HS 코드

수입 제품의 관세율은 다음과 같이 품목별로 다릅니다. 무역 품목의 분류는 국제 기준이 적용되며 흔히 'HS 코드(HS Code)'라고 말합니다.

품목별 관세	일반 국가에서 수입한 경우 (FTA 비협정 국가에서 수입)	FTA 협정을 맺은 국가에서 제조한 물품을 수입한 경우
스포츠 신발	13%(기본 세율)	한·미 FTA 협정 세율(선택1) 0%
악어 가죽 가방	8%(기본 세율)	한·칠레 FTA 협정 세율(선택1) 0%
커피잔 세트	8%(기본 세율)	한·인도 FTA 협정 세율(선택1) 3%
2,000cc 이하 승용차(신차)	10%(기본 세율)	한·미 FTA 협정 세율(선택1) 4%

수입 품목별 관세율 미리 확인하기
– HS 코드별 관세율표

일반통관 대상 수입 상품은 15만 원 초과 시, 목록통관 대상 수입 상품은 20만 원 초과 시 총금액의 약 23%에 해당하는 관세와 부가세를 납부합니다.

✖ 관세율 확인 방법

품목별 관세율은 HS 코드로 정리되어 있습니다.

1 수입 품목의 관세율을 확인하려면 관세청(www.customs.go.kr)으로 접속합니다.
관세청 홈페이지의 '세계 HS 정보시스템' 버튼을 클릭합니다.

2 '한국'을 클릭합니다.

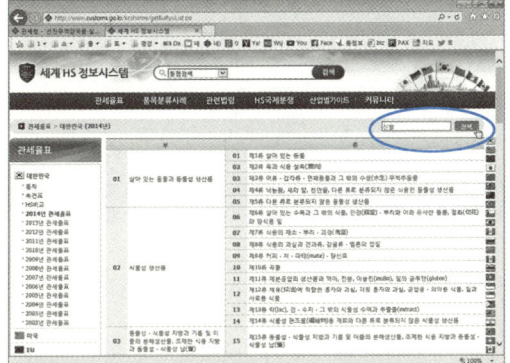

❸ 신발의 관세율을 확인하겠습니다. 검색어 입력창에 '신발'이라고 입력하고 검색합니다.

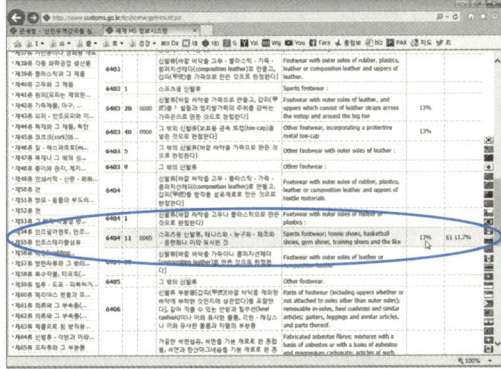

❹ 신발 HS 코드 중에서 스포츠 신발의 관세율을 확인한 모습입니다. 스포츠화의 기본 관세율은 8%임을 알 수 있습니다. 해당 항목을 클릭하면 기본 관세율 외 FTA 협정 국가의 스포츠화 관세율도 확인할 수 있습니다.

위의 경우처럼 관세청의 HS 코드 검색 기능은 수입하려는 물품의 관세율을 미리 확인할 때 사용합니다. 만일 FTA 협정을 맺은 국가에서 제조한 물품을 수입하면 그렇지 않은 국가에서 수입한 물품보다 관세를 적게 낼 수 있습니다. 참고로 FTA 협정을 맺은 국가에서 수입해도 수입품의 원산지가 비협정 국가일 때는 FTA 협정 관세율이 적용되지 않고 기본 관세율이 적용됩니다.

SECTION 09
개별소비세 물품 수입 시 납부 의무 추가 발생

부가세 등이 일반소비세라면 사치성 제품에 개별적으로 붙는 세금이 개별소비세입니다. 예전에는 개별소비세를 특별소비세라고 불렀습니다.

개별소비세(특별소비세)는 모든 상품에 일률적으로 붙는 부가가치세의 단점을 보완할 목적으로 사치성 소비 품목에 중과하는 세금입니다. 우리나라는 보석, 귀금속, 고급 사진기, 자동차, 휘발유, 경유, 모피, 시계, 오락용품에 개별소비세를 부과하므로 이들 카테고리에 해당하는 상품을 수입할 때는 관세와 부가세 외에 개별소비세를 추가로 납부해야 합니다. 개별소비세를 과세하면 교육세와 농어촌특별세도 추가로 납부해야 합니다.

✖ 개별소비세율(특별소비세율)

물품명	과세 기준	개별소비세
자동차	캠핑카 구입가 기준	7%
	2,000cc 초과 자동차 구입가 기준	7%
	2,000cc 이하 자동차 구입가 기준 (전기차, 이륜차 등 포함)	5%
	1,000cc 이하 경차	면세
세탁기, 냉장고	정해진 규격 초과 제품일 때	10%
TV, 에어컨	정해진 규격 초과 제품일 때	10%
시계류	200만 원 초과 금액에 부과	20%
보석, 귀금속류	200만 원 초과 금액에 부과	20%
모피	200만 원 초과 금액에 부과	20%
가구	500만 원 초과 금액에 부과	20%
명품 지갑, 가방	200만 원 초과 금액에 부과	20%
수렵 총포, 오락기구	물품 가격 기준	20%
향수, 로열젤리 등	물품 가격 기준	20%

※ 수입품은 CIF(운임보험료 포함 가격)+관세=총가격 기준으로 부과합니다.
※ 개별소비세를 납부할 때는 개별소비세의 30%에 해당하는 교육세와 개별소비세의 10%에 해당하는 농어촌특별세도 추가로 납부해야 합니다.

관세 납부 방법

관세청 홈페이지에서 통관 진행 상황을 조회한 뒤 '결제 통보' 단계일 때 관세를 납부합니다. 보통 통지 후 15일 안에 납부해야 합니다. 납부를 완료하면 통관이 끝난 물건을 가져올 수 있습니다.

✖ 관세 납부 시 필요한 정보: 전자납부번호

수입품 혹은 직구 상품에 관세가 부과되면 관할 세관이나 포워딩 업체에서 관세 고지서의 '전자납부번호'와 '관세 금액'을 통지해줍니다. 인터넷 은행에서 관세를 납부하려면 19자리 숫자로 된 전자납부번호를 알고 있어야 합니다.

✖ 은행 이체

은행에서 이체하는 방식입니다. 관세청은 관세 납세자에게 가상계좌를 부여해 ATM 등에서 이체하도록 서비스하고 있습니다.

✖ 인터넷 이체와 스마트폰 납부

인터넷의 거래 은행 홈페이지에서 관세를 납부하는 방식입니다. 각 은행 홈페이지의 [공과금 납부 메뉴-국세/관세 메뉴]에서 납부하면 됩니다.

✖ 관세 카드 납부

카드로택스(www.cardrotax.or.kr)에서 관세를 카드로 납부할 수 있습니다.

✖ 대행 납부

포워딩 업체 또는 관세사가 대행 납부하고, 대행 납부한 사람에게 관세 금액과 일정 수수료를 입금하는 방식입니다.

 관세는 15일 안에 납부해야 하지만 부가세는 분기별로 납부해도 무방합니다.

SECTION 11 세금 관계 고려하기

무역업을 하려면 관부가세라는 항목에 직면하게 됩니다. 관부가세를 절감하는 방법은 서류 증빙밖에 없습니다. 구매 영수증이 없다면 관세청이 임의대로 수입가를 책정하고 관부가세를 매긴다는 것을 명심하십시오.

✖ 수출입 자료 확실히 증빙하기

무역업에서는 항상 매입과 수출 과정을 정확하게 보여주는 서류를 갖춰야 합니다. 매입 자료는 있는데 수출 근거 자료가 없거나, 수출은 했는데 매입 근거 자료가 없으면 통장에 들어온 돈 때문에 세금이 크게 발생합니다. 또한 수출 사업은 부가세 영세율이 적용되므로 매입 시 냈던 부가세를 돌려받으려면 매입한 물품이 수출되었음을 증빙해야 합니다. 수출 증빙 서류가 없으면 매입 시 냈던 부가세를 환급받지 못하므로 서류 준비에 만전을 기하기 바랍니다.

✖ 수출입 물품의 창고 보관 운송료는 어느 경비로?

수출입을 하다 보면 물건을 보세창고에 보관하느라 보관료나 운송비 등이 발생합니다. 이 비용도 허투루 볼 게 아니라 장부 상에 매입·매출 원가로 기재해야 합니다. 수출입 과정에 들어간 모든 비용을 기재함으로써 순이익에 대한 세금을 낮추는 전략이 필요합니다. 예를 들어 1,000만 원 구매하고 1억 원에 수출했을 때의 출장 비용이나 운송비 등이 500만 원이라면 그러한 자료로 빠짐없이 기록해야 합니다.

✖ 오퍼상의 중계 수입에 대한 부가세는?

오퍼상의 중계 수수료는 영세율이 적용되어 부가가치세가 면제됩니다. 단 중계수수료를 정식 외국환통장을 통해 받은 경우에만 영세율이 적용되고 개인 통장이나 대리인을 통해 받으면 영세율이 적용되지 않으므로 주의하시기 바랍니다. 영세율을 적용받을 때 필요한 서류는 외환입금증명서나 수출신고필증, 계약서 사본 등입니다. 면세율 관련 서류를 신고하지 않으면 1%의 가산세가 붙습니다.

✕ 핸드캐리 수입품의 관부가세

국내에서 판매할 목적으로 외국에서 직접 구매해 비행기나 선박 편으로 들어오는 경우가 있습니다. 이 경우 반드시 세관 통관 시 상업송장이나 구매 영수증을 제출해 관세가 정확히 붙도록 해야 합니다. 구매 증빙서가 없으면 세관 측에서 임의로 가격을 조사하여 관세와 부가세를 물리므로 불리할 수 있습니다. 예컨대 외국에서 시중 유통가보다 저렴하게 구매한 경우 반드시 구매 영수증을 세관에 증빙하여 관세와 부가세를 시중 유통가에 비해 적게 내도록 해야 합니다.

중국에서 여객선을 타고 국내로 들어오는데 여객선 안에서 보따리상을 만났어요. 세금을 적게 내고 싶다며 40만 원어치에 해당하는 물품을 내 것인 것처럼 핸드캐리 해달라고 부탁하더라고요. 핸드캐리를 해주면 밥값으로 3만 원을 주겠다는데, 해주어도 되나요?

직업적인 보따리상인이라면 해주어도 무방합니다. 그러나 개중에는 보따리상인이 아닌 마약을 밀수하려는 업자들도 있습니다. 마약을 핸드캐리 하다가 걸리면 교도소행이므로 핸드캐리 요청이 있을 때는 심사숙고하고 결정하기 바랍니다.

국내로 입국할 때는 핸드캐리를 상황을 봐가며 해주어도 되는군요? 만일 외국으로 나갈 때 외국인이 핸드캐리를 부탁해오면 어떻게 해야 할까요?

마약일 확률이 높으므로 외국인의 부탁은 들어주지 마십시오. 특히 마약 운반책으로 외국 경찰에 잡히면 무죄를 입증할 방법이나 국내로 빼내올 방법이 없어 인생을 망치므로 주의하기 바랍니다.

통화 차이 고려하기

무역업은 환율에 따라 이익이 올라가거나 내려갑니다. 따라서 환율의 움직임을 항시 확인하면서 유리한 통화로 대금 결제를 하는 것이 좋습니다.

✖ 환율을 매일 확인하라

　달러, 유로화는 물론 거래 국가의 통화 환율을 매일 확인하는 습성을 기릅니다. 향후 몇 주 동안 달러화가 상상 밖으로 강세로 돌아설 조짐이 보인다면 가능한 한 빨리 대금을 결제하여 환차익으로 발생할 손실을 막는 것이 좋습니다.

✖ 유리한 환율로 결제하라

　수출입 물품은 달러 결제, 유로화 결제, 자국 통화 결제 등의 방법으로 결제할 수 있으므로 계약서 작성 시 향후 유리한 환율로 결제할 수 있도록 계약서를 작성합니다. 태국과 무역 거래 시 달러 결제보다 태국 돈으로 결제하는 것이 유리하다면 태국 돈으로 결제한다는 조항을 계약서에 명기합니다.

✖ 환율에 따라 수입량을 늘리거나 줄이고, 필요하면 깎아라

　환율 변동 폭이 심할 때에는 환율을 보면서 수입량을 조절합니다. 현찰 거래일 경우 며칠 뒤 비싼 환율로 수입하면 그만큼 자신에겐 손실이 발생할 것이므로 달러가 약세일 때 결제하는 것도 좋은 생각입니다.

　필요한 경우 변경된 환율만큼 물품값을 깎는 전략도 취할 수 있지만 무역이란 상호 신뢰를 품고 진행하는 것이므로 무역 대금을 깎는 것만큼은 피하는 것이 좋습니다. 물론 환율 때문에 어렵다고 하소연을 하여 상대방이 알아서 깎아주기를 유도하는 것도 생각해볼 만합니다. 물건값을 깎는 일은 세계 어느 곳에서나 벌어집니다. 단 거래가 한창일 때 깎으면 신용도에 문제가 발생하므로 거래를 처음 개시할 때 도입가를 미리 깎는 것이 좋습니다.

SECTION 13
지출은 줄이고 이득은 많이 남기기 – 통화 차이를 이용한 무역

무역 대금 결제는 관례상 결제 시의 환율이 아닌 인보이스를 작성할 때의 환율을 적용하지만 실제로는 대개 결제 시 환율에 맞추어 입금합니다.

✳ 네팅(Netting)

셀러, 바이어 사이에 특정 일에 결제할 채권·채무가 상호 간에 있을 때 이를 상계 처리하고 잔여 수입 대금만 지급하는 계약입니다. 상호 간 채권·채무를 변제하는 동시에 외환 비용을 아낄 수 있습니다.

✳ 결제 통화 조정(Invoicing Currency Adjustment)

수출입 시 환율 변동이 심하면 결제 통화를 수시로 교체하는 방식입니다. 수출은 강세 통화로 결제하고, 수입은 약세 통화로 결제합니다. 강세 통화나 약세 통화는 수시로 오르락내리락하므로 결제 통화를 잘 조정하면 그만큼 이득이 발생합니다.

✳ 환차익·환차손

환율 변동이 심하지 않으면 별문제 없지만 환율 변동이 심하면 돈을 결제할 때 환차익 혹은 환차손이 발생합니다. 이 경우 거래처와 상담하여 인보이스 작성 기준 환율로 결제하겠다고 통보하거나 혹은 계약서 상 명기하는 것이 좋습니다. 물론 환율 변동이 매우 심할 때는 계약서에 인보이스 작성 시 환율로 결제하겠음을 기재하는 것은 좋은 방법입니다. 하지만 계약서에 결제 시점의 환율 문제까지 작성하는 경우는 거의 없습니다.

✳ 저임금 국가에서 생산 발주한 뒤 비싸게 팔 수 있는 나라로 수출하기

현지 생산공장을 발굴하여 수입하는 무역업 중에서 가장 기본에 해당하는 방법입니다. 저임금 국가에서 OEM 등으로 생산하면 생산가를 낮출 수 있으므로 국내 시장이나 외국 시장에서 유리한 가격으로 판매할 수 있습니다. 저임금 국가에서 저질 자재를 사용해 물건을 발주하는 것보다는 중고급 자재를 사용해 물건을 생산한 뒤 이것을 비싸게 팔 수 있는 나라로 수출하는 방법도 생각해볼 만합니다. 요즘은 저품질 수입품이 많으므로 고품질 제품을 저임금 국가에서 생산한 뒤 수출하는 전략입니다. 의류, 신발 등을 저임금 국가에서 생산한 뒤 씀씀이가 좋은 선진국에 중저가로 수출하는 전략이 이에 해당합니다.

틈새시장으로의 진출

미국 공사 현장을 보면 공사 현장마다 이동식 화장실을 설치해 돈을 긁어모으는 업체가 있습니다. 남들이 모르는, 남들이 하지 않는 틈새 물품을 발굴해 독점한다면 그만큼 이득도 많아집니다. 예를 들면 전문의나 과학 지망생이 반드시 사용해야만 하는 특별한 장비 중 최신 기술로 만들어진 보급형 장비를 수입해 판매하는 전략입니다. 또는 가정주부들이 혹하는 아이디어 주방용품 등이 있습니다.

빠른 수출 대금의 회수

은행에 선하증권 등의 선적 서류를 정상 제출하고 수출 대금 네고를 하려고 했는데 네고가 바로 안 되는 경우가 있습니다.

신용장이 선진국의 유명 은행에서 발행된 것이라면 신용도가 높으므로 바로 은행에서 네고를 해주어 수출 대금이 들어옵니다. 신용장이 후진국 은행에서 발행된 것이라면 선진국보다 신용도가 낮으므로 우리나라 은행들은 추심 네고를 하려고 합니다. 즉 바이어가 자국 은행에 입금하면 그것을 전달받아 수출 대금을 주겠다는 뜻입니다. 돈이 급하면 추심 네고가 될 때까지 기다리지 말고 담보를 넣고 네고 받을 수 있지만 그러기에는 넉넉지 않습니다. 초면의 바이어에게는 부탁할 수 없지만 안면이 있는 바이어라면 유명 은행에서 신용장을 개설해달라고 부탁하십시오. 중국산 가전제품보다 국내산 가전제품이 더 믿을 만한 것과 같은 이치입니다. 은행 역시 신용장 발행 은행의 명성을 바이어의 신용도로 봅니다.

SECTION 14 수출 상품 선적 시 필요한 부대 서류

수출할 물품을 수집 혹은 생산한 뒤에는 항구나 공항으로 보내 수출신고 및 통관 절차를 밟고 선적해야 합니다. 선적에 필요한 서류를 알아봅시다.

선적에 필요한 서류는 바이어가 요청하는 서류와 수입국 통관 규정에 필요한 서류 혹은 국내 통관에 필요한 서류일 수 있습니다. 보통 바이어의 사전 요청이 있는 서류를 준비합니다. 일반적으로 식품, 화장품, 의약품 등이 구비 서류가 많은 편이고 일반 공산품은 구비 서류가 없는 편입니다.

✹ 상업송장(Commercial Invoice)

셀러가 작성하는 서류로서 수출품 명세서, 가격 등이 표시되며 대금을 받지 않고 수출하는 경우 대금 청구서 기능도 합니다. 기본적으로 준비할 서류입니다.

✹ 포장명세서(Packing List)

수출 화물의 포장명세서입니다. 제품별 상세 명세로 작성하되 개별 중량(Net Weight), 총 중량(Gross Weight) 등이 개별적으로 정확히 기재되어야 하며 용적(Measurement), 화인(Shipping Marks), 포장 개수(Number of Packages) 등을 정확히 표시합니다. 기본적으로 준비해야 할 서류입니다.

✹ 보험증권(Insurance Policy, I/P)

화물운송 사고에 대비한 보험계약증권입니다. 흔히 적하보험이라고 부릅니다. 무역 매매계약서 상 보험 가입 항목이 강제하지 않으면 들지 않을 수도 있지만, 보험료가 저렴하고 1회만 입금하면 되기 때문에 가능한 한 가입하는 것이 좋습니다. 무역 운송 보험은 운송 사고 시 상업송장 금액(수출 물품 총액)의 110%를 보상받는 조건으로 가입하는 것이 관례입니다.

✖ 원산지증명서(Certificate of Origin, C/O)

수출품의 원산지를 증명하는 서류입니다. 바이어가 요구할 때 준비합니다. 원산지 확인 목적 및 FTA 협정 관세율을 적용받기 위한 목적으로 요청하는 경우가 많습니다. 보통 대한상공회의소나 관세청에서 발급하는 것을 기관 발급, 수출자가 발급하는 것을 자율 발급이라고 합니다. FTA 협정 국가에 따라 기관에서 발급한 서류가 필요한 국가, 수출자가 자율 발급한 서류가 통용되는 국가가 있습니다.

기관 발급 서류가 필요한 경우 관세청(www.customs.go.kr)에 접속해 'FTA 포털 메뉴'로 들어간 뒤 '원산지증명서'를 발급받습니다.

관세청 FTA 포털 메뉴에서 원산지증명서 발급 모습

✖ 검역증명서(Certificate of Quarantine)

식품, 의약품, 동물, 식물 등의 수출입에 관한 검역을 증명하는 서류입니다. 바이어가 원하면 선적 서류에 검역증명서를 첨부해야 합니다. 일반적으로 검역증명서는 수출국, 수입국 양쪽에서 모두 발급해야 하며, 어느 한쪽이 첨부하지 않으면 수입국에서 통관 보류되거나 폐기됩니다. 품목별 검역증명서 발급 단체가 있으므로 해당 단체에서 검역증명서를 발급받습니다.

다음은 수출 식물의 검역 순서이며 담당 기관은 농림축산검역본부(www.qia.go.kr)입니다.

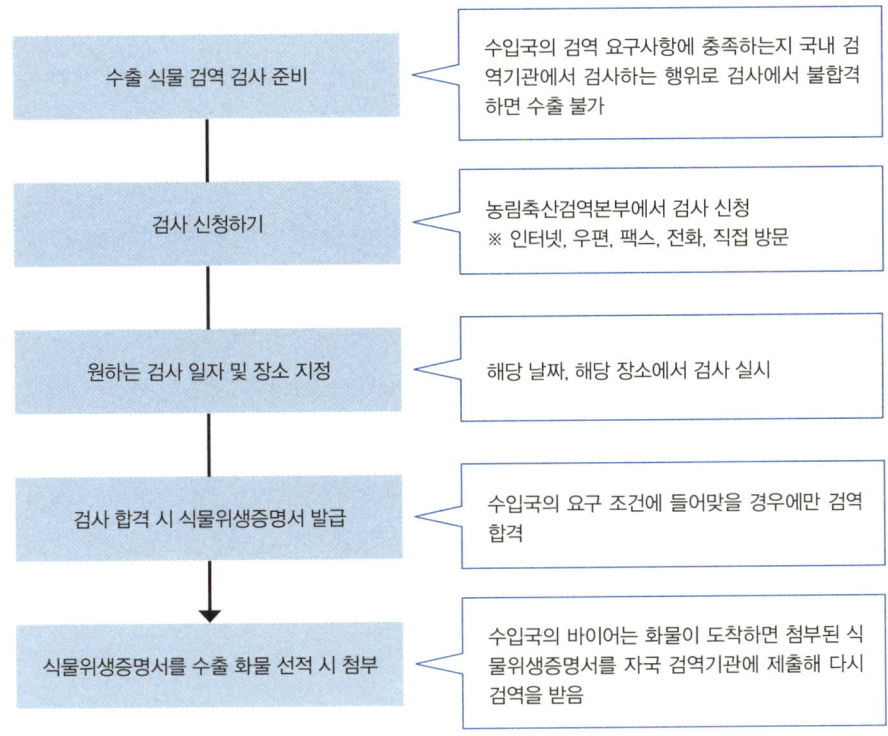

✱ 운송 서류(Transport Documents)

좁게는 선하증권 자체를 말하기도 하지만 넓게는 선하증권, 상업송장, 포장명세서를 모두 포함하기도 합니다. 해상으로 운송할 때는 해상선하증권(B/L), 비행기로 운송할 때는 항공화물운송장 혹은 항공운송장(AWB)이라고 부릅니다.

✱ 해상운송증권: 선하증권(Bills of Lading, B/L)

선하증권은 국제 해상운송 계약에 따라 수출업자의 화물 선적을 인증하고 수입업자(바이어)가 물품을 가져갈 수 있는 인도청구권이 표시되는 증서입니다. 선하증권에는 운송 선박의 명칭, 국적, 화물 내역, 수량, 발송자(셀러), 수령자(바이어) 등이 표시됩니다. 재산권을 행사할 수 있는 유가증권이므로 수입업자는 배서한 뒤 타인에게 양도(지급용으로 사용)할 수 있습니다.

선하증권 발행은 화물 발송자(셀러)가 선적하면 운송회사에서 위임받은 선장 등이 할 수 있습니다. 화물 발송자는 화물을 선적한 뒤 교부받은 선하증권 등의 선적 증명 서류를 은행에 접수하면서 환어음을 발행하여 수출 대금을 회수합니다. 은행은 접수된 선하증권을 바이어의 거래 은행으로 보내 앞서 지급한 대금을 추심합니다. 바이어의 거래 은행은 바이어에게 선하증권이 내도했음을 통지하고 수입 대금 입금을 요청합니다. 바이어는 수입 대금을 입금한 뒤 내도한 선하증권을 인수합니다. 이후 바이어는 항구에 화물이 도착하면 선하증권과 화물을 교환합니다.

인접국 사이에서의 무역은 화물이 먼저 도착하고 선하증권이 뒤늦게 도착하므로 선하증권을 미처 받지 못한 바이어가 화물을 인수하려면 선하증권 대신 L/G를 이용해 인수합니다. 화물보다 늦게 도착하는 선하증권의 단점을 보강하기 위해 전자식 선하증권이 보급되고 있습니다. 하지만 세계적으로 제각기 국가별로 전자시스템을 구축하기 때문에 정해진 표준이 없고 인증 및 보안 시스템 구축에 고비용이 들기 때문에 무역 실무에서는 전자식 선하증권의 사용 사례가 생각보다 적은 편입니다.

✳ 항공운송장: 항공화물운송장(Air WayBill, AWB)

항공운송업체가 발행하며 선하증권 같은 유가증권이 아닌 말 그대로 운송화물 접수 및 화물 내역이 기록되어 있는 택배 용지입니다. 화물을 목적지까지 운반한다는 택배 용지이므로 유가증권으로 사용할 수 없습니다. 국제간 항공운송 계약에 의거해 출발 공항, 도착 공항 등이 표시되고 화물 품목, 발송자(셀러), 수령자(바이어) 등이 표시됩니다. 바이어는 항공운송장 없이도 도착한 물품을 받을 수 있습니다.

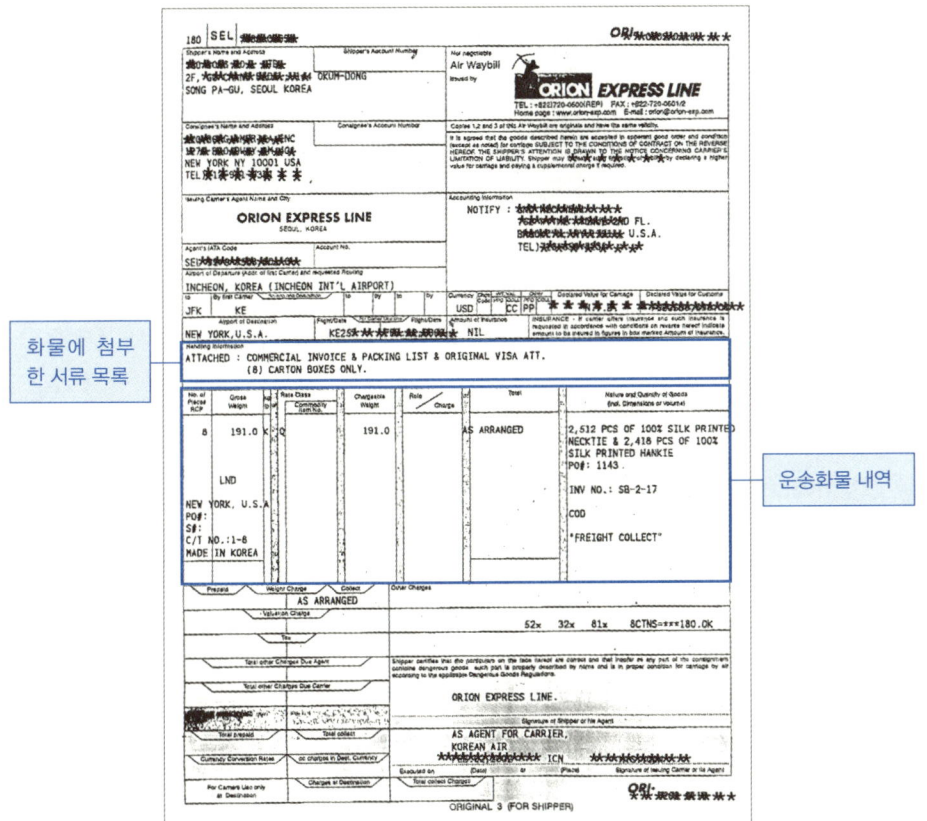

화물에 첨부한 서류 목록

운송화물 내역

수출품 운송 사고에 대비한 보험
– 해상보험료와 항공운송보험료는 얼마일까?

몇백에서 몇천만 원 단위의 운송이라면 반드시 운송사고에 대비해 보험에 들어야 합니다.

해상적하보험 또는 항공적하보험의 보험료는 그리 비싸지 않습니다. 미국으로 1만 달러어치의 물품을 보낼 때의 보험료는 기본 보험료인 1만 원대입니다. 정확한 요율로 보험료를 계산하면 4,000원대이지만 최하 기본보험료가 1만 원대이기 때문에 1만 원대로 보험에 가입합니다. 만일 미국에 10만 달러어치의 물품을 보낸다면 4만 원대의 돈으로 적하보험에 가입할 수 있습니다.

✖ 해상적하보험(선화보험)

해상운송 사고를 대비해 드는 보험입니다. 관세사가 소개하는 업체, 선적항 주변의 보험업체, 인터넷 적하보험업체 등에서 가입합니다.

✖ 항공적하보험

항공운송 사고를 대비해 드는 보험입니다. 관세사가 소개하는 업체, 공항의 보험업체, 인터넷의 적하보험업체 등에서 가입합니다.

✖ 미국, 일본, 외국 오픈마켓에서 판매한 물품을 배송한 경우

미국이나 일본 쇼핑몰에서 10만 원어치의 의류를 판매한 뒤 이것을 해당 국가로 국제특송할 경우에는 특송업체가 보험에 가입한 상태이므로 셀러가 별도의 보험에 가입하지 않아도 됩니다. 물론 셀러가 적하보험에 가입해도 됩니다. 그러나 적하보험 기본료는 1만 원대이므로 10만 원어치를 배송하면서 1만 원대 적하보험에 가입할 수는 없을 것입니다. 즉 역직구 오픈마켓에서 판매한 물품을 외국 배송할 때는 자잘한 금액이므로 굳이 적하보험에 가입할 필요가 없다는 뜻입니다.

16 SECTION 개인 무역업자가 항상 주의할 점
– 욕심은 금물, 현실적으로 일하자

무역업에서 좋은 수입을 올리면서 자신감이 붙을 때 흔히 당하는 것이 무역 사고입니다. 쉽게 말해 무역 사기꾼에게 걸려 1년 동안 번 돈을 다 까먹는 것입니다.

❋ 외국과의 거래에선 욕심은 금물, 안전이 최고

무역업은 외국과의 거래이므로 기본적으로 신용장을 개설해야 합니다. 거래 실적이 어느 정도 쌓였더라도 안전을 유지하려면 T/T 보다는 L/C 신용장 거래 위주로 하는 것이 좋습니다. 오늘 처음 만난 바이어가 내일은 사기꾼이 될 수 있다는 점을 명심하기 바랍니다.

❋ 연 1억 순이익이 발생할 때가 위기

연 1억 순이익이 발생할 즈음이면 그동안 번 돈으로 현찰 저축이 1억 정도 있는 상태입니다. 사업도 잘되고 현찰로 1억을 소유한 상태이므로 이 세상을 다 가진 것 같다는 생각이 듭니다. 이런 때 십중팔구 무역 거래에서 큰 손실을 당합니다. 자신감 때문에 욕심을 부려 대형 수입 계약을 하다가 물건이 국내 시장에서 소화되지 않아 망하는 것입니다. 사기꾼에게 당하는 시점도 이 시점입니다. 무역 사기꾼들에게 1억 원은 사기 치기 딱 좋은 금액이기 때문에 그것을 노리는 외국 사기꾼들이 많다는 것을 염두에 두기 바랍니다. 예를 들면 중국 현지 공장을 만들거나 현금 거래 시 30% 할인을 해주겠다는 계약서에 사인하다가 사기를 당합니다.

❋ 외국 공장 설립도 사기 주의!

현찰 1억 정도의 여유가 있을 때 흔히 생각하는 것이 외국 공장 설립입니다. 예컨대 저임금 국가인 중국이나 베트남에 잡화 제조공장을 설립할 수 있는데, 이때 특히 사기에 조심해야 합니다. 모든 것이 뜻대로 잘 풀리고 자신감이 충만해 있을 때가 곧 위기입니다. 특히 현찰이 들어가는 현지 공장 설립은 안전이 최우선입니다. 현지인이 현지 사정을 잘 안다는 감언이설로 꼬드기는 경우가 많은데 이 경우 공장 설립 도중 돈을 받고 튀는 무역 사고가 종종 발생합니다. 현지인과 현지 공장을 동업으로 설립할 때는 일단 수십 번의 거래 실적이 있고 서로 집안 사정을 잘 알지 않는 한 피하는 것이 좋습니다. 앞에서 말했듯 무역 사기꾼들에게 1억 정도의 돈은 사기 치기 딱 좋은 금액이기 때문입니다.

❈ 재산을 잃지 않도록 유념하라

이 책에 쓴 나의 이야기는 매우 간단합니다. 트럼프를 쳐서 1억을 벌면 번만큼 씀씀이가 헤프고 욕심을 내기 마련입니다. 1년 동안 이 정도 돈을 벌었으니 다음 해에도 이 정도 돈을 벌 수 있으리라고 생각합니다. 만일 무역업으로 1년 동안 1억 원을 벌었다면, 그 1억 원은 온갖 언어 장벽과 시련을 이겨내면서 악착같이 번 자신의 교훈이자 재산입니다. 절대 돈 나가는 문제를 허투루 생각하지 마십시오. 무역 사기를 당하는 유혹을 가장 많이 받을 때가 1억 정도 벌어들인 시점입니다. 이때는 무역업에 자신감이 붙어 과감한 구매 결정 등을 하게 되는데 대부분은 팽배한 자신감과 과도한 욕심 때문에 망하기 일쑤입니다. 벌어들인 수입은 모두 무역업에 재투자하는 것이 바람직하지만, 다만 눈먼 판단만큼은 피해야 합니다.

❈ 계약서와 상업송장의 중요성

사회생활에서 계약서만큼 중요한 것이 없듯 무역업도 모든 절차가 계약서에 따라 해석되고 법률적 구속력을 갖습니다. 설사 바이어가 사기를 친다고 해도 계약서가 있다면 법적인 처벌을 가할 수 있습니다.

무역업은 타국에 있는 외국 상인과의 거래입니다. 계약서를 명확하게 작성하면 추후 불상사가 발생해도 법적으로 해결할 수 있습니다. 또한 상업송장은 국내에서의 관세 납부나 부가세 환급 등에서 중요한 증빙 서류이므로 물품을 수입하거나 수출할 때 반드시 정확하고 상세하게 작성하기 바랍니다.

**인터넷 개인 무역
소자본 창업
쉽게 배우기**

1판 1쇄 발행 | 2014년 8월 10일
1판 7쇄 발행 | 2018년 4월 18일

지은이 박평호
펴낸이 김기옥

경제경영팀장 모민원 기획 편집 변호이, 김광현
커뮤니케이션 플래너 박진모
경영지원 고광현, 임민진
제작 김형식

디자인 제이알컴
인쇄·제본 민언프린텍

펴낸곳 한스미디어(한즈미디어(주))
주소 우편번호 121-839 서울특별시 마포구 양화로 11길 13 (서교동, 강원빌딩5층)
전화 02-707-0337 | 팩스 02-707-0198 | 홈페이지 www.hansmedia.com
출판신고번호 제 313-2003-227호 | 신고일자 2003년 6월 25일

ISBN 978-89-5975-725-1 13320

책값은 뒤표지에 있습니다.
잘못 만들어진 책은 구입하신 서점에서 교환해 드립니다.

실용적인 정보가 가득한 한스미디어의 창업 가이드북

처음 시작하는 창업 쉽게 배우기 시리즈

처음 시작하는 사람들을 위한
개인창업&법인창업 쉽게 배우기
박평호 지음 | 308쪽 | 16,000원

초보자라면 쉽게 얻을 수 없는, 그러나 창업에 꼭 필요한 모든 정보를 담았다. 사업자등록은 어떻게 하는지, 개인사업과 법인사업 중 어떤 것이 유리한지, 사업계획은 어떻게 세워야 하는지, 세금 신고는 어떻게 해야 하는지 등 사업체 운영에 필요한 각종 정보를 쉽게 파악할 수 있도록 구성되어 있다.

양육과 창업, 두 마리 토끼를 완벽하게 잡는 법
애 키우는 엄마들을 위한 소자본 창업 쉽게 배우기
박평호 지음 | 320쪽 | 16,500원

'애 키우는 엄마들이 소자본으로 창업할 때 꼭 봐야 할 책'이다. 나에게 맞는 업종 선택부터 재능별, 금액별, 형태별 등 다양한 형태의 소자본 창업을 소개하고 그에 따른 준비 과정과 실전 창업 과정까지 꼼꼼하게 소개했다. 수백 컷의 만화와 일러스트가 본문의 이해를 더욱 쉽게 돕고 있다.

5000만 원으로 창업하기 시리즈

5000만 원으로 잘나가는 옷가게 창업하기
한국창업컨텐츠연구소(KSCP) 지음 | 208쪽 | 13,000원

5000만 원으로 잘나가는 네일숍 창업하기
한국창업컨텐츠연구소(KSCP) 지음 | 200쪽 | 13,000원

5000만 원으로 잘나가는 펫숍 창업하기
한국창업컨텐츠연구소(KSCP) 지음 | 200쪽 | 13,000원

이 시리즈는 적은 자본으로 시작해 기반을 잡고 안정적인 매출을 올리는 가게와 점주를 심층 취재해 그들만의 노하우와 비결을 꼼꼼하게 정리했다. 상권분석, 매출구조, 상품진열, 매장구조, 재무관리 등 꼭 필요한 알짜배기 정보들을 한눈에 파악할 수 있다. 또한 풍부한 현장 사진과 매장구조도 등의 삽화가 예비 창업자의 이해를 세심하게 돕고 있다.